Les Michel Delporte
DE LA PISCINE

Éditions invenit & La Piscine, 2010

Tout passe. – L'art robuste
Seul a l'éternité

Théophile Gautier
« L'Art »
Émaux et camées

Cet ouvrage est dédié
à la mémoire de
Michel Delporte,
Paul Hémery
et Pierre Leclercq
qui furent tous
des amis de La Piscine

Cette publication, initiée par la Ville de Roubaix, avec le soutien du ministère de la Culture et de la Communication (Direction Régionale des Affaires Culturelles Nord – Pas-de-Calais) est réalisée à l'occasion de l'exposition « Les Michel Delporte de La Piscine » présentée au musée d'art et d'industrie André Diligent de Roubaix du 3 avril au 13 juin 2010.

Commissariat : **Amandine Delcourt**, documentaliste au musée d'art et d'industrie André Diligent

L'ÉQUIPE DE LA PISCINE

Direction : **Bruno Gaudichon**
Administration générale : **Mélanie Martini**
Programmation des expositions Arts Appliqués : **Sylvette Botella-Gaudichon**
Secrétariat : **Marie-Isabel Fernandes, Gaël Ballenghien** et **Aïcha Elachachi**
Comptabilité, régie : **Catherine Saint-Oyant**, assistée de **Perusan Balli**
Médiation culturelle et accueil des publics : **Florence Tételain**, assistée de **Naïma Ladrouz, Jean-Luc Houzé** et l'équipe des guides et animateurs
Recherche de partenariats : **Dounia Mérabet**
Documentation : **Amandine Delcourt**, assistée d'**Aurélie Beusquart**
Photographie : **Alain Leprince**
Régie : **Séverine Muteau**, assistée de **Fabien Piette, Zenone Rago, Karim Raib** et **Marie-Jeanne Stefani**
Accueil, surveillance et maintenance : **Hugues Malfait**, assisté de **Yasmina Hammami, Mohamed Khamallah, Youssef Ouali** et les équipes d'accueil, de surveillance et d'entretien
Tissuthèque : **Norah Mokrani**, assistée de **Fernanda Mendes**
Sécurité incendie : **Yacine Hammiche**
Communication, graphisme : **Goranka Beslac**

REMERCIEMENTS

La Piscine – musée d'art et d'industrie André Diligent de Roubaix tient à remercier très chaleureusement tous ceux qui ont nourri cette publication « Les Michel Delporte de La Piscine » et qui ont accompagné ce projet d'édition en nous faisant partager leurs savoirs et leurs souvenirs :
Jean-François Boudailliez,
Bernard et **Véra Dupuis,**
Etienne Féau,
Germain Hirselj,
Yvette Koder,
Lucette Van Hecke

Le musée de Roubaix tient également à associer à cet hommage ceux qui ont enrichi la présence de Michel Delporte dans les collections de La Piscine :
La famille d'Halluin-Leclercq (2001),
Mesdames Heems, Fix et Bracq (2005)

Dans l'équipe de La Piscine, notre gratitude s'adresse tout particulièrement à :
Alain Leprince, pour son dévouement à la cause précieuse mais trop souvent ingrate de l'inventaire photographique exhaustif des collections
Séverine Muteau et l'équipe de la régie, pour le maniement des œuvres éparses dans les réserves
Marie-Jeanne Stefani, pour son apport d'efficacité au montage et à l'accrochage des œuvres

Une mention toute particulière s'adresse à **Amandine Delcourt** qui a mis dans ce travail d'inventaire et dans ce projet éditorial un enthousiasme et un professionnalisme exceptionnels, mêlant ses connaissances en histoire de l'art à de véritables enquêtes policières pour ressusciter l'environnement et la vie de Michel Delporte.

Que soient également remerciés tous ceux qui ont participé à l'avènement de cette publication :
Pierre Jansen, l'ami de jeunesse de Michel Delporte à qui il offrit son ultime joie en mettant en musique les vers fiévreux de l'artiste à peine sorti de l'adolescence
Gérard Durozoi, historien de l'art qui a accepté de prêter sa plume savante à ce premier ouvrage consacré à Michel Delporte
Maurice Decroix, l'ami des dernières années de Michel Delporte et de Paul Hémery et qui a bien voulu mettre en lignes quelques souvenirs sur le peintre qui attendait tant l'ouverture de La Piscine
Dominique Tourte et l'équipe d'**invenit** : **Céline Telliez** et **Valérie Dussart** pour leur patience et leur professionnalisme qui permettent une nouvelle fois de sortir une telle étude dans des délais presque impossibles à tenir et dans une maquette qui valorise l'œuvre et l'artiste qui leur sont confiés.

À LA VILLE DE ROUBAIX
René Vandierendonck, maire de Roubaix, Vice-Président de Lille Métropole Communauté Urbaine, Vice-Président du conseil régional Nord – Pas-de-Calais
Jean-François Boudailliez, adjoint au maire chargé de la Culture
Christel Lacomblez, conseillère déléguée au Patrimoine
Thibaut Brodin, directeur général Développement, Économie et Culture
Gilles Guey, directeur, et **Nicolas Meurin**, directeur-adjoint de la Culture

À LA SOCIÉTÉ DES AMIS DU MUSÉE D'ART ET D'INDUSTRIE DE ROUBAIX
Maurice Decroix, président
Sylvie Chauvière, vice-présidente et secrétaire
Bernard Duchange et **Philippe Motte**, vice-présidents
Chantal Knoff, trésorière

AU CERCLE D'ENTREPRISES MÉCÈNES DE LA PISCINE
Philippe Motte, président

À LA DIRECTION RÉGIONALE DES AFFAIRES CULTURELLES NORD – PAS-DE-CALAIS
Véronique Chatenay-Dolto, directrice régionale
Martine Mathias, conseiller musées

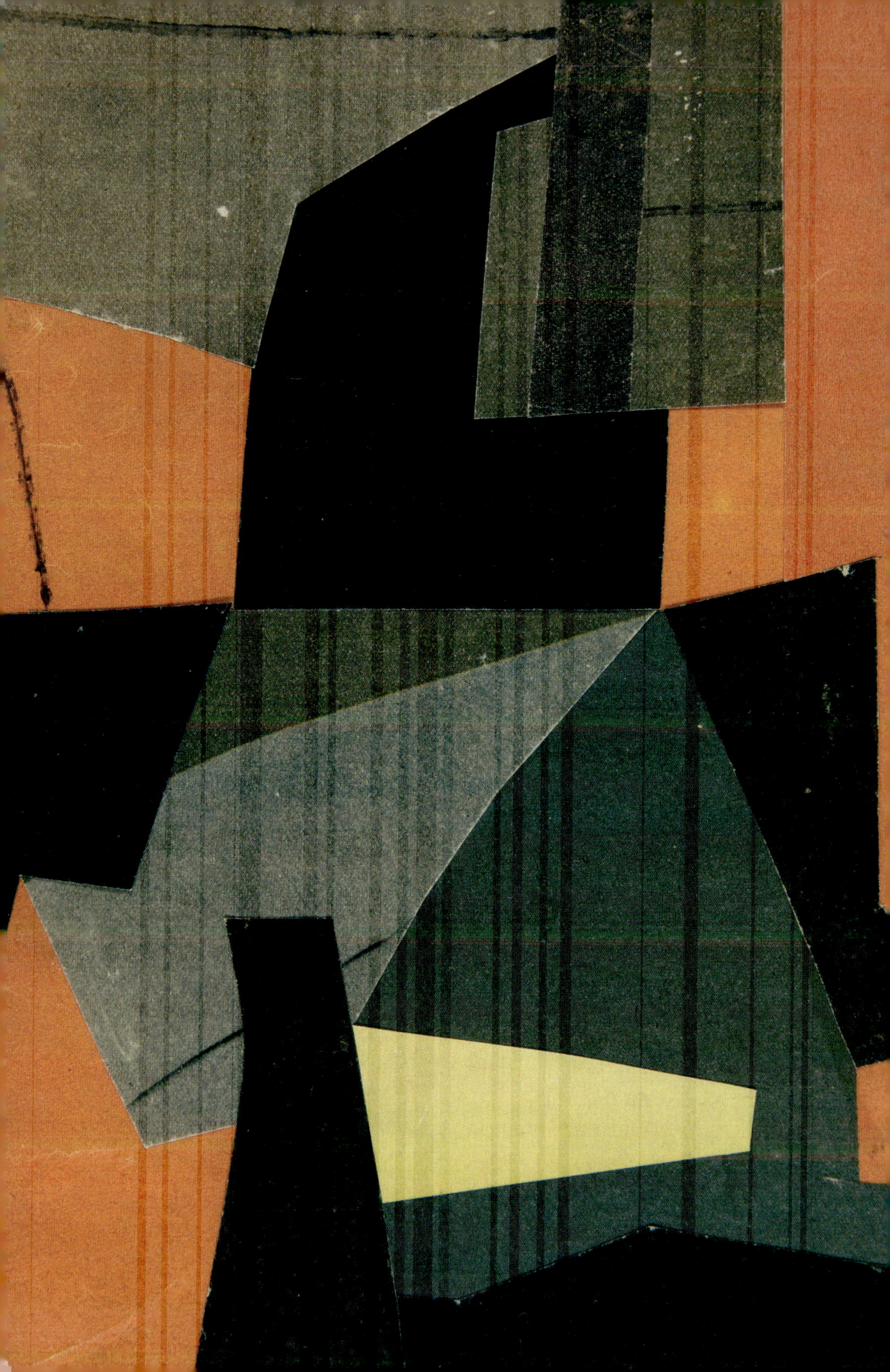

Le papier, l'encre et la colle

PAR MICHEL DELPORTE

QUAND, JEUNE PHILOSOPHE, HAUT PERCHÉ DANS MON INTELLECT, j'ai abordé la peinture, sans savoir comment elle se faisait, c'est avec beaucoup d'innocence et de maladresses que je tentais de le faire… Je ne savais comment maîtriser ces matières ignorées et ces instruments étrangers : les pigments et l'huile, les brosses et la toile. Je m'étonnais, chez les peintres que je fréquentais, mes nouveaux amis, de l'habileté du geste, de la facilité de l'expression : leurs œuvres, à la différence des miennes, paraissaient naître tout naturellement. Je découvrais, physiquement, que la peinture n'est pas seulement chose mentale, mais aussi et avant tout, objet matériel.

Peu à peu je pris plaisir au contact des matières, j'appris le métier. D'exposition en exposition, la critique, le public et les collectionneurs finirent par me convaincre que j'étais devenu peintre.

À la fin de 1957, toujours à la recherche d'un système qui permit à la forme de répondre plus facilement à mon imagination, j'essayais de reprendre à mon compte la technique du papier collé. Le papier, voilà un matériau qui m'était bien familier. Il suffisait de se pencher, de puiser dans une pile de magazines, de détacher les feuilles colorées, de mettre en pièces ces héliogravures de notre vie quotidienne et de ces lambeaux d'images banales, recomposer une nouvelle image : la virtualité d'une peinture.

D'abord abstraire, l'œil choisissant dans la complexité d'une photogravure un élément dont la couleur et la forme conviennent, les doigts en déchirant le contour, l'arrachant à la banalité de son contexte.

Fig. 1. Ci-contre : MICHEL DELPORTE, *Épopée* (détail), 1957, cat. 148

Enfin, dessiner avec ces morceaux disparates, les souder dans un ensemble accordé où ils cesseront d'être distincts, imposer une vision ordonnée, homogène.

J'avais trouvé un merveilleux jeu qui correspondait aussi bien à mes moyens qu'à mes intentions, où pouvait enfin s'exercer librement mon imagination plastique.

S'il est vrai que les cubistes, grands inventeurs du papier collé, introduisirent dans leurs œuvres peintes des matériaux hétéroclites dans un esprit autocritique, en portant défi à leur propre peinture, je devais constater que ma démarche était exactement opposée : je défiais le vulgaire papier journal de rivaliser avec les moyens nobles de la peinture. Le public eut la complaisante faiblesse de me confirmer dans la poursuite de cette vanité.

Après vingt années de pratique, j'apprécie plus justement les propriétés de ces matières si communes : le papier, l'encre et la colle.

Prendre le papier journal imprimé comme support d'une idée picturale, cela ressemble à une gageure, c'est apparemment engager un pari, sans doute très vite perdu, contre le temps, dévoreur d'œuvres. Aussi périssable qu'une aquarelle, comme un déjeuner de soleil, le papier collé passera, comme passera notre époque, comme je passerai. Et pourtant, en détournant ces pages de magazine de leur sort habituel : envelopper une marchandise, allumer un feu, n'ai-je pas donné, si peu que ce soit, à ces produits éphémères de notre modernité, une pérennité insolite ? C'est la première ambiguïté du papier collé, tellement dépendant de son temps, dans sa précarité même, prétendant s'inscrire dans la continuité de l'art.

J'aime déchirer le papier journal, fragile et résistant comme une peau. Il a son humeur, il faut savoir le prendre. Déliquescent, il se prête mal à mon dessein, résiste au maniement. Je le préfère sec, bien comme il faut, presque cassant. Il obéit alors, nerveusement, aux impulsions des doigts, aux indications des ongles. Je peux dessiner. Les formes se découpent, se taillent, se détachent, s'arrachent : c'est une sculpture dans l'infiniment plat.

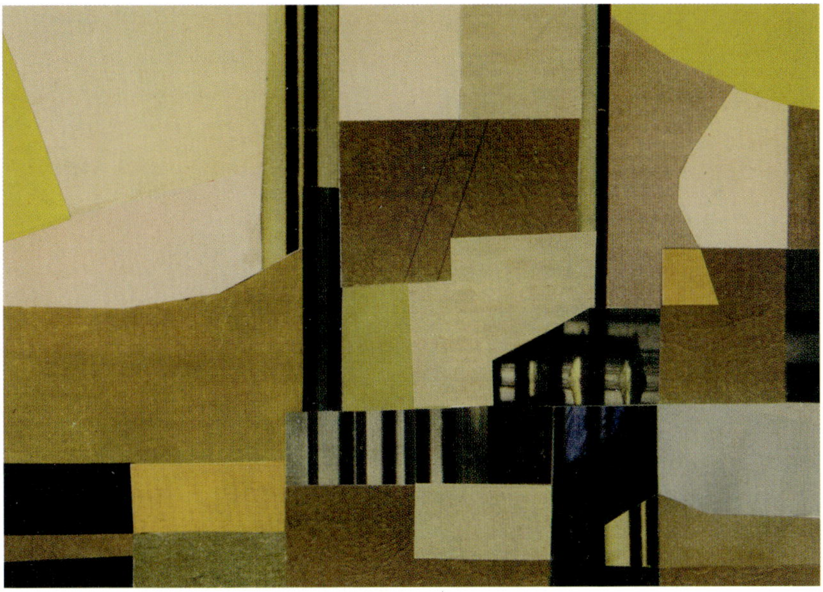

Fig. 2. MICHEL DELPORTE, *Chantier*, 1958, cat. 151

Dans le plaisir que je prends à la dissection de ces images d'aujourd'hui, n'entre-t-il pas quelque secrète satisfaction d'en corriger la désespérante vulgarité ? L'image, autrefois friandise de l'œil, en tous lieux, ses insupportables nappes colorées, nous saoule de ses flots d'encre d'imprimerie.

Je puise à ce torrent. Bien considérées, ces encres industrielles me ravissent. J'y retrouve les pigments et les vernis, non plus en tubes et en flacons, mais tout élaborés, cuits et mélangés, produits complexes déjà mis en œuvre. Me voici devant une gigantesque palette de tons préfabriqués, pouvant ordonner des modalités infiniment variées, délivré de la pesanteur des pâtes.

Avec cette poussière d'encre séchée sur ces débris de papier, je m'élève dans l'imaginaire, désempêtré des lentes confections, je rêve ma peinture. Je dépeins sans peindre. Rapprochées, les pièces de ce puzzle récurrent sont comme les touches d'un tableau feint. Joints comme il convient, les contours disparaissent, dissimulant le morcellement. Dans ce tissu d'encres, des lignes se distinguent, des réseaux se constituent, des figures se devinent, il semble que des matières se forment. C'est une autre ambiguïté du papier collé : simulation d'une peinture, il en respecte les règles de composition, en prend les apparences, sans en mener les actions méritoires, en escamotant le geste créateur. Si la peinture est bien un art de l'illusion, le papier collé est alors illusion d'une illusion et à ce titre-là me comble !

Certain public raffole de la virtuosité. Chaque artiste devient pour lui une manière de prestidigitateur dont il admire la dextérité et cherche à deviner le secret des manipulations. En vérité, il n'y a virtuosité quelconque qui révèle le mystère de l'art. L'habileté de quelqu'un, par exemple, à déchirer le papier ne présente ni plus ni moins d'intérêt que celles de manier un fusain ou un pinceau.

Ce même public ne se contente pas d'apprécier la cuisine qu'on lui sert, il veut connaître le détail des recettes. On n'a pas manqué de m'interroger sur la sorte de colle que j'employais. Je ne pouvais répondre, comme Max Ernst quand on lui posait la même question, que ce n'était pas la colle qui faisait le collage ainsi que la plume faisait le plumage ! Mais on se rassurait d'apprendre que je me servais depuis longtemps d'une colle allemande que j'achetais par litres chez tel fournisseur. La réputation de la chimie allemande garantissait la solidité de mon travail…

Dans ma colle, je veux voir autre chose que de simples molécules spécifiques qui permettent, par leurs propriétés polymérisantes, de maintenir ensemble les cellules imprimées dont j'ai décidé l'association. Cette servante obscure a des qualités qui méritent d'être détaillées.

Je fais grand cas de sa douceur, quand elle s'aplatit sous le doigt, onctueuse à souhait, s'attachant à éviter tout débordement. J'impose à cette matière servile de rester humblement toujours par-dessous, de se garder de jamais apparaître par-dessus où elle ferait tache. C'est au revers qu'elle doit faire preuve de ténacité. Je sais que ses vertus sont modestes, mais fondamentales : sans colle, pas de papier collé.

Ce n'est pas par caprice que je me joue ainsi de ma propre création. En observant les caractères qu'y prennent mes instruments : le papier, l'encre et la colle, c'est mon identité que je découvre, mes motifs profonds que je révèle. J'ai toujours pensé que la vérité d'un artiste tenait essentiellement dans la façon purement personnelle de traiter le matériau, de pénétrer son intimité, de le tutoyer.

J'espère m'être trouvé dans le dialogue avec le papier collé.

5 mars 1979

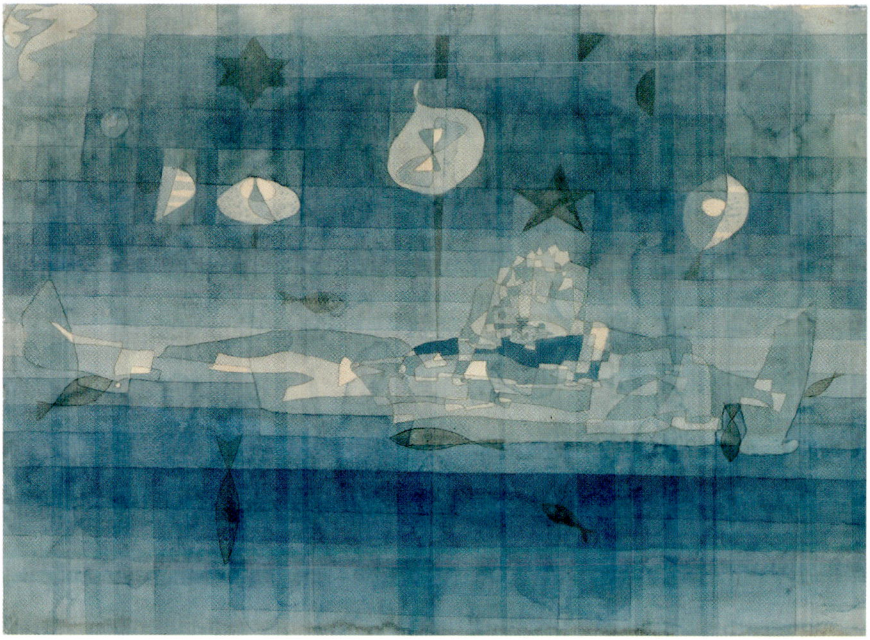

Fig 3. PAUL KLEE (1879 – 1940), *Versunkene Insel* (L'île engloutie), 1923,
aquarelle sur papier vergé contrecollé sur carton, 46,2 x 65,3 cm, Villeneuve d'Ascq, LaM

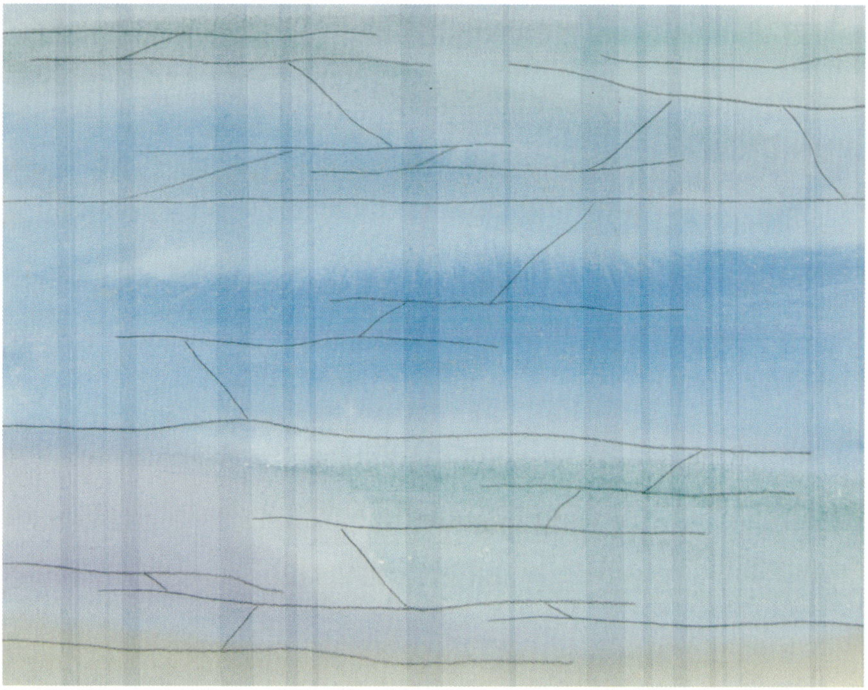

Fig. 4. MICHEL DELPORTE, *Océan*, 1959, cat. 61

Quelques pas encore avec Michel Delporte

PAR BRUNO GAUDICHON

« Si la peinture est bien un art de l'illusion, le papier collé est alors illusion d'une illusion et à ce titre-là me comble ! »[1]

IL EST AUJOURD'HUI ENCORE DIFFICILE de faire la part entre le souvenir discret qu'a laissé Michel Delporte et l'artiste accompli que révèle désormais cet ouvrage que La Piscine est très heureuse de lui consacrer. Le long travail d'inventaire, patiemment mené par Amandine Delcourt, et sa publication mettent enfin en exergue une vraie vie d'artiste. Tout aussi vraie que l'image de l'intellectuel introverti et de l'historien du Groupe de Roubaix que sa grande discrétion avait fini par imposer, même à son cercle le plus proche. Que sait-on vraiment de Michel Delporte ? Une enfance roubaisienne prolongée par un interminable attachement à des parents (à une mère surtout) hyper-présents. Un rêve inabouti de devenir architecte, sans doute nourri par une vive admiration pour Le Corbusier à qui il dédicace un long poème introductif à une étude de son ami René Draux dans *Art et Jeunesse* peu après la Libération[2]. Une curiosité artistique qui le conduit, par exemple, en 1952, à bicyclette, vers le Nord, jusqu'à Otterlo où la découverte de Paul Klee (fig. 3) le frappe à tel point qu'il doit sortir de la fondation Kröller-Müller pour vomir d'émotion. Une connaissance très ouverte de l'art moderne, nourrie au contact de René Jacob dans la tradition des écrits d'André Lhote après la découverte, par l'intermédiaire de son ami peintre Pierre Leclercq, de Picasso grâce à « une pauvre reproduction »[3]. L'apprentissage autodidacte du dessin pour débuter au Salon des artistes roubaisiens de 1952, puis la découverte de la technique des papiers collés qui devint rapidement son signe distinctif dans ce Groupe de Roubaix où couleur semblait ne rimer qu'avec peinture. Une amitié indéfectible avec les peintres Paul Hémery[4] et Pierre Leclercq[5], ses frères de couleurs. Une relation tout aussi forte et fidèle, autour des mots et de la mélodie, avec son camarade de prime jeunesse, le musicien Pierre Jansen qui témoigne dans ces pages.

En mars 1997, la ville de Roubaix, saisie par l'émotion suscitée par la dispersion des collections réunies par Anne et Albert Prouvost[6] pour leur entreprise du Peignage Amédée à Roubaix, tentait de rattraper le temps et les occasions perdus en acquérant un ensemble d'œuvres du Groupe de Roubaix. Le musée, mis entre parenthèses depuis le défaut de l'État au lendemain de l'Occupation, avait totalement obéré l'émergence de l'art contemporain qu'avait accompagnée, dans le Nord, un actif mécénat patronal. Et aucune œuvre des artistes a posteriori réunis sous le vocable fédératif de « Groupe de Roubaix », n'avait rejoint le patrimoine municipal, à l'exception d'une petite toile de Jean Roulland acquise au Salon des artistes roubaisiens[7]. L'achat du printemps 1997 semblait réparer cette ignorance et prétendait, dans un premier temps d'enthousiasme, offrir enfin à Roubaix un panorama complet des acteurs du Groupe, avec des œuvres de Leroy, d'Hémery, d'Hennebelle, de Van Hecke et de Delporte. Mais notre artiste, dans ce choix, n'apparaît pas avec l'un de ses papiers collés qui sont sa marque dans l'histoire du Groupe, mais avec une grande toile abstraite intitulée *En fête* (cat. 114). L'absence de papiers collés dans les collections du Peignage s'explique sans doute par la modestie de ces œuvres, peu adaptée à l'affichage d'une réussite économique retentissante que voulaient organiser dans leur collection d'entreprise les Prouvost alors au faîte de leur gloire industrielle internationale. C'est davantage dans leur collection personnelle, plus intuitive, et dans celle de Philippe et Marthe Leclercq-Lestienne, aux côtés de Picasso, de Rouault, de Klee précisément et de tant d'autres signatures prestigieuses que Delporte s'était retrouvé, presque naturellement. Le goût des Leclercq pour la musique avait peut-être rapproché les mécènes du jeune artiste, déjà mélomane averti. De cette relation entre Michel Delporte et ses collectionneurs, grâce à un don en 2001 de Madame d'Halluin-Leclercq, la fille de Philippe et Marthe Leclercq, les collections conservent une forte toile, *Démon* (cat. 111), datée de 1961. Et l'on sait que d'autres œuvres, notamment des papiers collés, avaient été choisies par l'industriel roubaisien. Et l'inventaire de ses œuvres, dressé à la fin de sa vie par Michel Delporte, précise la liste d'autres collectionneurs, essentiellement régionaux, et recense une dizaine d'achats par Anne et Albert Prouvost[8].

Après l'achat des œuvres du Peignage Amédée, s'imposa rapidement la nécessité d'une exposition[9] consacrée à ce Groupe de Roubaix qui refaisait brusquement surface dans le patrimoine roubaisien et s'affirmait comme un élément incontournable du futur musée – alors en gestation – que l'on imaginait sur le site de l'ancienne piscine municipale, désaffectée depuis 1985. Roubaisien de trop fraîche date, je ne pouvais, sans aide, mener à bien ce projet de rétrospective plurielle. Grâce à Maurice Decroix, alors rédacteur en chef de *Nord-Éclair*, je fis rapidement la connaissance de Michel Delporte qui, seul parmi les artistes du Groupe, vivait encore à Roubaix et avait gardé un contact positif avec l'ensemble des figures du mouvement. Il fut un guide précieux dans les ateliers de chacun et la mémoire précise et riche de la scène artistique que la ville souhaitait enfin honorer dans la maison commune. Ce sésame avait son corollaire, dans le réseau des collectionneurs, avec Bernard Duchange. Le trio fonctionna à merveille et fit naître une belle amitié qui reste l'une des pages essentielles de la vie in utero du grand musée de Roubaix qui fut révélé avec l'ouverture de La Piscine en octobre 2001. Qui reste aussi, pour le conservateur, une aventure inoubliable de qualité et de chaleur humaines.

L'exposition de 1997-98 passée, Michel Delporte manifesta le souhait d'offrir à sa ville natale, pour son futur musée, un bel ensemble de dix-sept papiers collés, réunissant plusieurs périodes et diverses inspirations racontant le parcours de l'artiste. Je me souviens avec émotion de cette séance de choix, dans la salle à manger de l'appartement familial, surveillée par Monsieur et Madame Delporte, les parents de Michel. L'atelier de l'artiste était replié dans l'arrière-cuisine, une petite pièce encombrée, éclairée par une maigre fenêtre donnant sur l'escalier de service de l'immeuble résidentiel où vivait la famille Delporte depuis son départ de la rue de Chanzy, à la pointe de la rue de Lille et du boulevard de Paris. Depuis peu, Michel s'était remis aux papiers collés, renouant, après plusieurs années de parenthèses, avec le fil d'une vie hantée par la création esthétique. Au mur, des tableaux de jeunesse, de la série des *Mangeurs de pommes de terre* notamment (fig. 6). Le jour pauvre était filtré par le foulard de Picasso pour *Le festival mondial de la jeunesse et des étudiants pour la paix* (cat. 330), acquis au temps de l'engagement au parti communiste, au début des années 1950[10]. Quelques maigres plantes vertes cherchaient un peu d'eau dans une assiette peinte par Jean Roulland (cat. 331) ou dans une autre, acquise à Biot et ornée d'un motif de Fernand Léger (cat. 324). Le temps semblait suspendu dans cette pièce intime dont les placards et la large table évoquaient la pratique longuement éprouvée des papiers collés, en cours ou de longue date achevés.

Le poète adolescent, lecteur enflammé d'Aragon et d'Éluard, était devenu l'exégète des critiques d'art de Théophile Gautier. Le peintre convaincu des échos du rythme musical dans la composition d'une toile était devenu un musicologue averti, à l'écoute des programmes lyriques du monde entier. L'assembleur rigoureux des fragments d'héliogravures découpés dans les magazines s'était mû en historien d'une réunion d'artistes qui avait ouvert le Nord-Pas-de-Calais à la création contemporaine et lui avait offert les plus belles signatures de la scène artistique de l'après-guerre, sanctionnées par

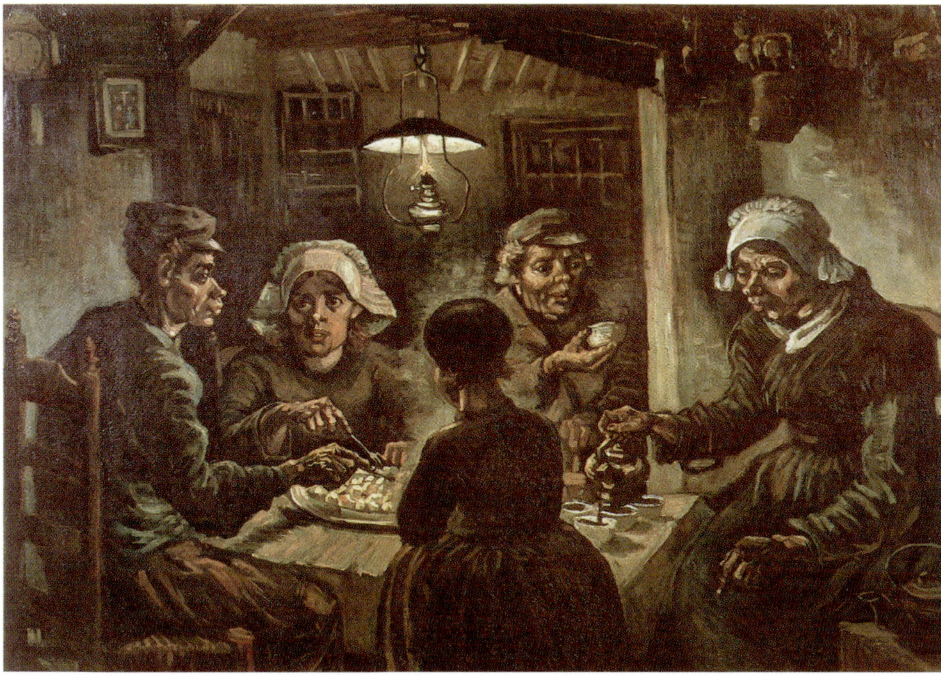

Fig. 5. VINCENT VAN GOGH (1853 – 1890), *Les Mangeurs de pommes de terre*, 1885, huile sur toile, 82 × 114 cm, Amsterdam, musée Van Gogh

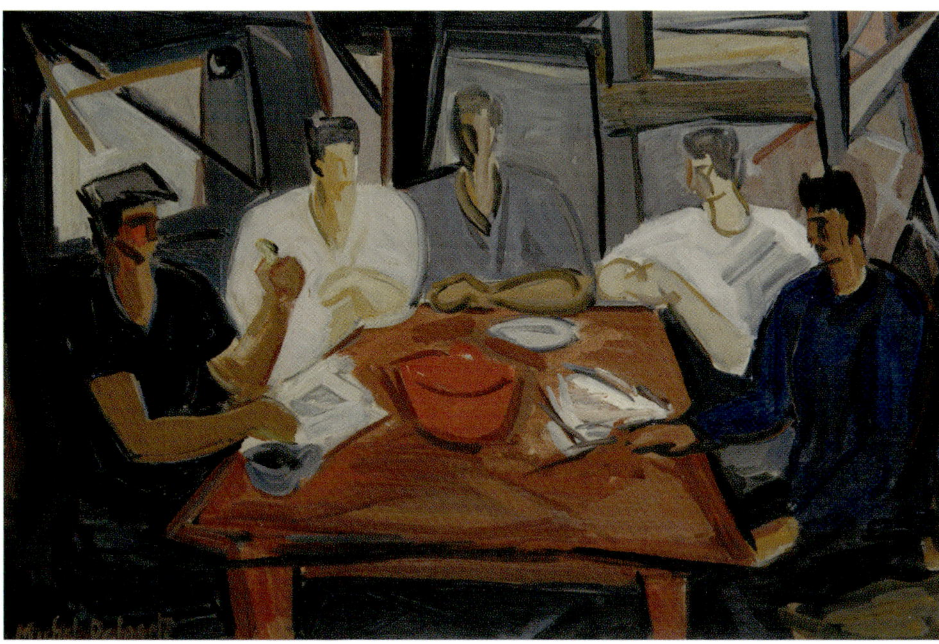

Fig. 6. MICHEL DELPORTE, *Les Mangeurs*, 1954, cat. 101

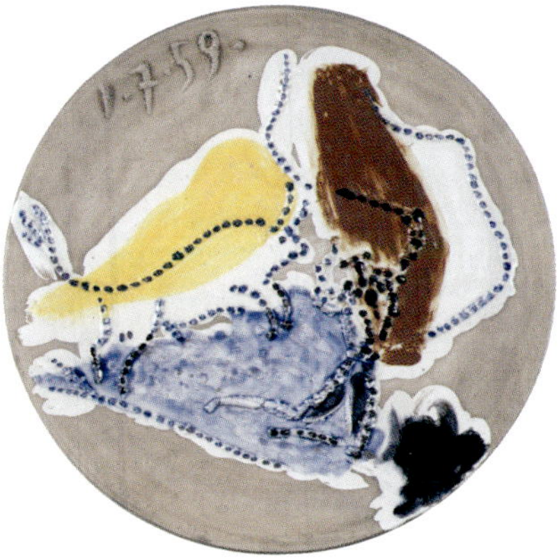

Fig. 7. PABLO PICASSO (1881 – 1973) pour Madoura, *Passe de cape*, 1959, céramique peinte, diam. : 42,5 cm, Roubaix, La Piscine - musée d'art et d'industrie André Diligent (dépôt du FNAC)

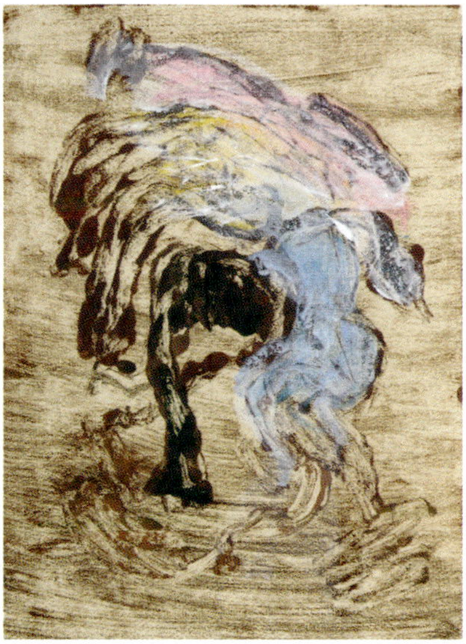

Fig. 8. MICHEL DELPORTE, *Sans titre*, vers 1965, cat. 90

une réputation internationale pour Eugène Leroy et Eugène Dodeigne au moins. La longue silhouette, peinte par Van Hecke (cat. 350), par Hémery (cat. 348 et 349) ou Debock (cat. 342 à 345), la voix profonde et mélodique qui criait ses vers inspirés dans les confidentielles revues roubaisiennes de la Libération[11], le voyageur engagé du Festival pour la paix, qui vénérait Picasso (fig. 7), Léger, Aragon et Éluard s'était peu à peu caché derrière les autres, n'existant plus guère que par procuration jusqu'à cette ultime envie de donner à voir. Ce qu'il fit, avec son ami Hémery, puis seul, chez Pierre Vasse, à Lille puisque Roubaix n'avait plus de galerie, à la fin des années 1990, sans jamais se départir d'une élégante pudeur. Après la première de ces expositions qui fut un grand succès, il écrit, surpris, à son vieil ami Pierre Leclercq : « un nouveau public a découvert cette technique si particulière de peindre, sans peinture, que j'avais développée aux beaux jours du Groupe de Roubaix »[12]. L'homme est touché par cette adhésion tardive à laquelle il n'osait plus croire.

Après la donation de 1998, l'amitié avec le musée s'affirme, se nourrit de rencontres régulières et de quelques voyages. Comme celui qui nous conduisit en Touraine, au printemps 1999, chez Pierre et Renée Leclercq pour choisir des œuvres géométriques post-matissiennes qui avaient secoué la scène artistique roubaisienne à la fin des années 1940, que Pierre Leclercq destinait au musée de Roubaix et qui seront parmi les tout prochains travaux d'inventaire et de publication que devra mener La Piscine. Une courte et implacable maladie mit un terme prématuré à ce chemin partagé, à quelques mois de l'ouverture qu'attendait l'artiste de ce nouveau musée de Roubaix dont il avait passionnément suivi la gestation. À quelques jours de son décès, Michel Delporte confirma une intention confiée depuis plusieurs mois déjà de léguer son atelier et ses collections à ce musée prêt à renaître. Aucune contrainte n'accompagnait ce geste et nous étions convenus qu'une sélection serait nécessaire et que des œuvres pourraient être attribuées à d'autres musées si elles s'y justifiaient et si elles y étaient bien accueillies. C'est ce fonds, enrichi de quelques dons, en 2001 par Madame d'Halluin-Leclercq déjà citée, et en 2005 par Mesdames Heems, Fix et Bracq, qui est enfin révélé dans cette publication grâce à l'inventaire qu'en a dressé Amandine Delcourt.

La collection Delporte de La Piscine est assez complète pour sans doute honnêtement présenter les choix qui furent ceux de l'artiste, le situant précisément dans le débat de la peinture qui fut celui de sa génération et dans une connaissance très fine de l'art de son temps. Dans une étude universitaire menée en 2003 sous la direction de François Robichon, Marie Boinot[13] a répertorié les documentations réunies par le peintre et qui furent transférées à la bibliothèque de La Piscine à la délivrance du legs de l'atelier. Ces archives imposantes témoignent de la curiosité de Michel Delporte qui a construit son expérience plastique en même temps que son Panthéon et son éducation artistiques. À la fin de sa vie, revenant sur ces références fondatrices, Michel Delporte écrit à Pierre Leclercq : « Je me

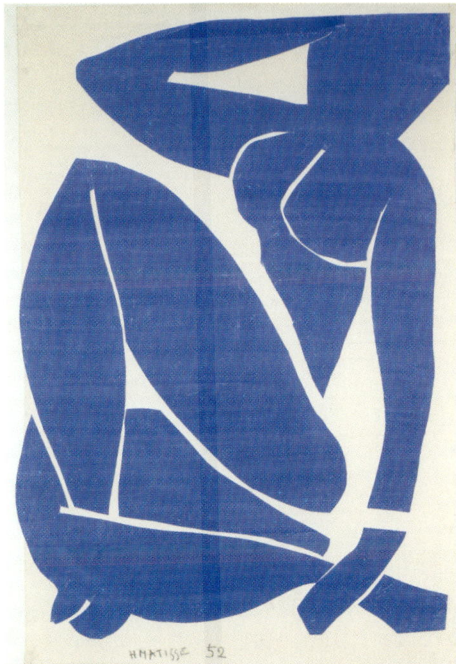

Fig. 9. HENRI MATISSE (1869 – 1954), *Nu bleu III*, 1952,
papier collé, papiers gouachés, découpés et collés
sur papier marouflé sur toile, 112 x 73,5 cm,
Paris, Centre Pompidou, musée national d'art moderne

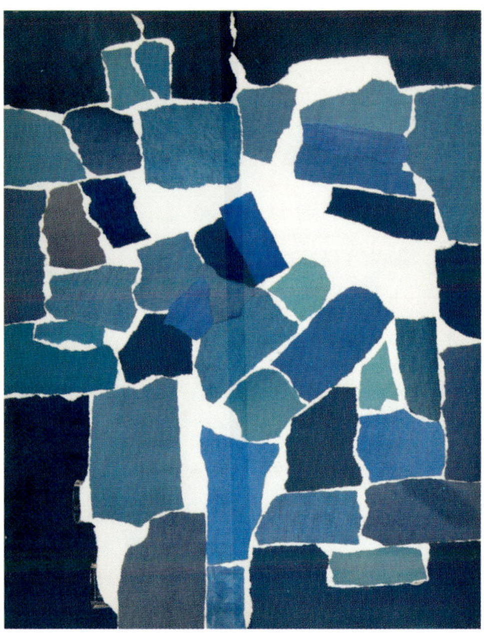

Fig. 10. MICHEL DELPORTE,
Sans titre, vers 1974, cat. 204

dis parfois : quand j'avais 20 ans (fin 1947) je me savais contemporain de Picasso (66 ans), Braque (65), Matisse (78) (fig. 9), Léger (66), quatuor majeur de la peinture moderne, sans parler de tant d'autres. Bonnard venait tout juste de mourir et Max Ernst n'avait que 56 ans »[14]. Le choix est éclairant, ne reprenant que d'illustres aînés et n'évoquant pas les signatures de la génération plus proche de l'École de Paris dont il est pourtant très proche.

L'importance de Picasso[15] est à l'évidence fondamentale mais elle marque finalement peu le style de l'artiste qui se démarque totalement de son approche des papiers collés comme il s'en explique dans une longue lettre à Pierre Leclercq au moment de la préparation de l'exposition de 1996 : « De mon côté je continue d'assembler mes petits morceaux de papier, avec autant de plaisir, et j'ai maintenant dans mes cartons une quarantaine de petits collages plus ou moins réussis, toujours à la frontière de la figuration et de l'abstraction, plus en poète qu'en peintre. Tu m'avais fait l'honneur d'évoquer Juan Gris (fig. 19) à propos d'un de ceux que je t'avais montrés. Il me semble que ce n'est pas ou pas seulement à cause du sujet, du dessin ou de la couleur, mais parce que ma démarche y prend exemple sur la sienne : non pas *transformer* un objet en cylindres ou en cubes (analyse braquienne ou picassienne) mais plutôt *métamorphoser* un assemblage de formes simples pour *donner une idée* de la réalité (synthèse) »[16]. En 1979, revenant sur la singularité de son expérience des papiers collés, Delporte revient à l'incontournable référence des cubistes : « S'il est vrai que les cubistes, grands inventeurs du papier collé, introduisirent dans leurs œuvres peintes des matériaux hétéroclites dans un esprit autocritique, en portant défi à leur propre peinture, je devais constater que ma démarche était exactement opposée : je défiais le vulgaire papier journal de rivaliser avec les moyens nobles de la peinture. Le public eut la complaisante faiblesse de me confirmer dans la poursuite de cette vanité »[17]. La démarche de Delporte dans ses papiers collés reste fondamentalement celle d'un peintre qui substitue le fragment de papier à la touche de peinture. Dans ce texte fondamental, l'artiste précise ce rite à deux temps qui est celui des papiers collés : « D'abord abstraire, l'œil choisissant dans la complexité d'une photogravure un élément dont la couleur et la forme conviennent, les doigts en déchirant le contour, l'arrachant à la banalité de son contexte. Enfin, dessiner avec ces morceaux disparates, les souder dans un ensemble accordé où ils cesseront d'être distincts, imposer une vision ordonnée, homogène. J'avais trouvé un merveilleux jeu [...] où pouvait s'exercer librement mon imagination plastique »[18]. Et cette question du jeu, comme l'a très bien compris Marie Boinot[19], nous rapproche du rôle de l'interprète dans la logique musicale fondamentalement comprise dans l'itinéraire de notre plasticien mélomane. « Rapprochées, les pièces de ce puzzle récurrent sont comme les touches d'un tableau feint »[20]. Dans l'atelier, ces déchirures sont réunies par couleurs dans des boîtes soigneusement rangées. Mais si rien n'est laissé au hasard, si les compositions avouent avec leur auteur une inspiration poétique (surtout dans les ultimes séries), les papiers collés de Michel Delporte ne racontent pas d'histoire et paraissent sans lien avec les constructions surréalistes de Max Ernst par exemple. Le projet plastique est essentiel et ce sont bien des tableaux que compose l'artiste dans un format qui reste toujours adapté au travail minutieusement élaboré sur la table de l'atelier. L'informel y est largement majoritaire mais quelques relectures picassiennes jouent avec la représentation, comme le personnage de *Tête* en 1957 (cat. 144) qui est un véritable hommage au maître ou les dialogues avec le *Déjeuner sur l'herbe* (cat. 197 à 200) de Manet qui sont presque littéralement repris des retranscriptions imaginées par Picasso au début des années 1960 (fig. 11).

Mais ces exemples restent exceptionnels dans la production générale de l'artiste. On est surtout frappé, dans les papiers collés des années 1950 et 1960, de la parenté forte avec la scène picturale de l'époque que ces petits formats précieux et fragiles semblent traduire presque effrontément.

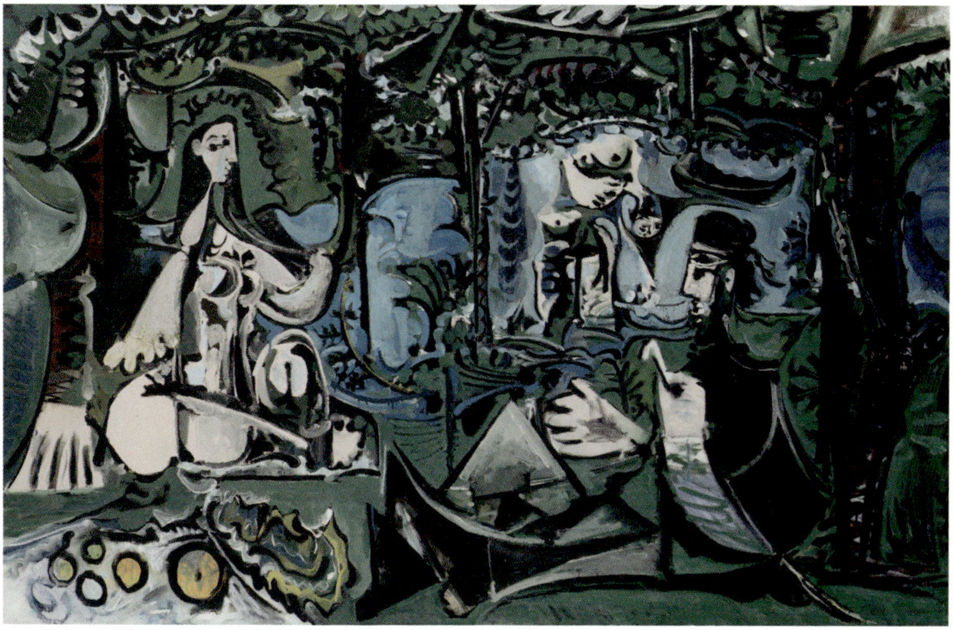

Fig. 11. Pablo Picasso (1881 – 1973), *Le Déjeuner sur l'herbe d'après Manet*, 1960, huile sur toile, 130 x 195 cm, Paris, musée Picasso

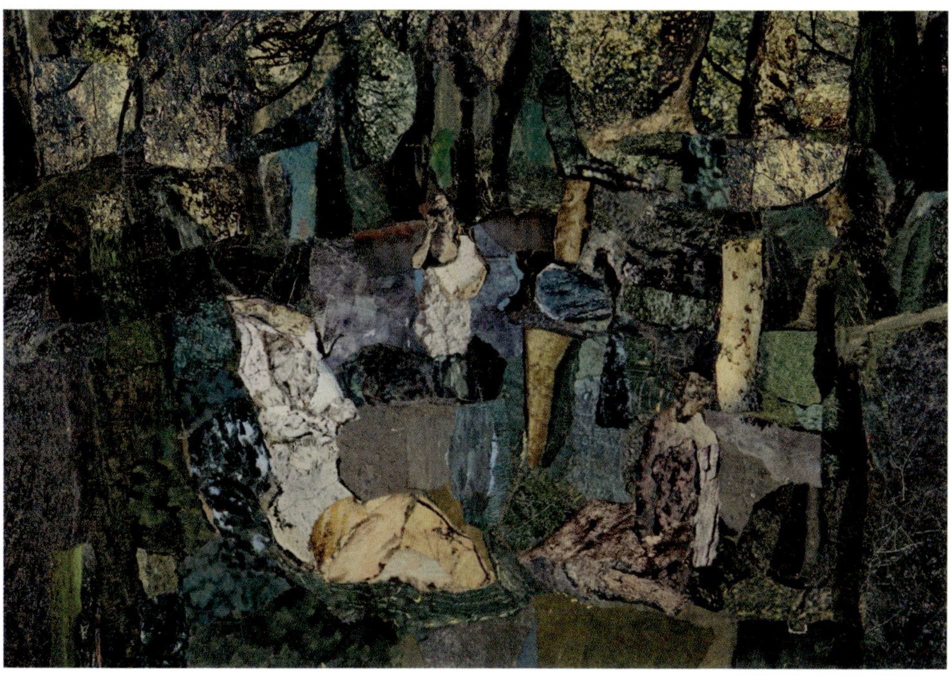

Fig. 12. Michel Delporte, *Déjeuner sur l'herbe*, vers 1972, cat. 198

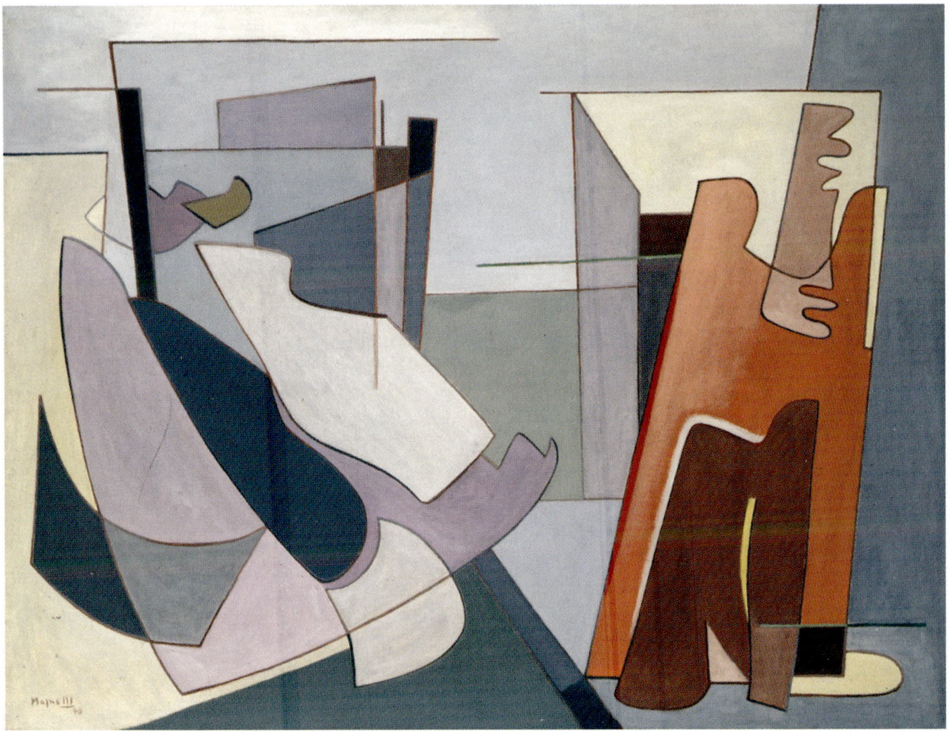

Fig. 13. Alberto Magnelli (1888 – 1971), *Unis et séparés*, 1948, huile sur toile, 114 x 145,9 cm, Grenoble, musée de Grenoble

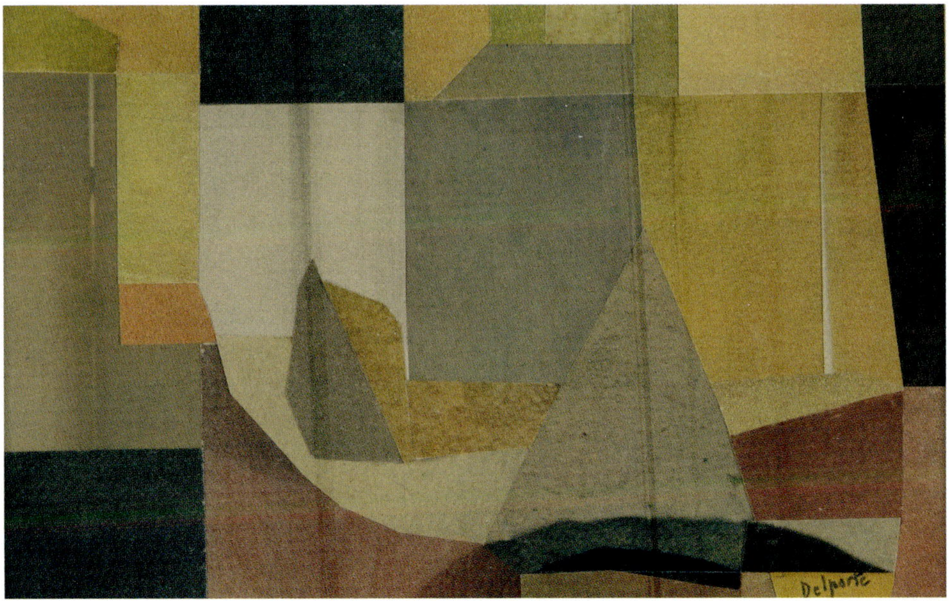

Fig. 14. Michel Delporte, *L'Ordre des choses*, 1958, cat. 149

Comment ne pas penser à Magnelli (fig. 13) ou à Poliakoff (fig. 32), par exemple, dans ces assemblages rigoureux d'aplats colorés, combinés avec une vraie monumentalité condensée. Ces références frappent par leur évidence criante, mais d'autres comparaisons pourraient être poussées avec Dubuffet parfois, avec les peintures d'Ernst ailleurs. Et dans l'œuvre graphique, par exemple dans la suite d'aquarelles informelles de 1958-59 (cat. 50 à 58 et 60 à 62), c'est à de magnifiques variations sur l'œuvre de Paul Klee (fig. 3) que semble s'attaquer le jeune artiste. Ailleurs, dans les monotypes notamment, une parenté se fait jour avec l'œuvre de Fautrier qui s'impose, après les *Otages*, dans les références plastiques de l'après-guerre. En d'autres occasions, certains thèmes paraissent se rattacher à des modèles retravaillés, comme les compositions inspirées de la tauromachie (cat. 72 et 73, 88 à 90, 115) qui semblent bien liées à l'admiration vouée à Picasso encore une fois. Ici, les scarifications d'Hartung paraissent reparaître dans quelques aquarelles (fig. 17 et 18) et toute une superbe série de papiers déchirés et assemblés dans un délicat camaïeu de gris ne peuvent que faire penser aux œuvres de Nicolas de Staël qui fut l'une des grandes références du Groupe de Roubaix dans son ensemble (fig. 15 et 16). Ici encore n'interviennent plus guère que les questions du medium et du format pour préciser qu'il n'est pas là travail de copie mais bien de reconstruction autonome, pour revenir au processus picassien. L'artiste, dans son texte testamentaire de 1979, évoquant son entrée en papiers collés, rappelle cette ambiguïté : « À la fin de 1957, toujours à la recherche d'un système qui permit à la forme de répondre plus facilement à mon imagination, j'essayais de reprendre à mon compte la technique du papier collé. Le papier, voilà un matériau qui m'était bien familier. Il suffisait de se pencher, de puiser dans une pile de magazines, de détacher les feuilles colorées, de mettre en pièces ces héliogravures de notre vie quotidienne et de ces lambeaux d'images banales, recomposer une nouvelle image : la virtualité d'une peinture. »[21]. Cette permanence du jeu d'après les maîtres commence très tôt, notamment dans

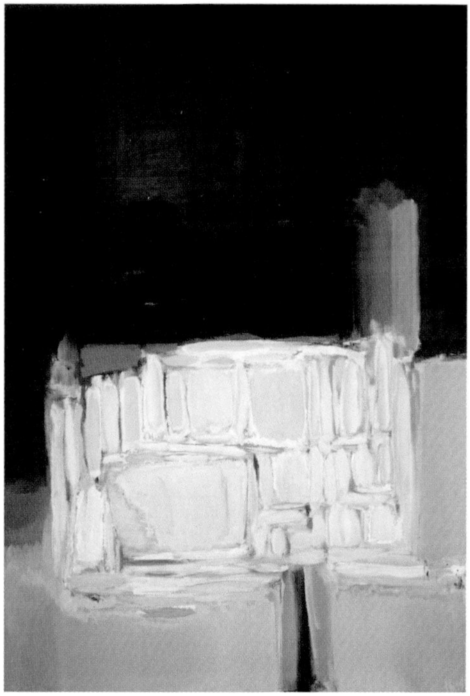

Fig. 15. NICOLAS DE STAËL (1914 – 1955),
La cathédrale, huile sur toile, 190 x 130 cm,
Lyon, musée des beaux-arts

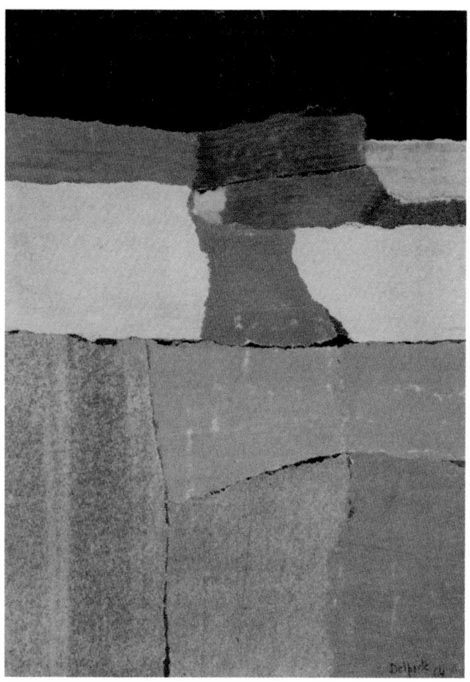

Fig. 16. MICHEL DELPORTE, *En un temps*, 1964, cat. 176

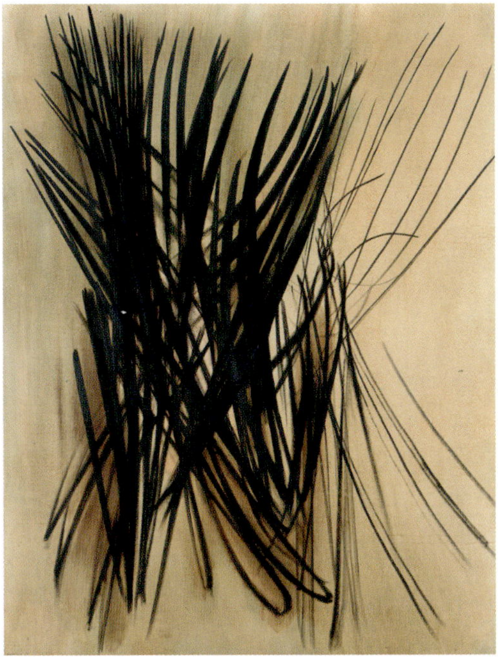

Fig. 17. HANS HARTUNG (1904 – 1989),
Composition T.54.15, 1954,
huile sur toile, 130 x 97 cm, Nantes, musée des beaux-arts

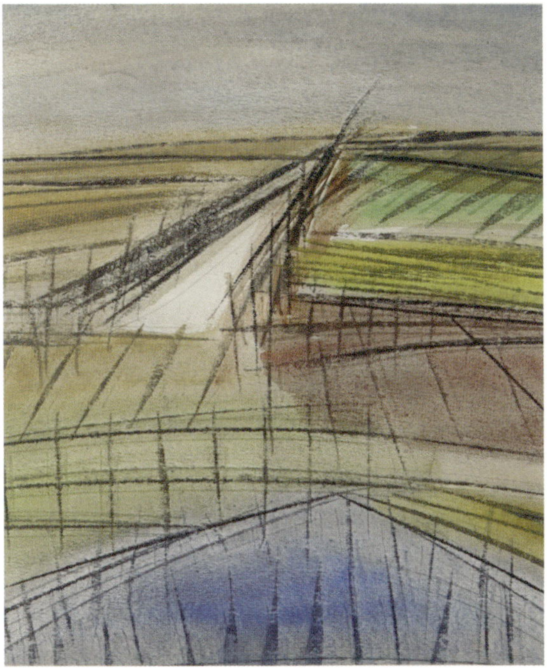

Fig. 18. MICHEL DELPORTE, *Sillons*, vers 1970 ?, cat. 75

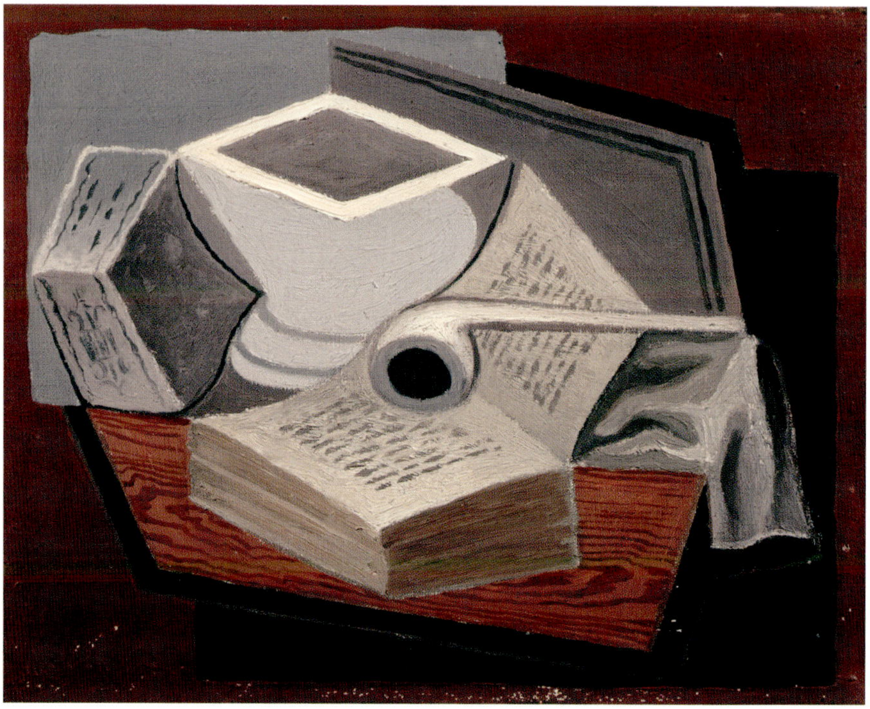

Fig. 19. JUAN GRIS (1887 – 1927), *Le livre ouvert,* sous-titre : *Livre et pipe*, 1925, huile sur toile, 33,3 x 40,8 cm, Rennes, musée des beaux-arts (dépôt du MNAM)

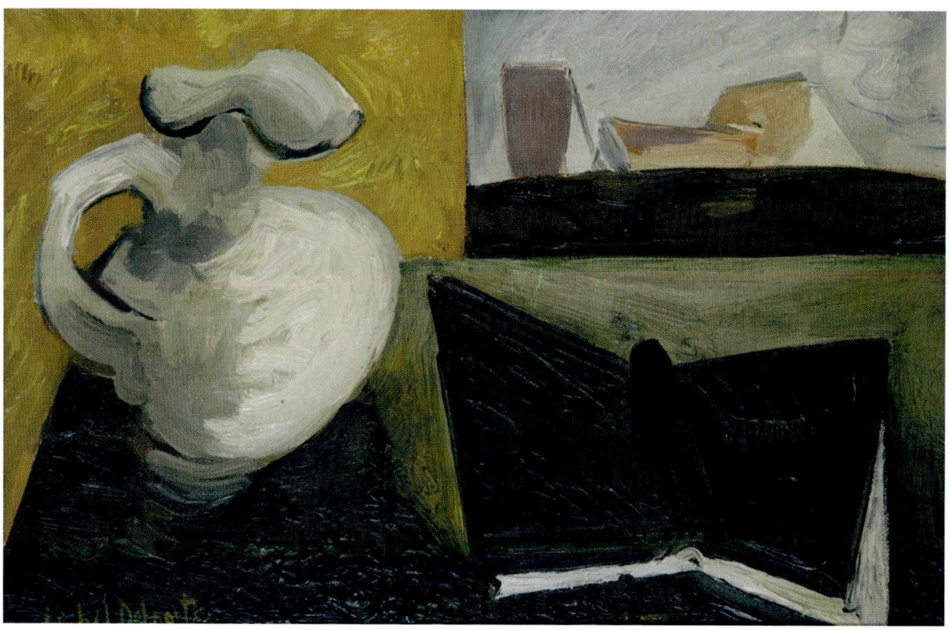

Fig. 20. MICHEL DELPORTE, *Cruche et livre*, 1955, cat. 104

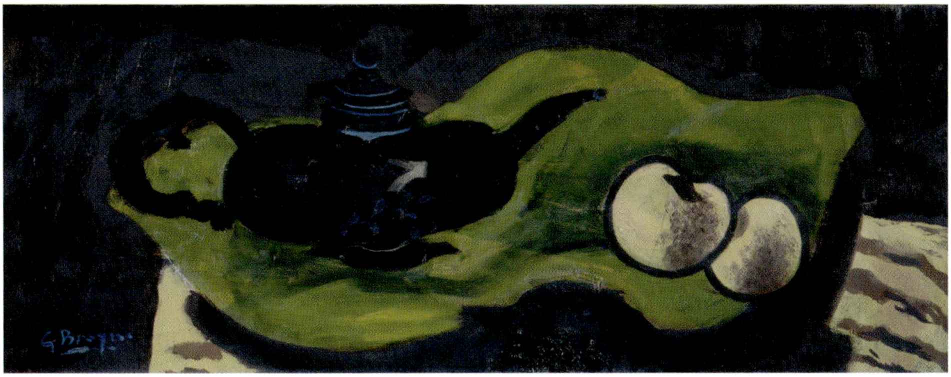

Fig. 21. GEORGES BRAQUE (1882 – 1963), *Théière et pommes*, 1942, huile sur toile, 26 x 65 cm, Paris, musée Picasso

l'admirable série des *Mangeurs de pommes de terre* (fig. 6), travaillée à l'huile, à l'encre ou à la gouache dans le souvenir intense des voyages à Otterlo, sur les traces de Van Gogh : « cette année 1953, les musées bataves célébraient le centième anniversaire de la naissance de Van Gogh en présentant une importante exposition rétrospective. L'été précédent [...] j'avais parcouru les Pays-Bas à bicyclette [...] allant de ville en ville, c'est-à-dire de musée en musée. Devant les œuvres de celui qui signait Vincent, j'avais éprouvé une si violente émotion esthétique que je brûlais de revoir les *Mangeurs de pommes de terre* (fig. 5) et le *Champ de blé aux corbeaux* »[22]. D'autres références historiques rythment les premiers pas du jeune artiste, comme celle de Jacques Villon dont Michel Delporte avoue l'influence, avec le nombre d'or, sur une série de paysages de 1951 réalisés dans la vallée de la Loue chère à Courbet[23]. Et une délicate nature morte, comme *Cruche et livre* (fig. 20) de 1955, avoue la double connaissance de Juan Gris et de Georges Braque dont la poésie ne pouvait que séduire notre artiste (fig. 19 et 21).

Si l'on regarde avec attention les correspondances chronologiques entre les œuvres peintes ou dessinées et les papiers collés, on est frappé par le passage que semble installer ces derniers à l'informel dans le premier genre. Pour certains tableaux de jeunesse, comme *La Plage* (cat. 99) de 1952 ou pour une version proche peinte l'année suivante, il existe tout un appareil préparatoire, fait de photographies ou de croquis de détails. Mais en 1958, *Chantier* (cat. 108) auquel l'artiste était très attaché, présente des assemblages formels qui se présentent finalement presque comme un collage peint dans un savant aller et retour purement plastique qui n'a rien à voir avec la pratique surréaliste du genre. Et, en 1967, dans le même jeu technique, l'artiste se présente en *Toréador* (cat. 115) comme s'imposait la silhouette frontale de *Être un enfant* (cat. 159) de 1958.

Ces quelques commentaires ne sont que l'ébauche d'une étude plus complète qui reste à conduire sur cet œuvre foisonnant. Avec l'inventaire enfin dressé de la collection de référence que Michel Delporte avait souhaité voir conservée à La Piscine, ce travail de comparaison, de regroupement peut désormais commencer. Nul doute qu'il réservera plus de surprises qu'il n'y paraît et qu'il contribuera à donner à l'artiste la place qui lui revient, non seulement sur la scène culturelle roubaisienne ou régionale, mais bien plus largement dans l'histoire de l'art qui cherche de nouveaux codes d'expression après les bouleversements radicaux de la guerre et des découvertes de la Libération. Le chemin pris par Michel Delporte, construit dans l'intimité du face à face avec l'œuvre prise dans un regard de complice proximité, préservée par une technique relevant de l'application et de la rigueur, reste certes celui du plaisir rétinien qui est le choix unanime de la peinture française de sa génération, mais il apparaît tout autant comme une recherche très personnelle d'une infinie richesse.

1. Michel DELPORTE, *Le papier, l'encre et la colle*, tapuscrit, 5 mars 1979, Roubaix, La Piscine, archives Michel Delporte.
2. René DRAUX, « L'artiste et la pensée. Le Corbusier », I. Poème introduction de Michel Delporte : « Paroles à propos de Monsieur Le Corbusier, urbaniste », in *Art et Jeunesse* n° 3, Roubaix, dact., s.d. [1945-46 ?].
3. Michel DELPORTE, « Itinéraire de Pierre Leclercq », préface du catalogue de l'exposition *Pierre Leclercq*, Marcq-en-Barœul, Fondation Septentrion, 1971, p. 1.

4. Michel DELPORTE, *D'un atelier à l'autre*, dact., 1994.
5. Michel DELPORTE, « Itinéraire de Pierre Leclercq », op. cit., et *Nouvelles étapes*, dact. [1993].
6. Catalogue de la vente aux enchères publiques de la collection du Peignage Amédée, Marcq-en-Barœul, fondation Septentrion, étude Brunet, 16 mars 1997, introduction par Anne Prouvost.
7. Ce désintérêt de la ville de Roubaix est à l'époque compensé par le remarquable travail de Jacques Bornibus au musée voisin de Tourcoing.
8. Catalogue tapuscrit, recensant 793 numéros des premières œuvres de 1948 jusqu'aux collages de 2000, Roubaix, La Piscine, archives Michel Delporte.
9. *Le Groupe de Roubaix – 1946-1970 – Le Nord-Pas de Calais s'ouvre à l'art contemporain*, Roubaix, Hôtel de ville, 20 décembre 1997 - 15 février 1998.
10. De cette période militante, le catalogue tapuscrit de l'artiste évoque *Les grévistes* (1950), offert par Michel Delporte à Maurice Thorez pour son anniversaire, le *Portrait de Maurice Thorez* (1950), destiné à la section lilloise du parti communiste français, et *La caravane de la paix* (1951) évoquant le rassemblement pacifiste de Berlin en août 1951.
11. La chronologie précise de *La flûte de Pan* puis de *Art et jeunesse,* revues parfois réalisées en un seul exemplaire et ornées de compositions de Leclercq, de Delporte, de Debock, reste à établir. Le rôle du poète René Draux dans cette aventure est de premier rang, et les participations diverses semblent annoncer un cénacle soudé du futur Groupe de Roubaix, associant alors dans la même ferveur poésie, musique et arts plastiques. Cette ouverture ne durera pas lorsque les « artistes » vinrent renforcer l'équipe et que les figures littéraires ou musicales quittèrent Roubaix.
12. Michel Delporte à Pierre Leclercq (6 décembre 1996), Roubaix, La Piscine, archives Pierre Leclercq.
13. Marie BOINOT, *Le Groupe de Roubaix à travers les archives de Michel Delporte*, D.E.A. d'histoire de l'art contemporain, sous la direction de François Robichon, université Lille III, 2003.
14. Michel Delporte à Pierre Leclercq (20 mars 2000), Roubaix, La Piscine, archives Pierre Leclercq.
15. En 1955, Michel Delporte copie plusieurs fois une toile de Picasso, *L'oiseau mort*, comme indiqué dans le livre de raison de l'artiste.
16. Michel Delporte à Pierre Leclercq (13 février 1996), Roubaix, La Piscine, archives Pierre Leclercq.
17. Michel DELPORTE, *Le papier, l'encre et la colle,* op. cit.
18. Michel DELPORTE, *Le papier, l'encre et la colle,* op. cit.
19. Marie BOINOT, *op. cit.*, p. 22.
20. Michel DELPORTE, *Le papier, l'encre et la colle,* op. cit.
21. Michel DELPORTE, *Le papier, l'encre et la colle,* op. cit.
22. Michel DELPORTE, *D'un atelier à l'autre*, op. cit., p. 3. Il exista même un grand format (1,30 x 1,62 m) sur ce thème, aujourd'hui détruit, que l'artiste présenta au musée de Tourcoing en 1955.
23. Michel Delporte à Pierre Leclercq (12 janvier 2000), Roubaix, La Piscine, archives Pierre Leclercq.

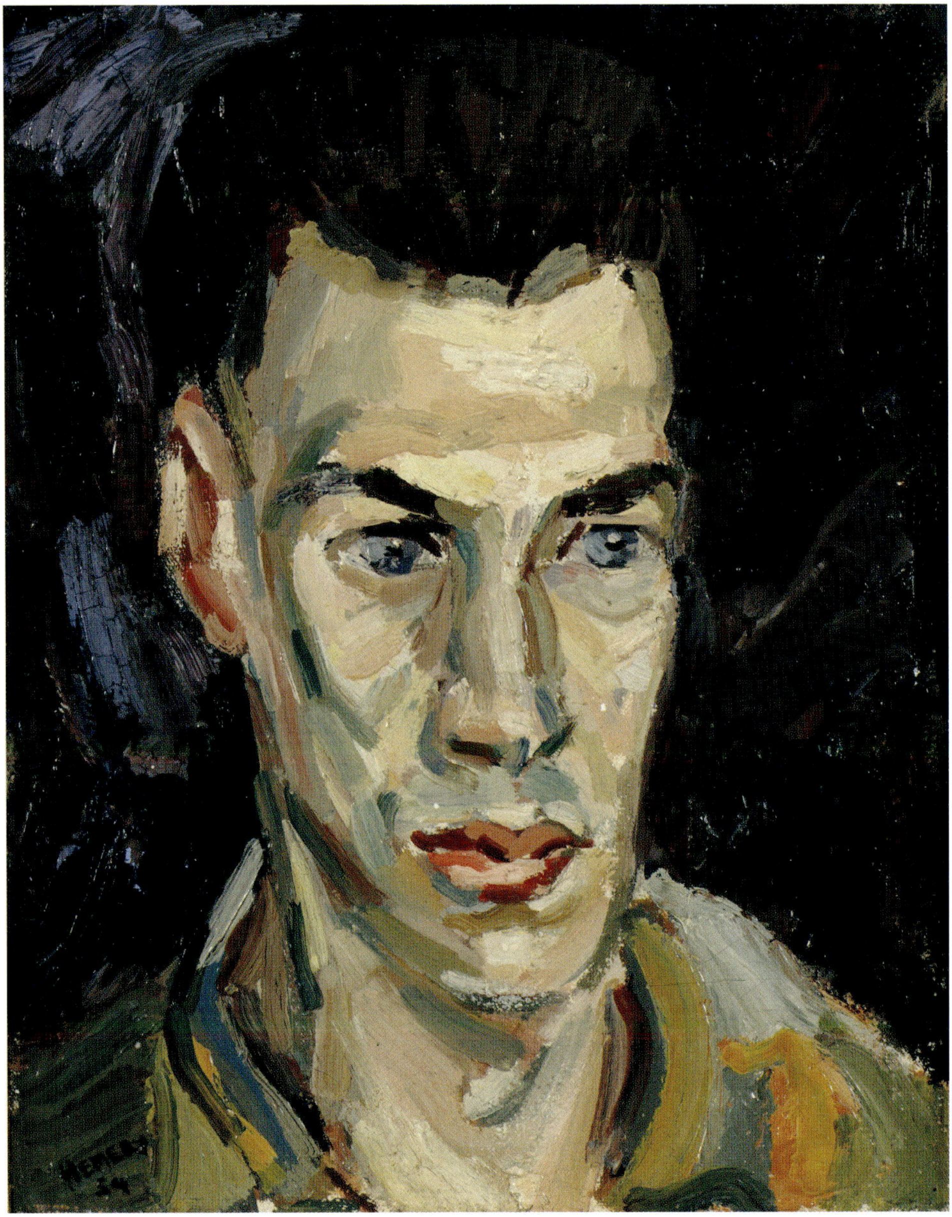

Fig. 22. Paul Hémery, *L'ami Michel* ou *Portrait de Michel Delporte*, 1954, cat. 348

Qui est Michel Delporte ?

PAR PIERRE JANSEN

NOUS NOUS SOMMES CONNUS, Michel et moi, en 1944. La guerre allait bientôt s'achever et nous formions un groupe d'adolescents idéalistes quelque peu enfermés dans ce qui était alors notre bien lointaine région : celle du Nord. C'est là qu'une même espérance, un même pressentiment de ce qui allait bientôt s'offrir à notre sensibilité, nous réunissaient.

De prime abord, la poésie devint l'expression de notre confiance en l'avenir. Puis ce fut la découverte euphorisante des grands courants de la création et de la pensée que cette horrible guerre nous avait occultés : le surréalisme, l'éblouissement devant les œuvres de Picasso et la musique de Stravinsky, *Le Sacre du printemps* que nous entendîmes grâce à la retransmission radiophonique d'un concert de l'Orchestre national. Michel Delporte en fut à ce point fasciné, qu'il n'hésita pas à en emprunter le titre pour le poème qu'il écrivait alors. À cette époque, il était donc un jeune poète, possédant déjà la parfaite maîtrise d'un langage poétique s'inscrivant dans le sillage de Mallarmé et de Valéry.

Cependant, les événements allant s'accentuant, et notre petit groupe s'étoffant et se diversifiant, les orientations de chacun de ses membres se précisèrent. Découvrant la « Cité radieuse » de Le Corbusier, Michel se voyait alors devenir architecte. Mais finalement ce furent les arts plastiques qui l'emportèrent et peu à peu, il devint le peintre qu'il fut.

J'étais alors, et presque malgré moi, le musicien de ce groupe. Mais ne devrais-je pas plutôt dire, me rapportant à cette époque, l'« apprenti musicien » ? La poursuite de mes études fit que je quittai bientôt cette région du Nord,

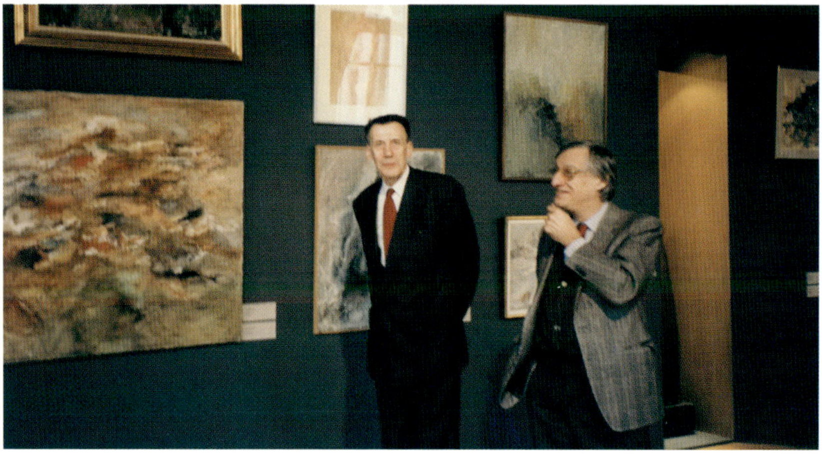

Fig. 23. Michel Delporte et Pierre Jansen lors de l'exposition du *Groupe de Roubaix* à l'Hôtel de ville de Roubaix en 1997-1998

là où tous mes amis, peintres pour la plupart, demeurèrent et fondèrent ce que depuis nous appelons « le Groupe de Roubaix », sur lequel le musée d'art et d'industrie a, depuis 1997, (cf. fig. 23) attiré l'attention. Michel Delporte fut un artisan actif de l'élaboration de ce musée. Hélas, il ne le vit point achevé : quelques mois à peine avant son inauguration, une courte mais pénible maladie devait l'emporter en février 2001.

Combien de fois, lorsque nous nous rencontrions, n'ai-je pas regretté qu'il n'eût point poursuivi son œuvre poétique, qu'il ne me répétât les vers que j'avais toujours gardés présents dans ma mémoire, en me demandant de composer de la musique sur les poèmes de son adolescence. Ainsi naquit la cantate *Quatre temps*, (retranscrit page 37) créée le 14 décembre 2001 dans la superbe salle de La Piscine, dans le cadre d'une soirée « In Memoriam Michel Delporte ».

Qui fut Michel Delporte ? Peintre ? Son œuvre en témoigne. Poète ? Quelques écrits subsistent que l'on aimerait voir publiés. Homme de lettres ? Une importante étude sur Théophile Gautier – écrivain qu'il a toujours admiré – demeurera inachevée. Avant tout, Michel Delporte fut un humaniste, mais se méfiant de l'Œuvre, un solitaire, mais épris d'altruisme. Assumant ses contradictions, il fut un être d'exception.w

Fig. 24. Ci-contre : MICHEL DELPORTE, *Gaieté de cœur* (détail), 1974, cat. 141

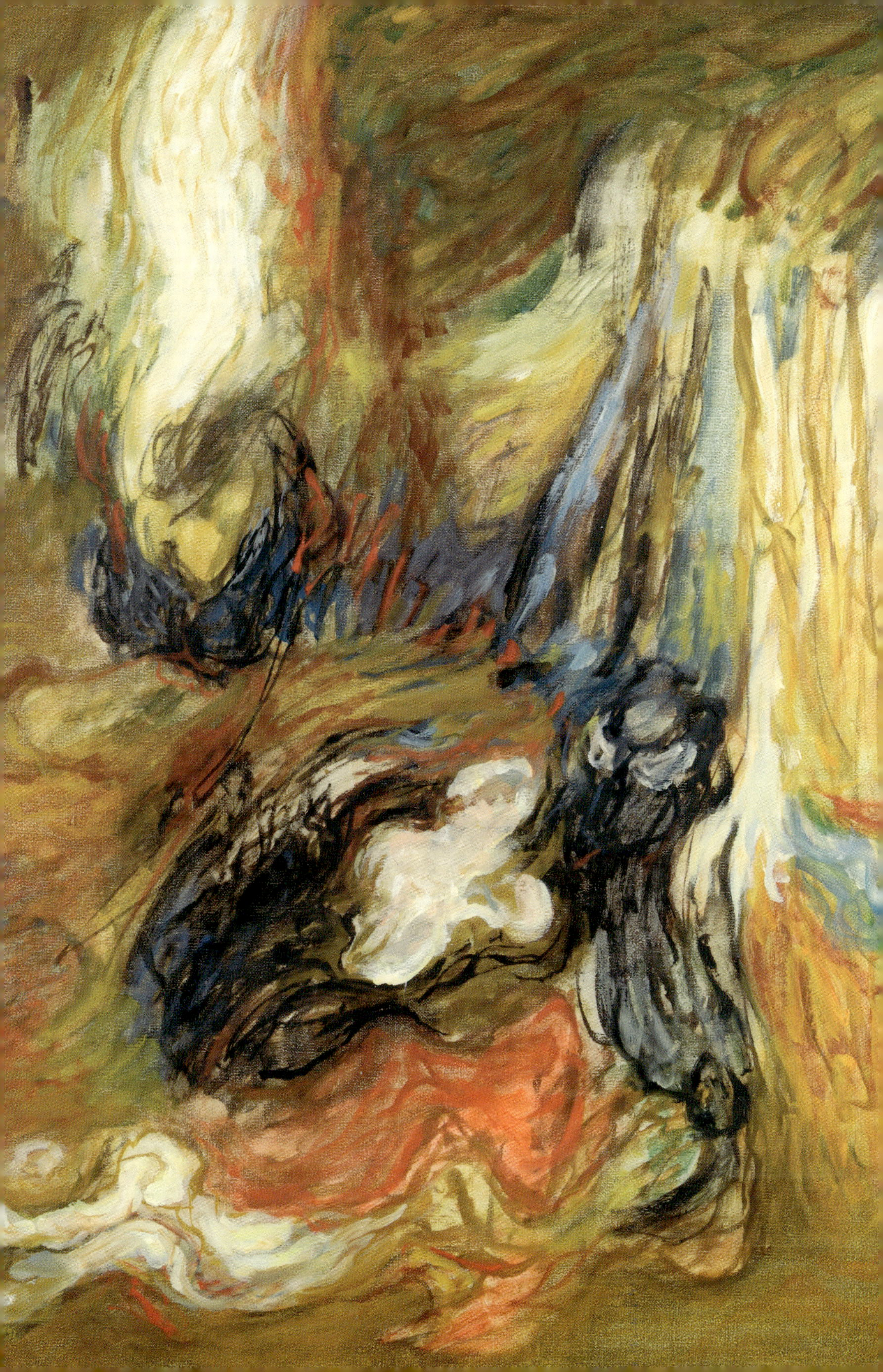

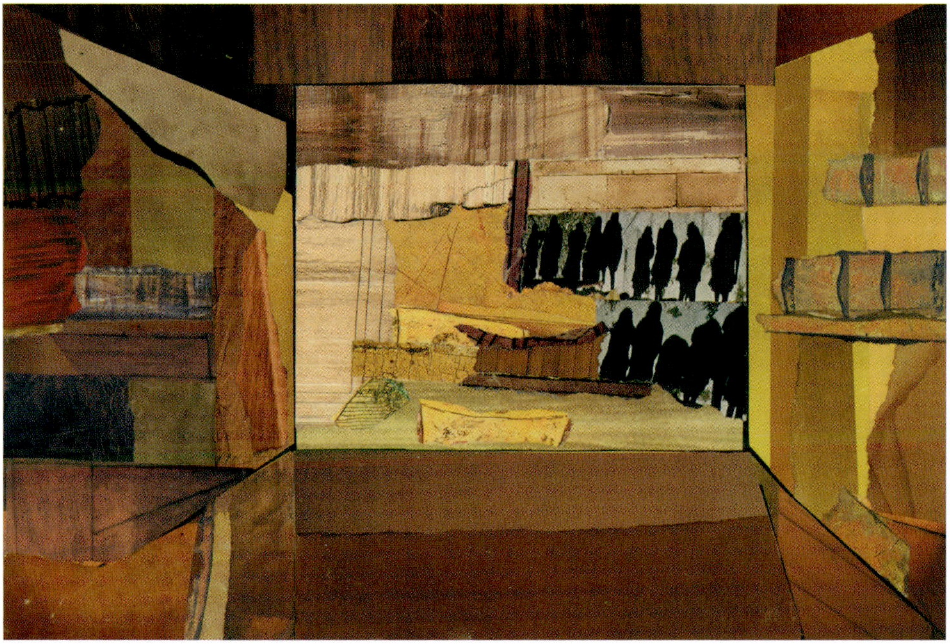

Fig. 25. MICHEL DELPORTE, *Entrée du chœur*, vers 1972, cat. 196

Quatre Temps

DE MICHEL DELPORTE

C'EST DURANT LES DERNIERS JOURS DE L'EXISTENCE de son vieil ami, que Pierre Jansen proposa à Michel Delporte d'écrire une mélodie sur quatre poèmes de jeunesse (écrits en 1945-1947), regroupés sous le titre de *Quatre temps*. L'œuvre sera créée et jouée le 14 décembre 2001 à La Piscine, nouvellement inaugurée. Lors de cette soirée, de nombreux amis étaient venus rendre un dernier hommage à Michel Delporte.

Le sacre du Printemps

I
Printemps d'hermine et de framboise
Printemps caché
Printemps
Je pose mes mains sur ton or cerclé
Ma joie mon soleil te feront un diadème
Mes larmes mes étoiles sont tes diamants !
Printemps d'hermine et de framboise
Printemps caché roi de mon cœur !

Mon nom s'émeut
Quel bleu glacé le tient brisé ?
Le Sacre du Printemps par trop de négligence
Est bleu de nuit jusqu'à l'aube naissante…
Mon nom s'émeut
La nuit de l'homme est dévorante
Le vent soulève un pli d'obscurité
Mon nom s'émeut

II

Mon nom s'accroche aux formes inconnues du
Vent
MICHEL Michel répète l'écho des ouragans
Michel sur le chemin du vent
Dans les mains du devenir
Michel perdu…
Je suis mon nom

Le printemps immense est là dans la forêt
Mon nom s'engouffre dans sa profondeur
Se répétant de tronc en tronc
Je suis mon nom

Contre les arbres évadés du sol gonflé d'ors cachés
J'oserai appuyer mes deux mains aveugles
La couronne immortelle de feu
Sortira-t-elle de l'écorce ?
Les arbres immobiles et fuyant vers le bleu
Me rendant petit et sans force à leurs pieds
Je tombe à genoux

Dans la fuite multiple des fougères
Au dos mâle ou femelle de spores
Dans les racines gardiennes d'araignées
Dans les feuilles meurtries de lumière
Je cherche mon nom

Dans la mousse une et multiple
Dans le ventre sale des champignons
Dans le bruit sec de la feuille morte
Que mes doigts cassent en poussière
Je cherche mon nom

Je me tais soudain

Mon sang toujours neuf
Répond aux mille bruits cachés de la forêt
Je crie mon nom
MICHEL
Michel
Il est là. Je l'entends
D'arbre en arbre ma voix le poursuit
Le vent roule à mes pieds
Expirant

Je regarde le ciel disparu
Je ne sais plus si les feuilles sont bleues ou vertes
Le vent s'est baigné dans la source inquiète
Et repart le long des troncs glissants
Mon nom s'est tu dans la forêt

III

La pluie rapide au fil plaintif et glisse
Vers le bruit répété de sa chute
Ô paradis maudit de dizaines bleuies !
Amies des flaques éparses
Mains affaiblies de la terre blessée
Ô mains avec fureur tordues dans les bourrasques
Mains sur mon visage humide posées
Mains !

Mon nom s'est roulé dans la boue des grands arbres
Des branches craquent au ciel fantasque
Et rouges du sang qu'elle vont verser
Ont un rire sec de fauve accroupi
Des branches brunes ont eu peur de la vie
Et lourd un sang qui naît dans la bouche
Tombe entre les dents étourdies
Et sourde une pensée bleue s'évapore en moi
Mes jambes ont perdu leur feu
Lève-toi ! Lève-toi ! Ton nom s'enfuit
Il faut courir sous la pluie de malheur
Lève-toi dans le sang qui veut naître
Et les yeux ouverts cherche ton nom !

La forêt s'est ouverte
Devant les mains tendues
Je suis plus fort qu'elle
Je cours je cours
Je suis mon nom
Je tombe à genoux sur une pierre
La pierre était mon nom
Et toute la nuit venait s'y perdre
Et j'étais debout dans la lumière
Et je posais mes deux mains blanches
Sur le front éclairé du Printemps

Lève tes yeux purs
Printemps d'hermine et de framboise !
Le soleil que tu regardes brûler
Fait une grande déchirure
Sous tes paupières
Et répète son nom troué
SOLEIL
Soleil

1945

Louange de l'été

Elles étaient trois longues et de chair de marbre
Elles avaient le regard des eaux claires
Comme il convient aux filles du poème
Elles avaient noué dans leurs cheveux
Le nom des arbres le nom des arbres
Et c'est ce qui les préserva du ciel

Toutes trois
Que disaient-elles
Sinon la beauté de leur paysage

Leurs lèvres nues collées aux lèvres des cerises
Et la gifle du soleil sur leur chair
Et la gifle de leurs doigts sur l'eau vierge
Et la gifle du vent sur leur long voile

Toutes trois
Que disaient-elles
Sinon la louange de l'été
Qu'espéraient-elles
Sinon la venue de leur ange

Mais l'ange
Songe t-il
Quel paysage est son été
Quel paysage ses eaux blanches
Enrouées de cloches
Et de cris d'oiseaux

L'ange ne songe
Ni ne s'éveille à l'amour
Ses yeux sans paysage
Ne sont réceptacles
D'aucun visage pur

Ne soyez pas des anges
Aux paupières blanches
De longs cils aveuglés
Buvez l'eau
Mirage d'amour
Buvez l'eau sans âge
Au creux de votre main primitive

Été été
Il cache ses eaux fragiles
Dans le soir bestial fouetté de mouches

Les chiens lèvent leurs yeux mouillés
Vers nos mains qui planent dans la moiteur
Vers nos mains pleines du sel qui sèche au vent

Et je dis la louange de l'été
Le paysage vous ressemble
Louange
Et par ma voix le paysage
S'est mis à vous ressembler
Le soleil est un écho de vos cheveux
Et vous voici debout sur les grands prés
Et toute joie lève des herbes
Et le ciel descend dans les cœurs ouverts
L'horizon se soulève et je confonds le ciel
Avec ma joie

Et à jamais que s'écrive la joie
Dans ce poème

Le soir s'est mué en cette aube de tendresse
Où les hommes mes amis viennent au ruisseau
Boire les eaux fragiles de l'espoir

J'appelle par leur nom les fleurs de votre robe
C'est une litanie d'entre les blés coupés
Et vos doigts fuselés y viennent se glisser
Entre les noms fleuris coquelicot bleuet

Automne

Je vous avoue je vous avoue
La profondeur des yeux perdus
Et la surface de mes larmes
C'est moi qui parle et c'est à vous
La perdue que je parle et dis
Mon désespoir fou de septembre

Automne je te grave à l'arbre
Témoin de notre lieu commun
Le banc le lac les feuilles mortes
Le gravier l'écorce et les lèvres
Les pleurs stupides sur les mains
Le cœur la blessure qui s'ouvre

1947

Hymne de la quatrième saison

Ses mots les mots ont roulé dans les précipices
Tailles connues du désespoir et la douleur
Lumière à l'aube avait brouillé les troubles traces
Des vivants il avait quitté leur troupeau triste
Perdu parmi les quatre temps de la vision
Il s'appuyait fou contre les pins calcinés
Vagabond sur la chair du ciel il parlait bas
Il disait je ne suis qu'habitant de novembre
Et ma chair est muette et ce cœur n'a même
Pas dépassé la mélancolie de l'automne
La grande vacance de l'homme en plein poème

À mi-pente de l'homme où il était l'espace
Est pétrifié la lèvre et la parole ensemble
Demeurent unies par la force des larmes

L'homme d'en-bas quitta la troisième saison
Il parlait aux cailloux de la route aux poussières
Entre vos voix la mienne est basse et si parler
Suppose la montée vers les hautes régions
Du cœur j'accepte de parler entre les brumes
Je gravis les pentes ultimes de l'absence
Je ne suis pas un cœur fermé mais j'ai silence
Si grand en moi qu'il vous pourrait meurtrir
Mon pas mon pas je n'entends plus mon pas ah dire
Que le sol est gelé à en crier

Et devant la quatrième saison vint l'homme
Elle muette et lui les lèvres contre l'hymne

Tes yeux l'eau dure et indécise et les graviers
Dans tes yeux d'eau les lacs lentement vers l'hiver
Il se pencha sur l'eau gelée sans voir bouger
Son image il se sentit blessé et crièrent
Tous deux son image et lui qui se haïssaient

Le gel ! l'eau n'est plus l'eau je ne suis plus moi-même

Il s'éloigna de la vierge au regard percé
L'aiguille blanche et le regard le traversaient
Ebranlé il ne sut pas taire son poème
L'honneur de l'homme à la cime de ses pensées

La montée la montée le grincement stupide
De la neige et sa beauté que je refuse
La montée de la solitude il faut la nommer
Il faut bien compter sur sa venue elle vient

Nue et je brise l'armure de sa nudité
Pour obtenir le paysage encore plus pur
Les cimes les brumes la dentelle sublime
Du cœur sur les vitres de l'hiver la montée
Le soleil des sommets le soleil enfin blanc
Son cri le cri des abîmes
Et le silence
Enfin présent enfin palpable enfin gagné
Et les rocs pensées arrêtées par l'évidence
Je connais les rochers connaissent le bonheur
Qui parlait de souffrance et de chair torturée
Ah ! les cailloux meurtris je connais leur blessure
Le ciel déchiré à leur bord et le repos
La joie et les graviers la joie et le vertige
La montée la montée la montée la montagne
Il déplia l'orchestre de son rire aux pics
Gravis
Le glissement de la parole en longues strophes
De neige et le ravin la catastrophe ailée
Vers les vallées dérisoires des bas humains

Et viennent les derniers sommets ceux de l'oubli
Qui le grandissaient jusqu'à ce miroir ultime
La blancheur de l'oubli où il se regardait
Les lignes du gel jusqu'au visage éloigné
Et la morsure de ce vide où il songeait
Cela ce miroir cette blancheur et ce songe
Il les confondait avec les visages d'hommes
Moraines inouïes des glaciers à venir
Qui se multipliaient heureux dans les névés
Mais lui ne connaissait que la souffrance et dieu
Il était au passage à travers les saisons
La quatrième aimait sa bouche et se collait
Contre son corps et entre leurs yeux le silence
Mais lui refusait les prières de sa chair
Dieu courroucé par sa blessure de colère
Et n'embrassait que l'hymne image de l'hiver

Le dieu ! il meurt et va dans la mort si profond
Si pensant à l'hiver que ses lèvres éclatent

1947

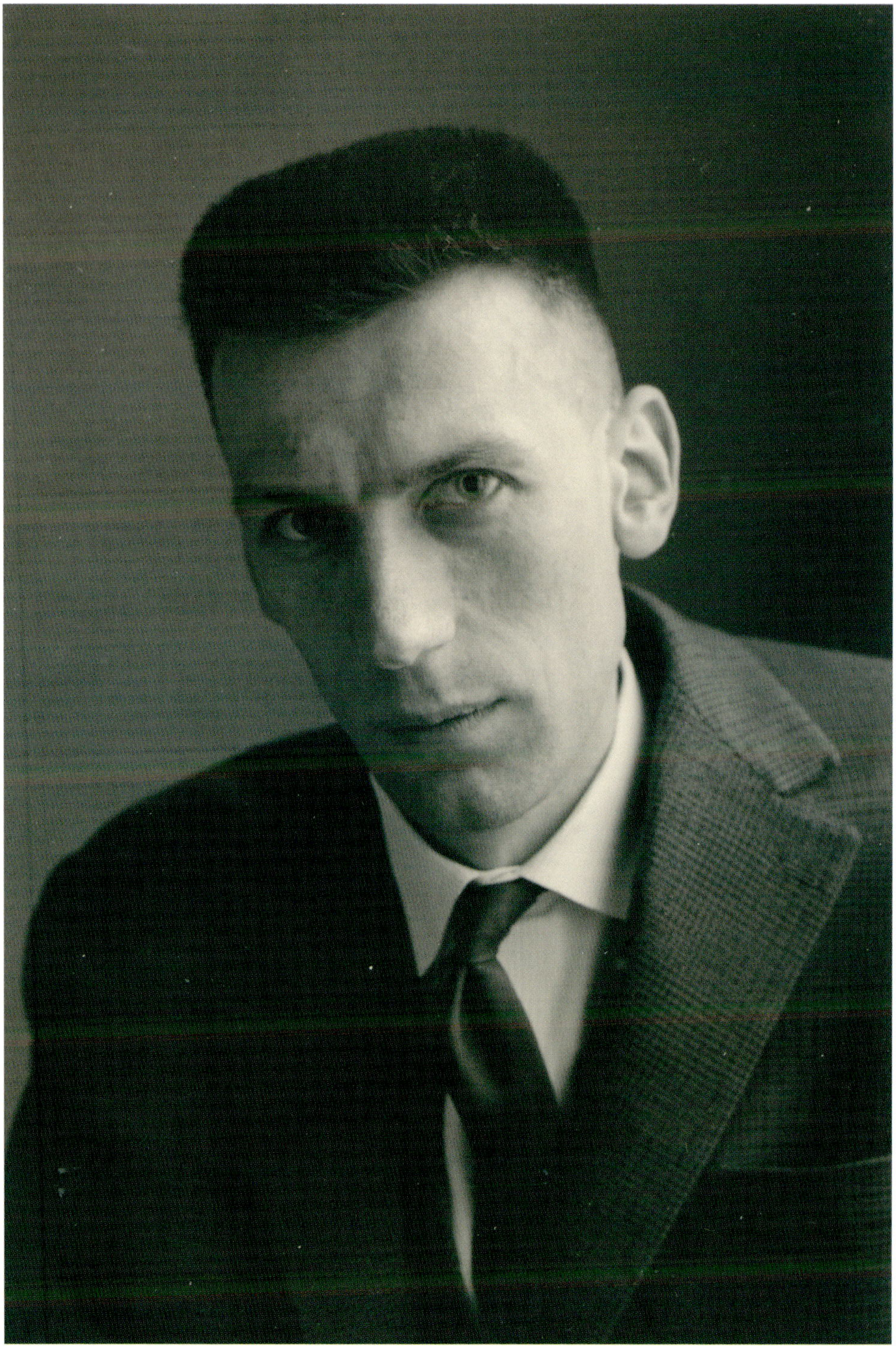

Fig. 26. ANDRÉ FLORIN, *Portrait de Michel Delporte*, vers 1960, cat. 347

Michel Delporte, le juge de paix

PAR MAURICE DECROIX

SA LONGUE SILHOUETTE FILIFORME au buste légèrement penché vers l'avant (fig. 26) faisait immanquablement penser à la sculpture *L'Homme qui marche* de Giacometti. Comme s'il avait voulu ajouter quelques centimètres encore à cette haute taille, il était couronné d'une coiffure en brosse impeccable, comme coupée au laser.

Forcément il dépassait ses copains du Groupe de Roubaix d'une bonne tête mais il n'y avait pas que cette seule particularité physique à le singulariser.

Michel Delporte était la retenue quand l'exubérance habitait souvent les autres ; il était la discrétion au beau milieu d'un bouillonnement d'ego. Pour tout dire il ne vivait pas à leur rythme d'aucun point de vue. Sa formation, son éducation, une élégante timidité le tenaient forcément éloigné de ce qu'on appelle communément « une vie d'artiste » avec ses fêtes, ses angoisses, ses exagérations.

Et pourtant Michel Delporte était sans doute le plus écouté de cette équipe de peintres et de sculpteurs qui en appelaient régulièrement à son jugement. Peut-être aussi parce ce que le sachant un peu à la marge du marché, ils ne le voyaient pas non plus comme un « concurrent ».

Dans un atelier, dans une galerie, le regard perçant de Michel fouillait au tréfonds de l'œuvre. Ses grandes mains osseuses nouées savamment derrière le dos, il pliait légèrement sa grande carcasse pour être à hauteur de vue. Parfois, d'un doigt interminable, il traçait dans l'espace quelques lignes qui venaient souligner, appuyer, cerner telle ou telle partie du tableau. Dans un silence pesant, presque oppressant. Puis il se relevait, se retournait vers le peintre, quasi transi, pour donner son impression. Toujours juste, toujours délicate, toujours constructive. Ses réserves, il fallait les comprendre « en creux » car il n'aimait pas blesser.

Quand il était dans des périodes de doute, le peintre Paul Hémery, qui fut l'un des ses plus proches amis, disait : « Il faut que j'appelle Michel ! » comme il aurait appelé le SAMU ! Michel c'était l'indispensable point d'appui. Il fallait voir alors Paul, massif et entier, se fondre dans l'ombre filiforme de Michel, planté dans l'atelier des tourments, et censé lui apporter le viatique de sa critique. Et les commentaires du grand visiteur s'apparentaient à une délivrance. Allez, osons le mot, une espèce d'exorcisme…

Discret jusqu'à l'effacement, Michel Delporte était pourtant très présent dans les toiles de ses amis ; Arthur Van Hecke (fig. 27 et 28), Paul Hémery (cat. 348 et 349), entre autres, lui ont en quelque sorte dédié quelques-uns de leurs plus beaux portraits forcément structurés et inspirés autour de ce modèle hors normes.

Années 70… Anne et Albert Prouvost avaient donc décidé de créer, au cœur des ombrages du Vert-Bois à Bondues, une galerie qui s'avèrerait comme la plus importante de la région. Encore fallait-il trouver un nom à ce lieu. Paul Hémery avait évidemment sollicité Michel Delporte. Nous étions quatre dans un petit salon en bow-window de la Ferme des Marguerites : Anne Prouvost irradiait de sa beauté et de son enthousiasme, Paul Hémery jubilait, le jeune journaliste que j'étais pensait au scoop et Michel Delporte, comme à son habitude, se tenait en peu en retrait. La soirée débutait entre chien et loup et dehors un petit vent faisait bruisser les feuillages des grands arbres.

« Septentrion » lâcha Michel Delporte.

« Quoi Septentrion ? » bougonna Paul Hémery.

« Le mot est simple, beau, il dit le Nord » argumenta Michel.

Anne Prouvost acquiesça d'un sourire qui ne souffrait aucune contradiction.

Le jeune journaliste nota consciencieusement en se disant que ça passerait bien dans un titre…

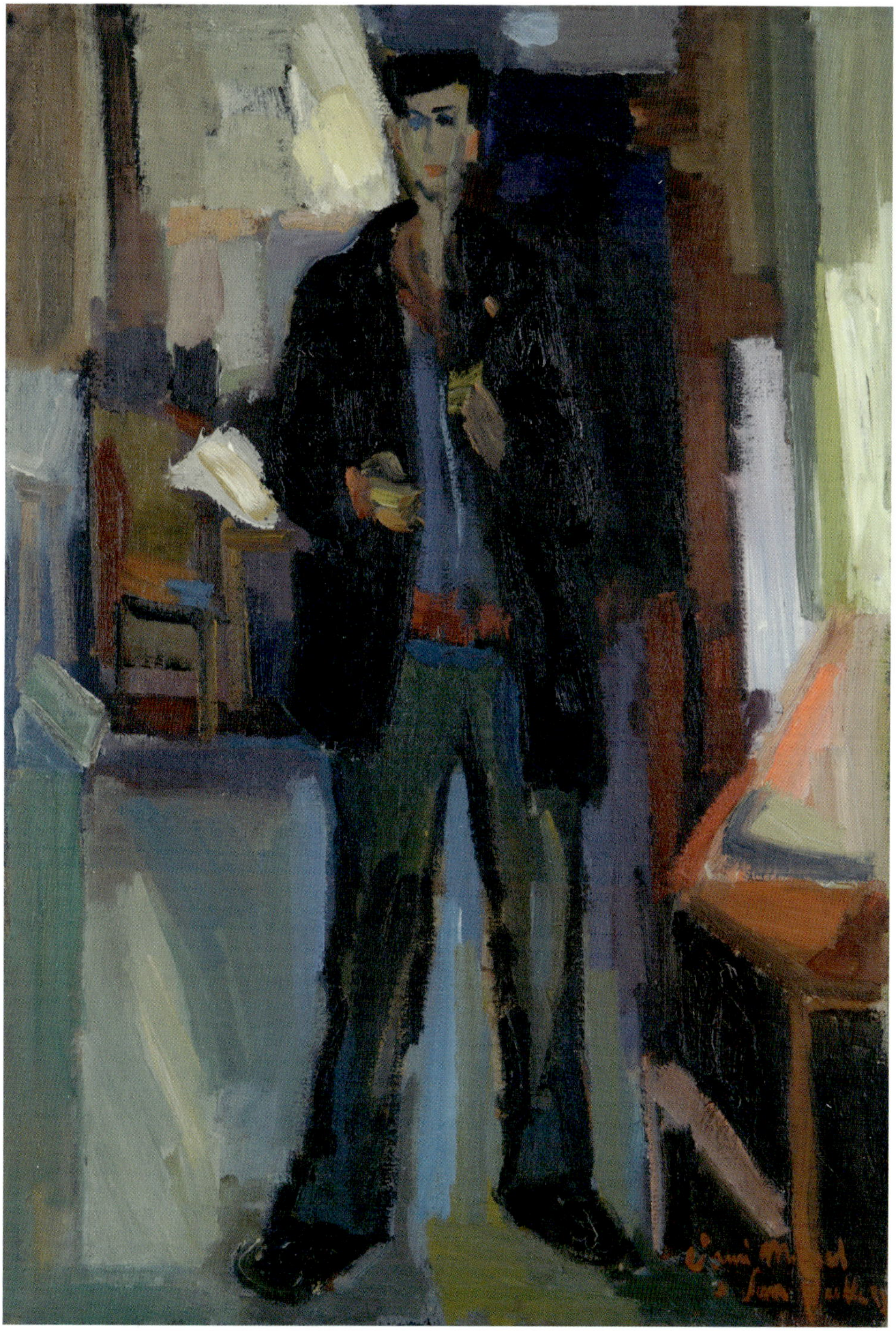

Fig. 27. ARTHUR VAN HECKE (1924 – 2003), *L'Ami Michel,* 1953, cat. 350

Michel Delporte était à l'alpha d'une belle aventure…

Dans l'appartement familial qu'il occupait dans un immeuble hausmannien à Roubaix et qui faisait l'angle du boulevard de Gaulle – autrefois boulevard de Paris – et de la rue de Lille, ce n'est rien de dire que Michel Delporte se désespérait un peu de « son » Roubaix qu'il regardait ainsi de haut. Les années 80 avaient abîmé la cité vouée aux gémonies médiatiques. Et le peintre s'en détachait insensiblement.

Je le croisais souvent sur le chemin qui menait au journal dont les locaux étaient alors installés Grand-Place. Il m'arrivait même de calculer mon pas pour être sûr de le trouver dans un surprenant petit salon où l'on causait : la boucherie de Monsieur Henri, rue du Vieil-Abreuvoir. C'est là que Michel Delporte, son cabas à la main, venait acheter sa viande. Mais surtout bavarder avec Monsieur Henri pour refaire le monde en commençant par Roubaix, là où il y avait le plus à faire. La conversation s'évadait souvent du côté de l'actualité des expositions, des peintres, de la littérature, de l'opéra. Alors Monsieur Henri, toujours sanglé dans un grand tablier impeccable, se plaçait derrière son comptoir et ne pipait plus mot. Michel s'éclipsait souvent le premier et derrière son dos le boucher lâchait : « Je pourrais l'écouter des heures, je ne comprends pas tout mais j'ai l'impression que ça me rend plus intelligent… ».

C'est dans cette sacrée boucherie que nous avons commencé à évoquer le projet du musée de Roubaix. J'avais dit à Michel combien un certain Bruno Gaudichon, jeune conservateur venu de Poitiers, me semblait être l'homme de la situation pour mener à terme une aussi folle entreprise : installer un musée dans une ancienne piscine.

Michel Delporte prêta d'abord une oreille sceptique, puis elle se fit attentive. Il rencontra le conservateur et ce fut un vrai coup de foudre réciproque. Le premier ouvrit au second toutes les portes des artistes, des collectionneurs, des mécènes de la région. Michel Delporte fut transfiguré : il avait compris que ce futur musée bouleverserait sa ville et sa vie.

Dans la boucherie de Monsieur Henri, on avait bien remarqué que Michel Delporte avait des soucis de santé, depuis quelques semaines il semblait s'affaisser un peu, il traînait la jambe mais ne se lamentait pas sur son sort. Et puis les choses se compliquèrent jusqu'au jour où il avoua : « Vous voyez mes amis je ne serai sans doute plus de ce monde pour l'ouverture de ce musée qui me tient tant à cœur ». On le secouait, on le grondait, on le moquait même un peu mais Michel Delporte ne parlait jamais à la légère. Il est parti avant mais sans doute rassuré : il avait été aussi dans l'alpha, il ne serait pas dans l'omega…

Sur la devanture de la boucherie, une affiche d'une exposition que Michel Delporte avait faite à Lille est restée accrochée bien après sa disparition. Le dernier hommage de Monsieur Henri à son illustre client…

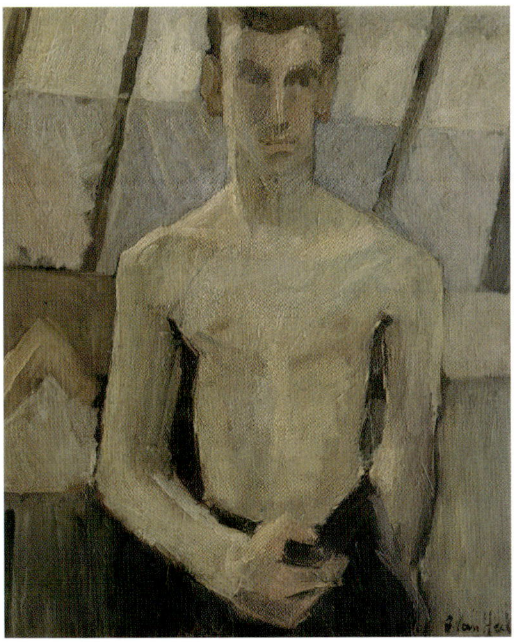

Fig. 28. ARTHUR VAN HECKE (1924 – 2003),
Torse à l'atelier, 1953, collection particulière

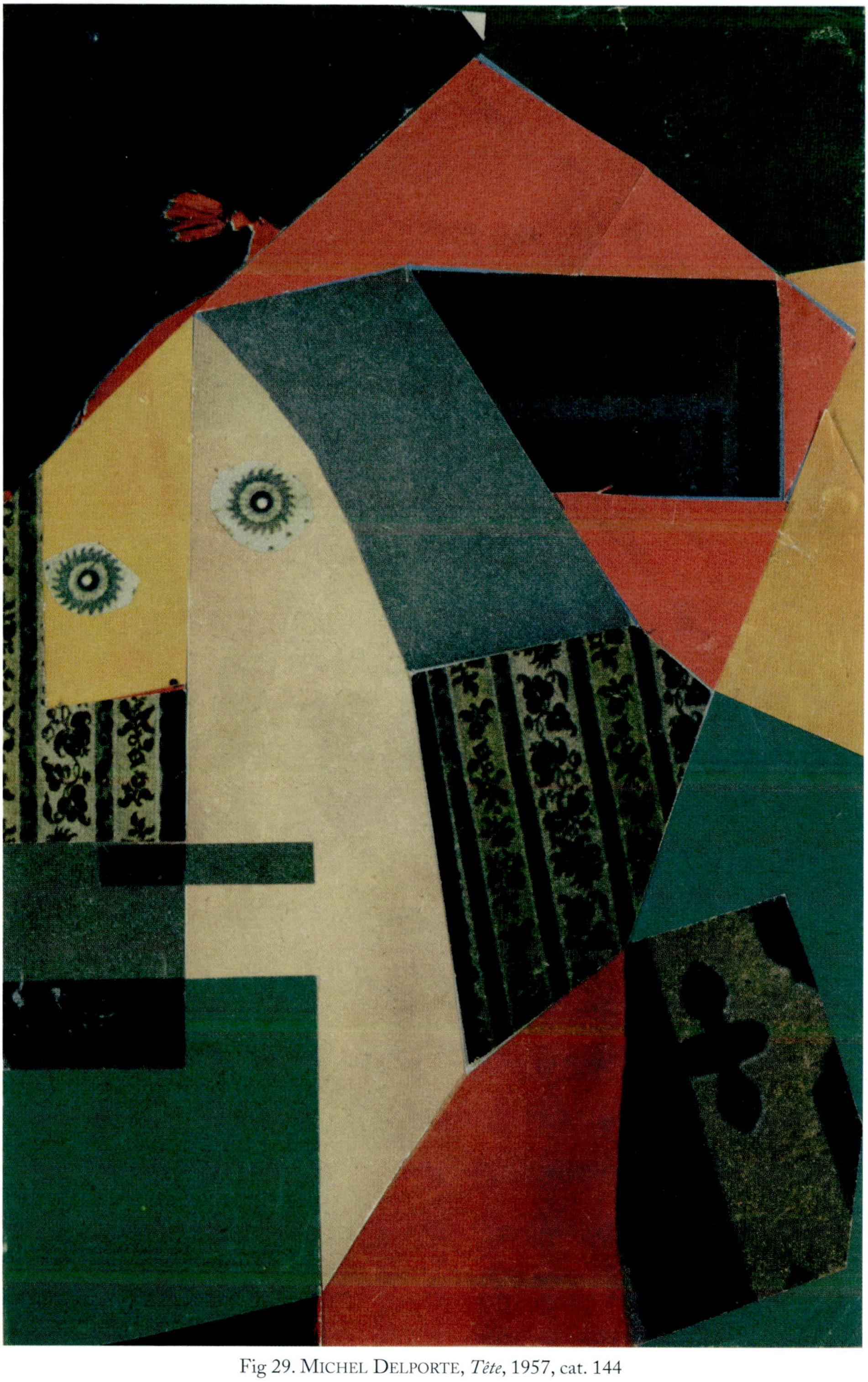

Fig 29. MICHEL DELPORTE, *Tête*, 1957, cat. 144

Michel Delporte et l'autonomie du collage

PAR GÉRARD DUROZOI

LORSQUE MICHEL DELPORTE COMMENCE À PRATIQUER LE COLLAGE, ce dernier présente une actualité qui, des affichistes à Robert Rauschenberg en passant par les débuts du pop art anglais et certains artistes californiens, est véritablement internationale. Mais Jacques Villeglé, Mimo Rotella, Rauschenberg, Bruce Conner, Richard Hamilton ou Peter Blake semblent tous préoccupés, même si c'est à des degrés divers et pour des raisons différentes, par la vie urbaine et les aspects émergents d'une société que l'on qualifiera bientôt comme étant « de consommation ».

Or Michel Delporte n'est en rien concerné par de tels travaux, pas davantage par leurs problématiques. Tout d'abord parce que – comme à peu près tout le monde dans la seconde moitié des années cinquante – il en ignore l'existence. Mais surtout parce qu'il aborde le collage relativement à une histoire de la peinture qui est strictement française, et qui ne rassemble que les versions de l'abstraction (ou, en arrière-fond, de la figuration) proposées après-guerre par ce qu'il est convenu d'appeler l'« École de Paris ». En d'autres termes, le collage le concerne uniquement pour ses possibilités plastiques, et non pour ses éventuelles résonances idéologiques[1]. S'il prend longuement, dans sa production, la relève de la peinture, c'est beaucoup moins parce qu'il serait plus rapide ou facile à réaliser que parce qu'on peut espérer y aborder et y résoudre des problèmes qui se posent dans et par la peinture – pour peu que l'on définisse bien celle-ci par ses constituants fondamentaux : couleurs, formes et surface.

C'est pourquoi ses collages se présentent, même pour un regard qui ne ferait que les effleurer, comme réellement dus à un « professionnel », au même titre par exemple que les papiers collés de Braque ou de Picasso. Dans la longue et complexe histoire du collage au XXème siècle, on peut, même si cela simplifie évidemment les choses, distinguer deux tendances principales (et du même coup deux illusions différentes, auxquelles elles invitent). D'un côté ce qui provient du cubisme, de l'autre ce qui prend source dans Dada et le surréalisme : construction maîtrisée et préoccupation avant tout plastique d'une part, et de l'autre souci de produire une signification (même confuse) et renoncement au moins partiel au mythe du créateur tout puissant en même temps qu'à la « noblesse » des matériaux habituels.

Même si un collage de Kurt Schwitters est aussi rigoureusement construit qu'un papier collé de Braque, on perçoit immédiatement qu'il n'est pas élaboré avec la même intention, et que juxtaposer des fragments de papiers trouvés dans la rue est tout autre qu'introduire dans une peinture un fragment de réel sous l'aspect d'un morceau de journal, de l'emballage d'un paquet de tabac ou d'une bande de papier peint. Max Ernst avait raison de prévenir que « ce n'est pas la colle qui fait le collage », il n'en reste pas moins que ce dernier, tel qu'il a été conçu et pratiqué par le surréalisme et dans ses alentours, donne l'impression d'être à la portée de tout le monde[2] – on en prendra pour indice le fait que des poètes (André Breton, Paul Éluard, Jacques Prévert, etc.) sans formation particulière en arts plastiques ont pu en produire, et d'aussi perturbants que ceux des réputés peintres. Il est toutefois vraisemblable que ces collages « non professionnels » doivent aux facultés de dépaysement déjà à l'œuvre dans les textes poétiques, et qu'il y a dès lors continuité, sous le signe de l'image (verbale ou visuelle), entre une écriture métaphorique experte en déplacements et l'activité qui consiste à découper des images disponibles pour composer des figures et scènes imprévues.

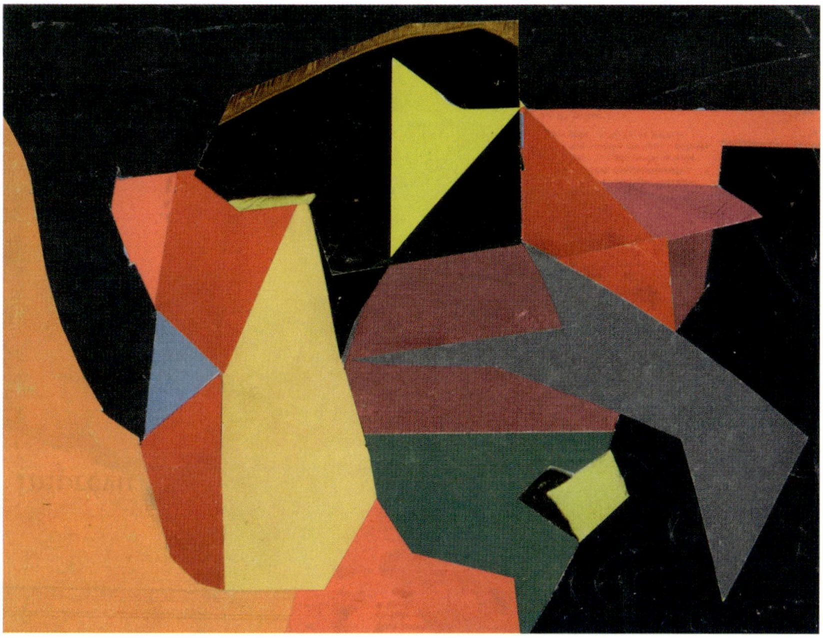

Fig. 30. MICHEL DELPORTE, *Choses*, 1957, cat. 145

Alors donc qu'il est prudent d'admettre que le collage surréalisant n'est pas réellement à la portée de n'importe quel pot de colle, on doit aussi, concernant le versant des activités collagistes qui prend sa source dans les papiers collés cubistes, être attentif à la proximité qu'elles paraissent entretenir avec la pratique picturale de leurs auteurs. Si le mélange de matériaux classiques et d'emprunts à un réel brut semble bien réservé à des artistes ayant déjà fait leurs preuves avec des techniques traditionnelles, c'est parce que le papier collé permet à de tels artistes – qu'il s'agisse de Georges Braque ou de Robert Motherwell – de faire avancer leur travail pictural. Le collage ne constitue pas à strictement parler le modèle ou l'esquisse de tableaux ultérieurs, mais il autorise des redéfinitions (de l'espace, de la représentation, éventuellement du décoratif et de son rôle possible) dont la peinture tirera bénéfice. Dans cette optique, le collage apparaît comme

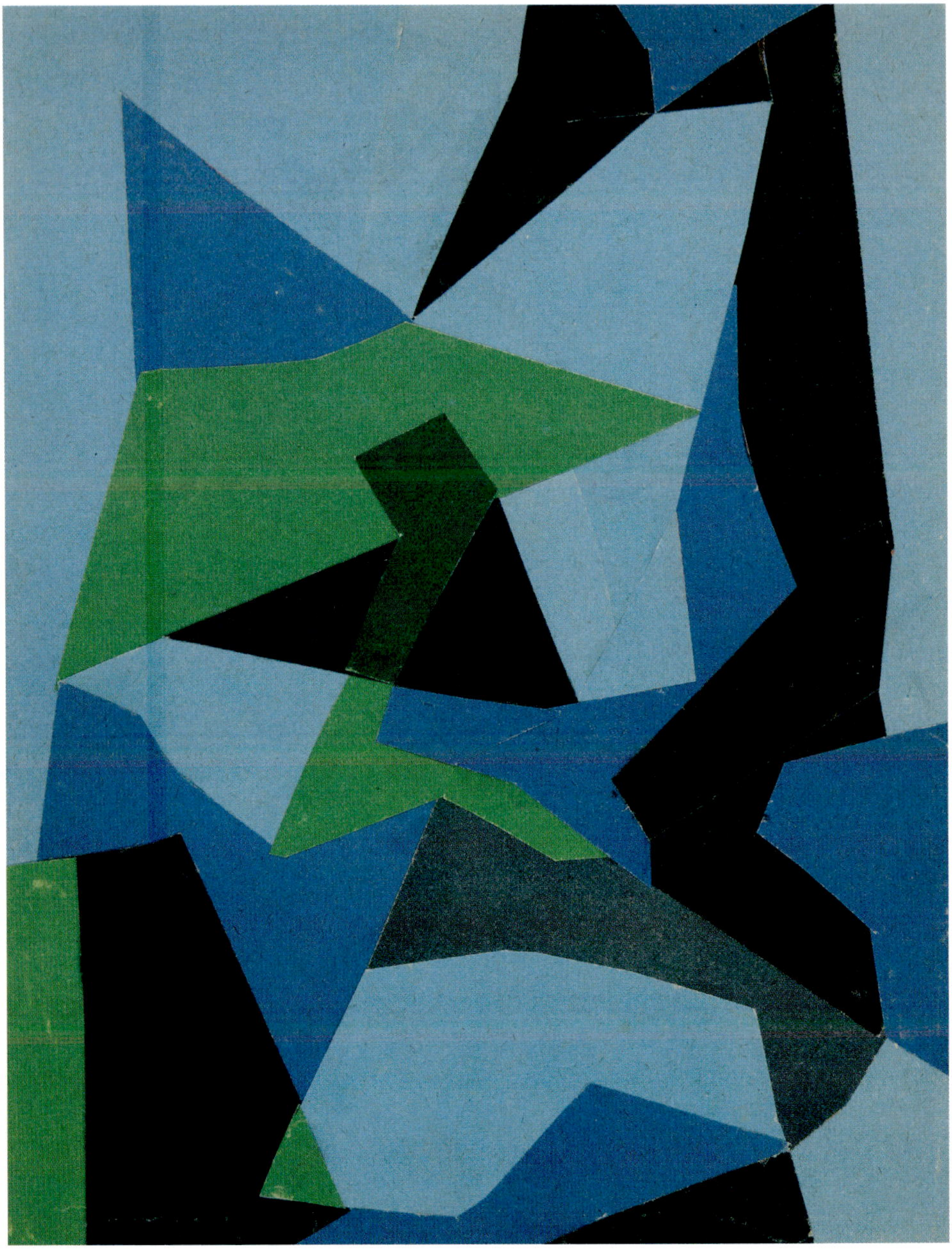

Fig. 31. MICHEL DELPORTE, *Naissance de la nuit*, 1957, cat. 146

une sorte de parenthèse féconde dans un parcours qui reste principalement pictural : il autorise une recherche qui ouvre à la peinture des possibilités nouvelles (les papiers collés de Braque et de Picasso permettent ainsi le passage du cubisme « analytique » au cubisme « synthétique »).

La singularité des collages de Michel Delporte tient à ce que, tout en s'inscrivant dans la voie inaugurée par les papiers collés cubistes, ils ont d'autant moins d'échos dans sa peinture qu'ils s'y substituent de plus en plus. Le collage est cette fois une pratique affirmant son autonomie. Cette autonomie se marque par les formats (généralement modestes, sinon petits) autant que par le choix des matériaux, empruntés à des magazines et publications proposant des surfaces déjà colorées ou porteuses de quelques signes et allusions éventuellement figuratives, dont les ciseaux puis les déchirures modifient la signification. Le recours à des feuilles dont la couleur est déjà imprimée débarrasse d'une partie de la « cuisine » picturale – celle qui met au point, par mélanges et superpositions, une gamme chromatique – ; il invite à traiter différemment les relations entre les surfaces, limitant par exemple le jeu sur les transparences (même si certains collages y font néanmoins appel), sur les transitions ou les dégradés, mais proposant aussi des couleurs que le peintre aurait peut-être ignorées ou négligées.

Sans doute est-il symptomatique qu'un des premiers collages (daté du 11 décembre 1957) (fig. 29) rende une sorte d'hommage à un cubisme tardif[3] : la figure qu'il construit n'est pas sans rappeler l'articulation des surfaces dans *Les Trois musiciens* (1921) de Picasso – mais c'est sur un mode mineur, où l'utilisation de photographies de roues dentelées en guise d'yeux et l'addition d'un pompon sur un côté du triangle rouge supérieur confirment l'aspect figuratif de l'image, mais interviennent, sinon comme un gag, comme l'aveu d'une hésitation devant une non-figuration complète. Quelques jours plus tard, (fig. 30 et 31) le pas est cependant franchi, et les feuilles affirment franchement une pure imbrication de formes dont la désignation en termes de géométrie paraît impossible, tant les découpes produisent non des carrés, des triangles ou des losanges (même approximatifs), mais des figures autrement complexes, avouant d'ailleurs leur provenance puisque rien n'est fait pour dissimuler les coups de ciseaux (avec leurs éventuelles reprises) ou ajointer les formes avec une précision et un soin suffisants pour éviter tout écart ou débordement de la colle. Autrement dit : le collage donne à voir sa mise au point, et le travail qui l'a composé : il ne singe pas la peinture, mais affirme simultanément ses matériaux et son mode de constitution. Il s'agit là non seulement de faire preuve d'une honnêteté qui refuse toute tricherie, mais bien du choix d'un domaine plastique exhibant des caractères propres qu'il est le seul à présenter et qui le distinguent aussi bien du dessin que de la peinture.

L'abstraction affirmée a d'abord un air de famille avec un certain nombre d'œuvres du moment. Telle composition peut faire penser à Jean Deyrolle ou à Richard Mortensen (dont les formes auraient été démultipliées), telle autre à Serge Poliakoff[4] (fig. 32) – sans qu'il soit toutefois possible d'affirmer que Michel Delporte pensait à eux en travaillant. En tout cas, sa manière de négocier le passage d'une forme à ses voisines, d'user d'un fragment monochrome à la façon d'un aplat, de maintenir sa composition dans le plan sans aucune illusion de profondeur, ou d'inscrire plusieurs formes dans une autre qui les englobe (de ce point de vue, les collages du 7 mai 1958 (fig. 33) sont assez exemplaires) signale sa volonté initiale de produire une version sereinement équilibrée de l'abstraction – en un sens et quelles qu'en soient les qualités sans vrai risque à l'époque[5]. Cette abstraction paraît assez « froide », et toute modalité lyrique en semble évacuée.

À la fin de 1958, cette voie semble avoir perdu de son intérêt, et Michel Delporte modifie sa technique : il renonce aux ciseaux pour déchirer à la main ses morceaux de papier. Les bords de chaque fragment perdent leur

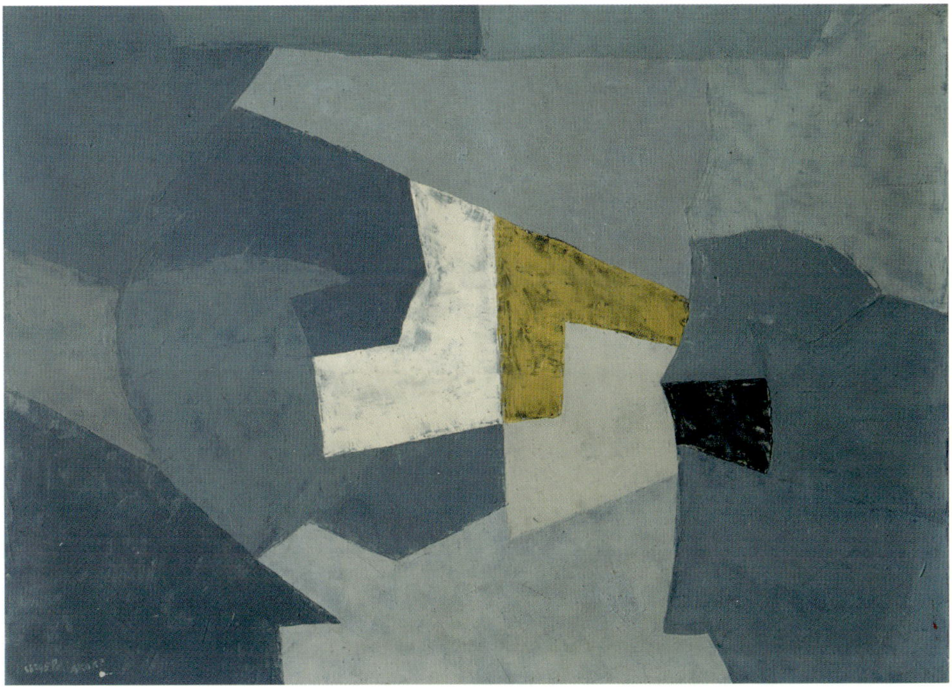

Fig. 32. SERGE POLIAKOFF (1900 – 1969), *Composition au fond bleu*, vers 1954, huile sur toile, 97 x 130,7 cm, Nantes, musée des beaux-arts

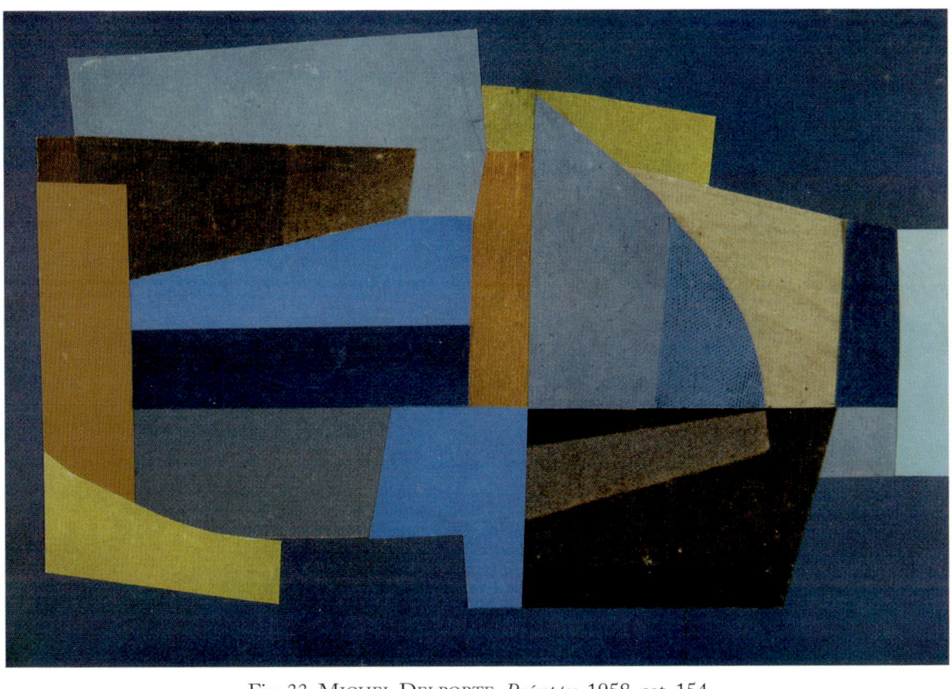

Fig. 33. MICHEL DELPORTE, *Préceptes*, 1958, cat. 154

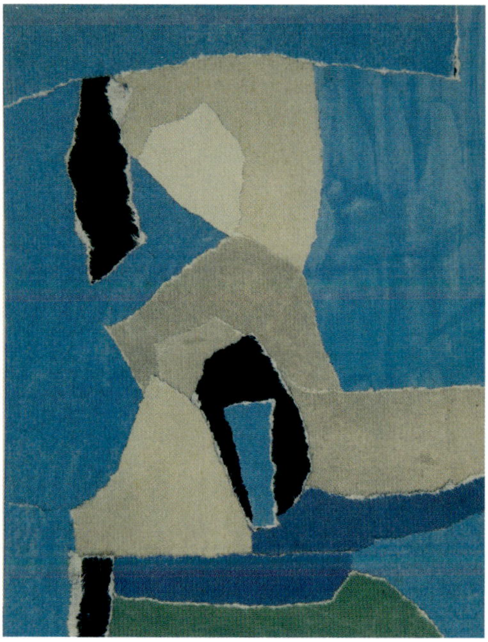

Fig. 34. MICHEL DELPORTE,
Être un enfant, 1958, cat. 159

netteté (qui peut apparaître rétrospectivement, à la lumière des nouveaux travaux, comme synonyme de rigidité), mais surtout Delporte découvre la possibilité de tirer profit de l'épaisseur même du papier, dont la déchirure révèle, sous la couleur imprimée, la blancheur : moins ajustées que jamais, les formes vont désormais être simultanément liées et séparées par une frange blanche, de largeur variable, qui fait office de « ciment ». Cette modification dans l'aspect des collages leur confère une monumentalité indépendante de la réalité de leurs dimensions : on passe en quelque sorte d'un effet de marqueterie approximative à celui d'une pseudo-maçonnerie. Il est d'ailleurs notable que, dans ce nouvel ensemble d'œuvres, Delporte privilégie rapidement la juxtaposition de fragments à leur superposition (celui du 15 décembre 1958, (fig. 34) à dominantes bleue et ocre, ferait office de transition, puisqu'on y constate quelques formes superposées, qui sont ensuite de plus en plus rares) ; d'autre part les formes englobantes, qui existent encore, sont beaucoup moins prégnantes dès lors que leurs bords ne sont plus francs ; elles perdent de leur poids visuel, ou de leur insistance, pour laisser place à ce qui participe progressivement de la mise en place d'un espace fictif prolongeant le collage au-delà de ses limites matérielles, comme si chaque feuille procédait à une sorte de prélèvement dans un espace général constitué de la répétition de ses ajustements formels. Les formes elles-mêmes obéissent moins à un souci de composition centripète (efficace dans les œuvres de 1957-1958), ce qui donne au regardeur la capacité, lorsqu'elles sont interrompues par la limite du support, de les prolonger mentalement. Michel Delporte accorde ainsi à chaque feuille une portée métonymique, puisqu'elle évoque désormais, par sa présence locale, la possibilité d'une articulation générale de l'espace : si l'autonomie de chacune est préservée par sa cohérence, on doit admettre que cette cohérence diffère de celle des premiers collages – dont chaque planche se présentait comme un « objet » clos sur lui-même, alors que le nouveau dispositif suggère de multiplier l'efficacité du mode d'articulation qu'il expose.

Si l'abstraction n'est plus « froide » et accepte au contraire les indices d'un certain lyrisme, ce n'est pas seulement parce que la sélection des couleurs utilisées change de tonalité (bien que cela y participe évidemment), c'est peut-être d'abord parce que la déchirure renvoie plus directement qu'un coup de ciseaux à un corps et à ses gestes, que l'on devine attentifs et mesurés, et avec lesquels le spectateur peut entrer en résonance. Ce lyrisme, qui demeure en général implicite, donne parfois explicitement naissance à une allusion poétique : un fragment circulaire « ressemble à » un astre nocturne sur ce qui pourrait évoquer une terre, et Delporte s'autorise un titre : *Il se fait tard* ou *Quand c'est l'heure* (cat. 174 et 175). Le collage n'y perd-il pas de son ambiguïté, c'est-à-dire de sa richesse ? Car si rien n'interdit de désigner, dans les formes abstraites, des représentations si l'on veut aériennes de sols ou de champs – soit une version du

« paysagisme abstrait » –, rien ne saurait davantage empêcher le regard de ne considérer que les formes et leur jeu pour eux-mêmes et en eux-mêmes, indépendamment de toute allusion au réel.

Michel Delporte, en ne titrant que très rarement ses compositions, a heureusement su en préserver les potentialités expressives, maintenir ouverte leur disponibilité. Une accumulation de fragments peut prendre globalement l'allure d'une silhouette (d'homme ? de statue ?), mais ce n'est certainement pas en précisant sa nature et en rabattant l'œuvre vers une figuration allusive qu'on en facilite réellement l'approche. Mieux vaut admettre qu'il y a dans ce produit de l'art une proposition qui tend à déshabituer le regard pour le rendre perméable aux effets des matériaux mis en œuvre et accroître sa sensibilité à un visible qui excède amplement la banalité quotidienne.

Telle pourrait être la « leçon » de ces collages, par-delà les expérimentations qu'ils ont suscitées dans une carrière et les hésitations qui s'y devinent : ils s'inscrivent, non dans une tentative pour restituer, de diverses manières, un donné visuel, mais – et c'est ce qui fonde leur ambition, garantit leur qualité et justifie leur analyse – dans une conception selon laquelle il appartient à l'art de nous aider à percevoir autre chose ou autrement, c'est-à-dire à modifier notre rapport avec ce qui nous entoure.

1. On peut bien entendu faire valoir que privilégier la non-figuration à la fin des années cinquante et dans la décennie suivante constitue en soi un choix idéologique : on rappellera par exemple que, durant les dix années (au moins) qui suivent la seconde guerre mondiale, les opposants à l'abstraction lui reprochent son « idéalisme », ou de fuir la réalité et ses problèmes (économiques, sociaux, politiques, etc.). Mais Michel Delporte fait partie des artistes qui admettent - et sa position est d'autant plus intéressante qu'il a connaissance des textes philosophiques sur lesquels certains critiques de l'abstraction prétendent fonder leur virulence - que la peinture n'a certainement pas pour tâche de régler les problèmes de la société, et qu'elle n'a pas à considérer ou à élaborer d'autre réalité que la sienne.

2. Cf. cette déclaration toute récente de Erro : « C'est ce que je préfère dans le collage : c'est un art populaire. Tout le monde peut en faire. Pas besoin d'être passé par une école pour cela » (entretien dans *Le Monde*, 18 février 2010).

3. On sait que, pendant sa formation, Michel Delporte a eu connaissance du *Traité du paysage* d'André Lhote, et que celui-ci promeut une version particulièrement assagie du cubisme, dont il s'agit d'intégrer les « leçons » dans une tradition française notamment constituée d'une discipline maîtrisant l'émotion et d'une grande attention apportée au dessin et à la forme.

4. Serge Poliakoff a exposé du 18 mars au 18 avril 1955 à Lille, galerie Henri Dupont. Il est intéressant de remarquer qu'apparaît dans quelques collages de Delporte (par exemple dans celui du 31 décembre 1957, cat. 148) l'usage de lignes venant contredire les surfaces monochromes tout en suggérant une construction différente – usage que Poliakoff avait amplement expérimenté dans ses toiles et gouaches jusqu'aux environs de 1952.

5. « Sans vrai risque » doit s'entendre relativement à ce que produisent au même moment en France un certain nombre de peintres abstraits - et non par rapport au marché de l'art, puisque ce dernier, une fois reconnues et admises quelques signatures « parisiennes », tendait à considérer qu'elles épuisaient les possibilités de la non-figuration et avait en conséquence le plus grand mal à s'intéresser à d'autres démarches, a fortiori « provinciales ».

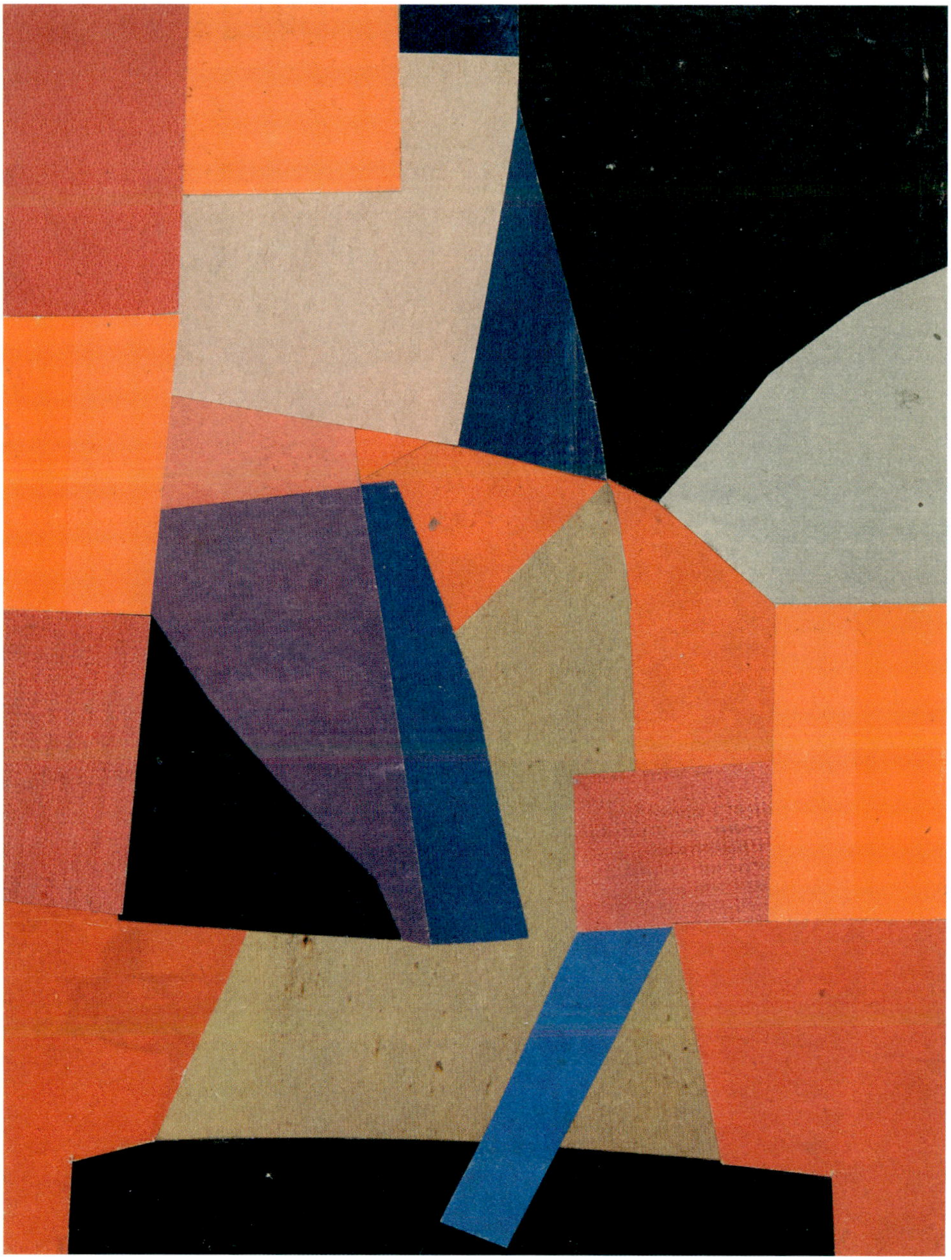

Fig. 35. Michel Delporte, *Éclat*, 1958, cat. 153

Un « Homme de papiers »[1]

PAR AMANDINE DELCOURT

En choisissant de léguer au musée de Roubaix l'intégralité de ses archives et de sa bibliothèque, soit l'œuvre de toute une vie de collecte, Michel Delporte a laissé non seulement un extraordinaire fonds documentaire mais également une trace impérissable de son existence. Lui qui, selon les témoignages de ses proches, était si discret et si modeste, œuvra en silence durant près de cinquante ans à la postérité du cercle d'amis artistes auquel il appartenait, appelé le « Groupe de Roubaix ». Depuis 1952, année de son entrée dans la vie artistique, il avait patiemment conservé et classé de manière systématique tous les documents relatifs à la vie du groupe : articles de presse, cartons d'invitation, livrets et plaquettes d'expositions, mais aussi l'ensemble de ses correspondances, en prenant soin de conserver les brouillons de ses réponses. Il découpait et collait méticuleusement les articles de presse sur des feuilles qu'il classait chronologiquement. Il consignait dans des carnets d'écolier (fig. 36) les ventes de ses tableaux, en précisant les noms de ses mécènes. La rigueur et la méthode employées dans la collecte et le classement des documents, qualités dignes d'un véritable archiviste, sont les signes que Michel Delporte avait pour ambition ultime de laisser aux historiens un matériel utile et facilement exploitable.

Ce très riche fonds d'archives a intégré la bibliothèque et la documentation du musée de Roubaix en 2001. Le dépouillement et l'inventaire des documents ont été entrepris dès 2002 par Marie Boinot[2] qui en réalisant une étude universitaire intitulée « Le Groupe de Roubaix à travers les archives de Michel Delporte » a accompli l'un des projets chers à Michel

Delporte comme il l'a lui-même révélé dans une lettre à Blandine Roger en 1982 : « Si je m'étais promis de raconter, un jour opportun, l'aventure artistique du groupe de mes amis, ce fut par dépit de la voir trop négligée, sinon ignorée, par ceux qui font profession d'écrire sur l'art et eussent pourtant trouvé là, pour parler d'un Van Hecke, d'un Leroy ou d'un Dodeigne, une matière plus consistante, plus révélatrice, que les lieux communs ou les verbiages prétentieux qu'ils ont déposés, les plus souvent, dans les revues, en préface des catalogues ou sur les cartons d'invitation »[3]. Soucieux que la véritable histoire du groupe soit écrite avec justesse et véracité, il avait décidé de travailler dans ce sens. Surnommé « l'historien du groupe » par ses amis, Michel Delporte remplissait effectivement ce rôle. Au-delà de la simple conservation des documents sur le groupe, il consacrait une partie de son temps à l'écriture de son histoire. De multiples notes, articles manuscrits et tapuscrits ou encore articles publiés sont réunis dans ses archives. Il avait entre autres rédigé toutes les biographies du catalogue de l'exposition du Groupe de Roubaix de 1997[4] ainsi qu'un article intitulé « Contribution à l'histoire du "Groupe de Roubaix" » (retranscrit dans cet ouvrage p. 191). Mais aussi un texte pour ses amis Pierre Leclercq et Paul Hémery sur son maître René Jacob.

Au sein des archives de Michel Delporte, la part des documents relatifs au Groupe de Roubaix occupe une large place. Cependant, ce fonds recèle également un autre volet, plus intime mais tout aussi intéressant, qui révèle maints aspects de la personnalité de l'artiste complet qu'il était.

La très riche correspondance qu'a entretenue Michel Delporte avec ses amis durant sa vie entière nous renseigne sur son parcours et sur ses pensées. Les principaux destinataires de ses lettres sont : Pierre Jansen, ami d'enfance et musicien de renom, Pierre Leclercq, ami d'adolescence et membre du Groupe de Roubaix, et René Draux, compagnon de jeunesse avec qui il étudia la philosophie. Ces trois interlocuteurs privilégiés sont également les amis avec lesquels Michel Delporte créa une revue

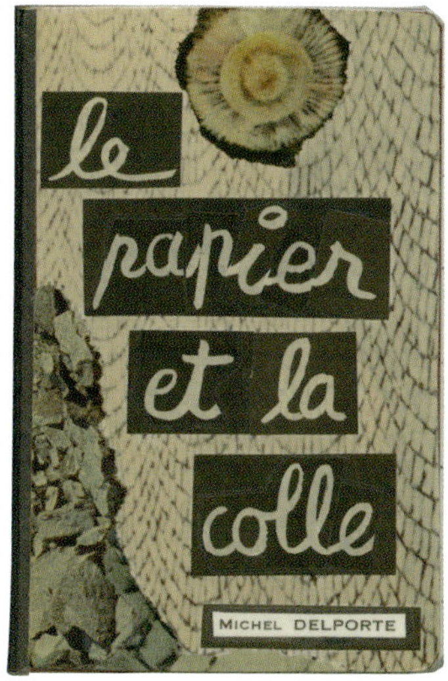

Fig. 36. MICHEL DELPORTE,
Le papier et la colle, carnet, 1979, cat. 219

littéraire qui s'est d'abord appelée *Art et Jeunesse* avant d'être rebaptisée *La flûte de Pan*. La première vocation de Michel Delporte était donc l'écriture. Pendant la guerre, alors qu'il n'est encore que lycéen, il se passionne pour la poésie[5]. « Au cours de l'hiver 1943-1944, vers la fin d'une guerre qui nous semblait sans fin, nous étions quelques garçons de quinze à dix-sept ans, réunis par la découverte passionnante de la poésie dans le même rêve d'un monde meilleur. Une vieille machine à écrire me permettait de rassembler ce que nous écrivions dans une petite revue tout à fait confidentielle, qui changeait de titre aussi souvent qu'évoluaient nos goûts. »[6] Admirateur de la poésie française et internationale, il avait orné sa bibliothèque des plus grands noms.

L'écriture était donc son premier talent ; une lettre écrite en 1981 par Pierre Jansen lui rappela le titre du roman qu'il avait, étant jeune, envisagé d'écrire[7] : *Du Do Dièse au Violet Rouge*. Il semble que le projet de Michel Delporte avait été de rassembler dans une même œuvre les différents arts qui animaient alors l'artiste en devenir : la peinture, la poésie et la musique. Dans ce roman, le personnage principal voyait les sons et entendait les couleurs.

Après avoir débuté des études d'architecture, il s'orienta finalement vers des études philosophiques et s'intéressa plus particulièrement aux questions posées par l'esthétique. C'est donc la philosophie qui l'amena à choisir la voie de la création plastique. Sa licence obtenue, il hésita à poursuivre son cursus universitaire en histoire de l'art[8] afin de donner matière à son propos. Il entama une thèse sur l'esthétique marxiste, thèse qu'il ne termina malheureusement jamais mais dont les quatre premières pages sont conservées dans ses archives.

Trois autres ensembles importants sont présents dans le fonds d'archives de Michel Delporte, le premier dédié à l'histoire de l'art, le second à l'opéra et enfin le troisième à la littérature et en particulier à Théophile Gautier.

Il avait constitué une sorte de « banque de données » sur les artistes et les mouvements artistiques, immense répertoire iconographique joliment qualifié de « Panthéon » par Bruno Gaudichon et constitué d'images et d'articles découpés dans les revues spécialisées telles que *L'œil* ou *Beaux-Arts magazine* auxquelles il était abonné. Il complétait cette documentation par un fonds bibliographique de près de 450 ouvrages consacrés à l'art : monographie, catalogues d'exposition ou écrits sur l'art.

Sa vidéothèque comptait très exactement 681 documents (disques vinyles, K7 vidéo et CD) et était en grande partie consacrée à la musique classique et au chant lyrique. Son abonnement à la revue *Opéra International*, sa volumineuse collection de livrets d'opéra et son adhésion au *Club Lyrique de Lille* ainsi qu'aux *Amis de l'art lyrique de Roubaix*, témoignent de la portée de cette autre passion[9] dans la vie de l'artiste. Ses proches se souviennent de cette passion dévorante, qui vers la fin de sa vie était de plus en plus vive et le poussait à courir les plus prestigieuses salles d'opéra du monde. Il était devenu un mélomane averti et un musicologue érudit.

Reflet de ce dévoreur de livre, la bibliothèque de Michel Delporte compte près de deux mille ouvrages et réunit un ensemble de références des plus grandes œuvres du patrimoine littéraire et philosophique français et étranger. Cette bibliothèque se compose de nombreux classiques dans la très belle édition de *La Pléiade* mais aussi d'ouvrages sur le cinéma, la politique, la science ou, plus surprenant, une importante collection de *San Antonio*, et de *SAS* en livres de poche. La diversité de ses lectures confirme la curiosité d'esprit et l'éclectisme des goûts de Michel Delporte. Comme il avait créé son panthéon des peintres et des sculpteurs, il avait créé des fiches sur les grands auteurs en découpant des articles dans la revue *Magazine littéraire* à laquelle il fut abonné durant de nombreuses années.

Cet homme aux multiples curiosités intellectuelles avait également développé une véritable passion pour Théophile Gautier dont il était devenu l'un des spécialistes. Son activité de critique littéraire le conduisit à intervenir en mai 1986 au colloque international organisé par le centre d'études romantiques de l'université Paul Valéry à Montpellier et par la Société Théophile Gautier. Un recueil de notes, de manuscrits et de tapuscrits pour les différentes publications qu'il a rédigées sur Gautier est conservé dans les archives. Un lot de 207 ouvrages liés à Théophile Gautier, figurant dans la bibliothèque de Michel Delporte, a été déposé en 2003 à la Maison de Balzac[10] à Paris, institution qui conserve et valorise désormais ce précieux patrimoine, dans son travail sur la littérature romantique.

Dans l'une de ses lettres adressée à Pierre Jansen, Michel Delporte se définissait lui-même comme étant un « homme de papiers ». Il apparaît avec évidence que le facteur commun aux différentes pratiques artistiques de Michel Delporte fut toujours le papier, matériau de prédilection, qui correspondait parfaitement bien à son tempérament. Il disait lui-même qu'il y avait trouvé son identité artistique[11]. Le papier collé fut pour lui le meilleur moyen de joindre toutes les facettes de sa personnalité dans une seule et même action. Dans l'un de ses textes intitulé *Le papier, l'encre et la colle* (pages 7 à 11), Michel Delporte apporte une analyse de son travail sur les papiers collés et nous livre, avec modestie, quelques réflexions presque métaphysiques et qui attestent de sa volonté de laisser la trace de son existence : « le papier collé passera, comme passera notre époque, comme je passerai. [...] n'ai-je pas donné, si peu que ce soit, à ces produits éphémères de notre modernité, une pérennité insolite ? »[12].

Michel Delporte apparaît comme un esthète solitaire, une personnalité artistique complexe mêlant inlassablement la poésie, la littérature, la musique et la peinture. La richesse de ses archives atteste de l'effort consacré à la pérennisation et révèle au grand jour l'étendue de son univers intérieur. À travers cet ultime acte du legs de son atelier, de ses archives et de sa bibliothèque, Michel Delporte a donné un avenir à son œuvre artistique.

1. Qualificatif employé par Michel Delporte : Michel DELPORTE, *Vieux papiers, passé réveillé*, 1er novembre 1981, Roubaix, La Piscine, archives Pierre Jansen.
2. Marie BOINOT, *Le Groupe de Roubaix à travers les archives de Michel Delporte*, D.E.A. d'histoire de l'art contemporain, sous la direction de François Robichon, université Lille III, 2003.
3. Michel Delporte à Blandine Roger, 2 février 1982, Roubaix, La Piscine, archives Michel Delporte.
4. Michel DELPORTE, « Contribution à l'histoire du "Groupe de Roubaix" » in *Le Groupe de Roubaix 1946-1970. Le Nord-Pas de Calais s'ouvre à l'art contemporain*, catalogue d'exposition, Roubaix, Hôtel de ville, 20 décembre 1997 – 15 février 1998.
5. Michel DELPORTE, *Infidèle mémoire*, juin 1997, Roubaix, La Piscine, archives Michel Delporte.
6. Michel DELPORTE, « Notes concernant ma poésie », in *Art et Jeunesse*, n° 2, 1945, p. 13, Roubaix, La Piscine, archives Pierre Leclercq.
7. Michel Delporte à Pierre Jansen, 26 mars 1981, Roubaix, La Piscine, archives Pierre Jansen.
8. Michel Delporte à Blandine Roger, 2 février 1982, Roubaix, La Piscine, archives Michel Delporte.
9. C'est son ami Pierre Jansen qui lui fit découvrir l'opéra et Pierre Leclercq veillait aux destinées des Amis de l'art lyrique de Roubaix.
10. La Maison de Balzac, 47, rue Raynouard, Paris, 16e arrondissement.
11. Michel DELPORTE, *Le papier, l'encre et la colle*, 5 mars 1979, Roubaix, La Piscine, archives Michel Delporte.
12. Michel DELPORTE, *op. cit.*

CATALOGUE DES MICHEL DELPORTE DE LA PISCINE

par Amandine Delcourt

Ce catalogue recense l'ensemble des œuvres de Michel Delporte conservées à La Piscine – Musée d'art et d'industrie André Diligent de Roubaix et également les œuvres de ses amis artistes qui proviennent de son atelier, légué au musée en 2001. Les titres et les dates, lorsqu'ils ne sont pas inscrits sur l'œuvre, ont été attribués à partir du livre de raison de l'artiste.

ABRÉVIATIONS

b. : en bas
d. : à droite
D. : daté
g. : à gauche
H. : hauteur
h. : en haut
Inv. : inventaire
L. : largeur
m. : milieu
n.d. : non daté
N.S. : non signé
S. : signé
T. : titré
v. : vers

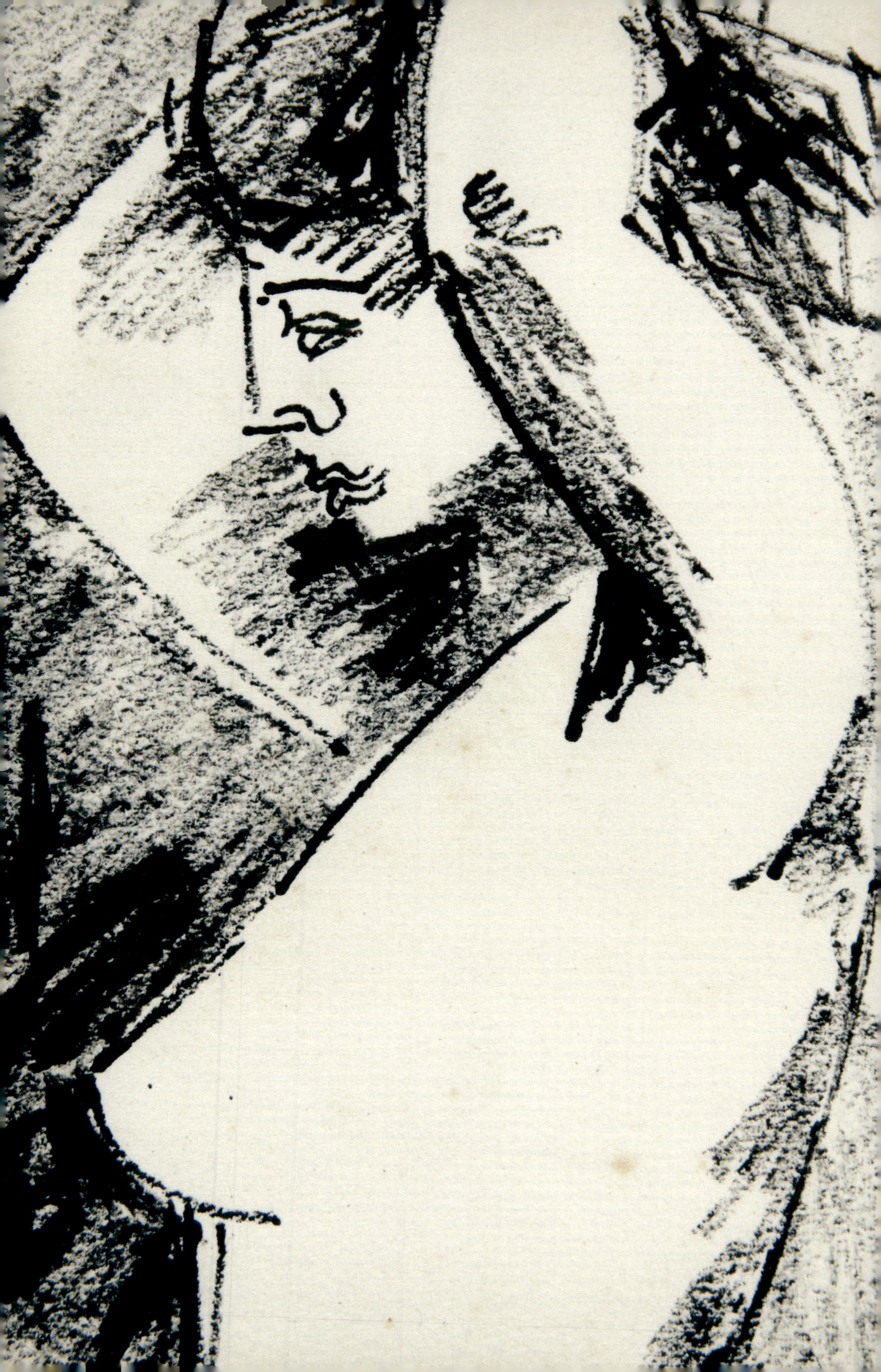

DESSINS

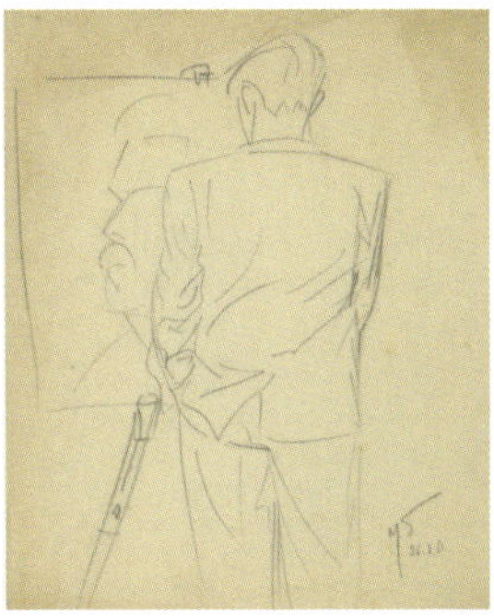

1. Homme au chevalet - 1951
Crayon graphite sur papier
H. 26,2 ; L. 20,7 cm
Monogrammé et D.b.d : *M.D / 26.2.51*
Hist. : Legs Michel Delporte en 2001
Inv. 2001-50-230

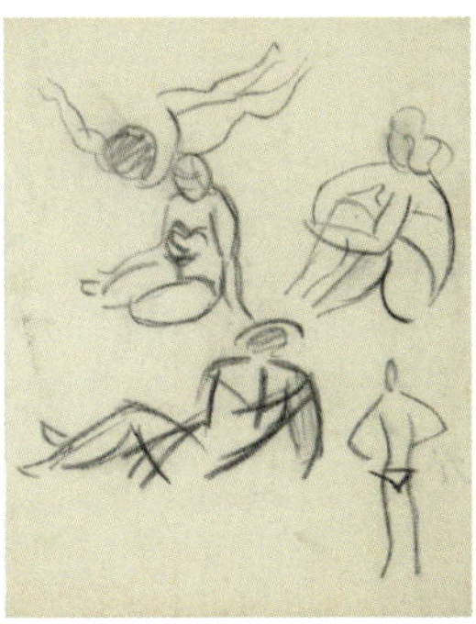

2. Cinq personnages pour « La Plage » - vers 1953
Fusain sur papier
H. 26,2 ; L. 20,7 cm
N.S.n.D
Hist. : Legs Michel Delporte en 2001
Inv. 2001-50-231

Fig. 37. Ci-contre : *Buste* (détail), vers 1954, cat. 26

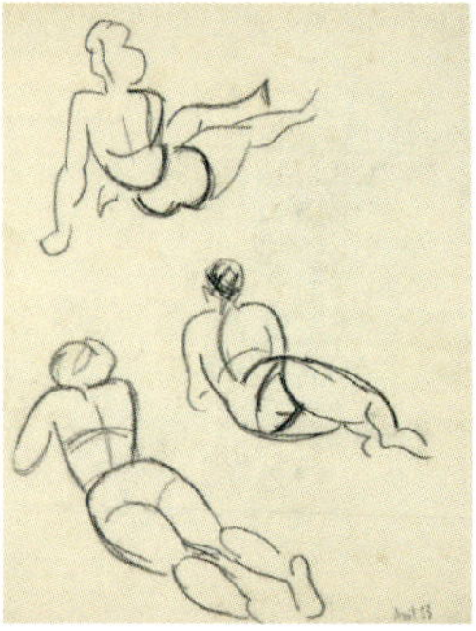

3. Trois personnages pour « La Plage » - 1953
Fusain sur papier
H. 26,2 ; L. 20,7 cm
D.b.d sur la feuille : *Août 53*
Hist. : Legs Michel Delporte en 2001
Inv. 2001-50-232 recto

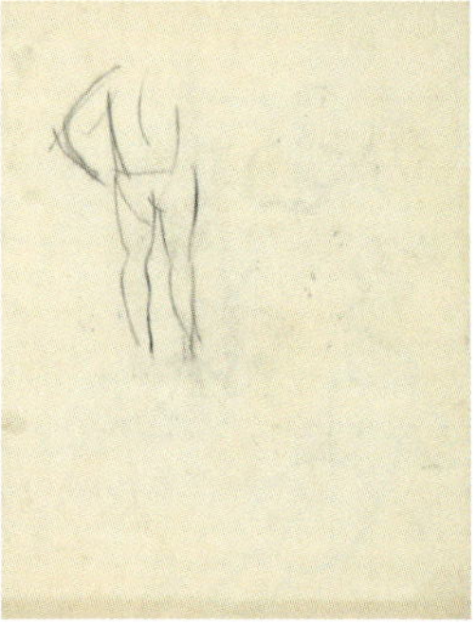

4. Homme debout, vu de dos pour « La Plage » - vers 1953
Fusain sur papier
H. 26,2 ; L. 20,7 cm
N.S.n.D
Hist. : Legs Michel Delporte en 2001
Inv. 2001-50-232 verso

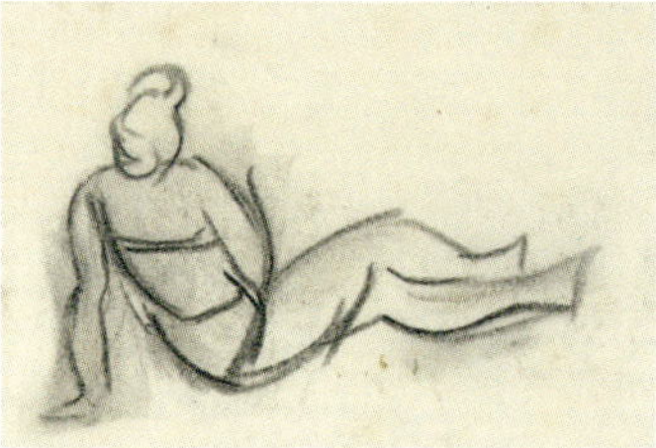

5. Personnage féminin pour « La Plage » - 1953
Fusain sur papier
H. 11,5 ; L. 17 cm
D.b.d sur la feuille : *Août 53*
Hist. : Legs Michel Delporte en 2001
Inv. 2001-50-222

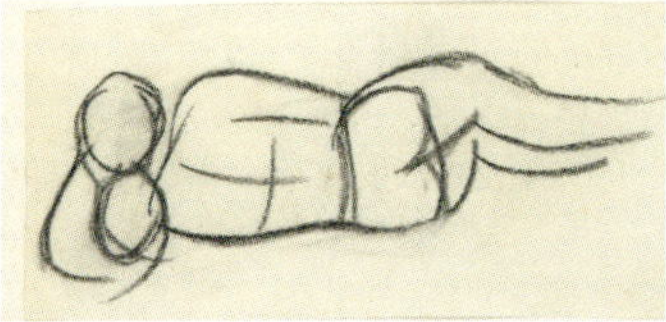

6. Personnage masculin pour « La Plage » - 1953
Fusain sur papier
H. 10 ; L. 20,8 cm
D.b.d sur la feuille : *Août 53*
Hist. : Legs Michel Delporte en 2001
Inv. 2001-50-223

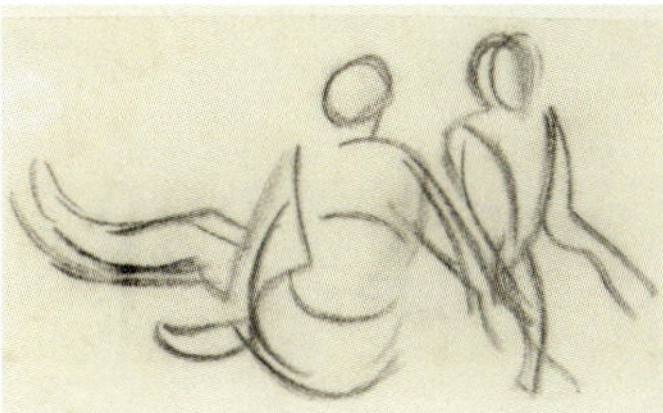

7. Deux personnages pour « La Plage » - 1953
Fusain sur papier
H. 11,5 ; L. 18,5 cm
D.b.d sur la feuille : *Août 53*
Hist. : Legs Michel Delporte en 2001
Inv. 2001-50-224

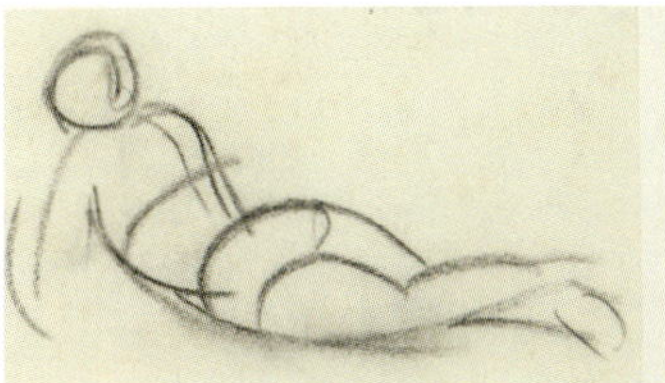

8. Un personnage pour « La Plage » - 1953
Fusain sur papier
H. 10,5 ; L. 17,5 cm
D.b.d sur la feuille : *Août 53*
Hist. : Legs Michel Delporte en 2001
Inv. 2001-50-225

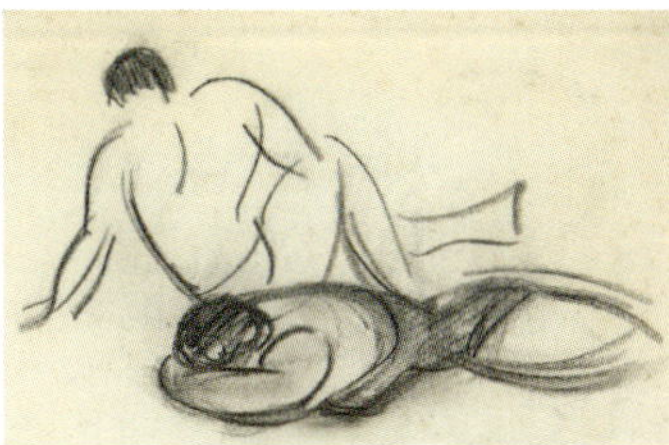

9. Deux personnages pour « La Plage » - 1953
Fusain sur papier
H. 14,1 ; L. 20,5 cm
D.b.d sur la feuille : *Août 53*
Hist. : Legs Michel Delporte en 2001
Inv. 2001-50-226

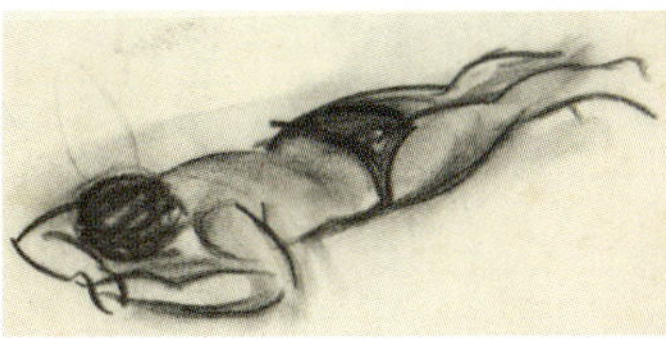

10. Un personnage à plat ventre pour « La Plage » - 1953
Fusain sur papier
H. 9,5 ; L. 19,2 cm
D.b.d sur la feuille : *Août 53*
Hist. : Legs Michel Delporte en 2001
Inv. 2001-50-227

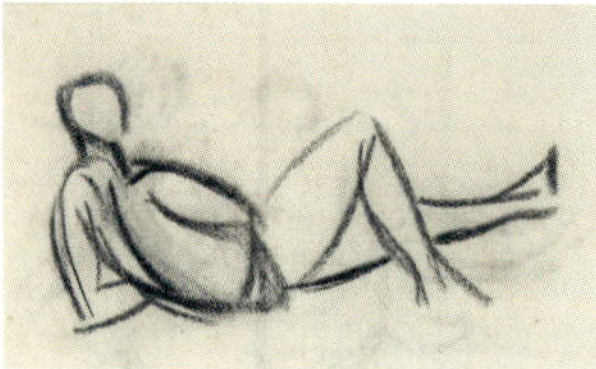

11. Personnage masculin pour « La Plage » - 1953
Fusain sur papier
H. 11,8 ; L. 18,7 cm
D.b.d sur la feuille : *Août 53*
Hist. : Legs Michel Delporte en 2001
Inv. 2001-50-228

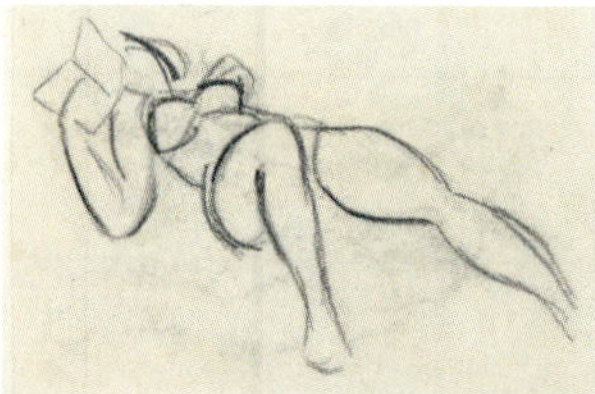

12. Personnage féminin pour « La Plage » - 1953
Fusain sur papier
H. 13 ; L. 18,8 cm
D.b.d sur la feuille : *Août 53*
Hist. : Legs Michel Delporte en 2001
Inv. 2001-50-229

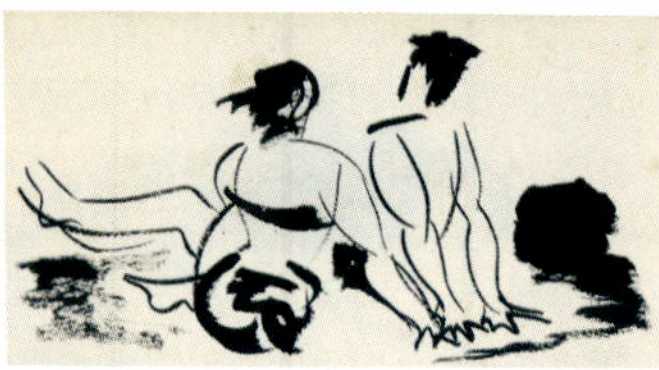

13. Deux personnages vus de dos pour « La Plage » - vers 1953
Encre de Chine sur papier
H. 11,2 ; L. 20,2 cm
S.b.d : *Michel Delporte*
Hist. : Legs Michel Delporte en 2001
Inv. 2001-50-217

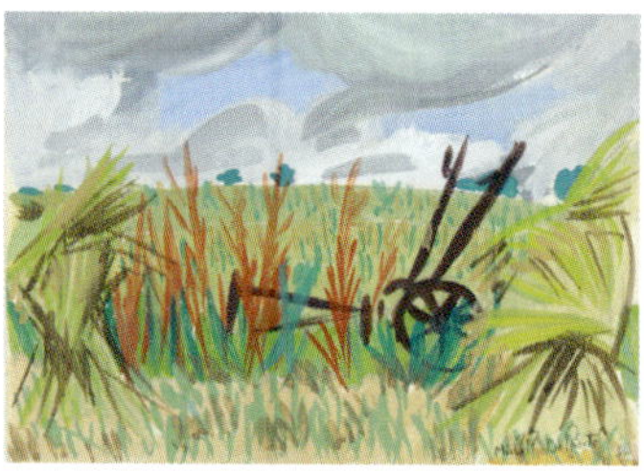

14. Dans les blés - 1953
Gouache sur papier
H. 24 ; L. 31,5 cm
S.D.b.d : *Michel Delporte 53*
Hist. : Don de Mesdames Heems, Fix et Bracq en 2005
Inv. 2005-3-2

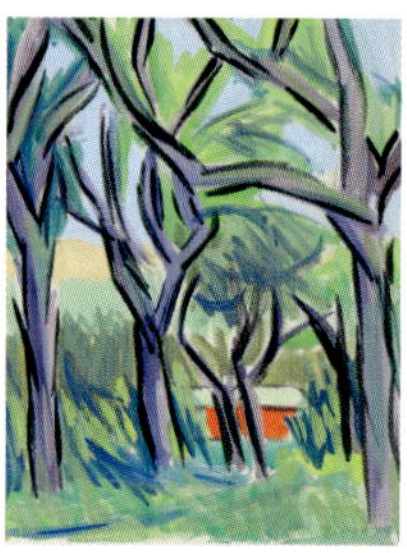

15. Verger - 1953
Gouache sur papier
H. 31,5 ; L. 24 cm
N.S.n.D
Hist. : Don de Mesdames Heems, Fix et Bracq en 2005
Inv. 2005-3-3

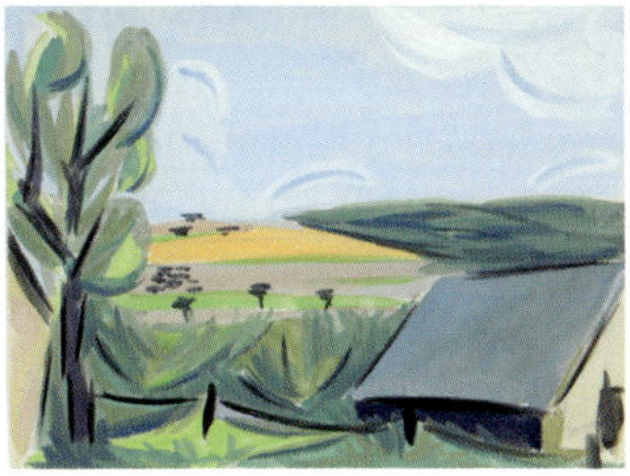

16. Paysage - 1953
Gouache sur papier
H. 24 ; L. 31,5 cm
N.S.n.D
Hist. : Don de Mesdames Heems,
Fix et Bracq en 2005
Inv. 2005-3-4

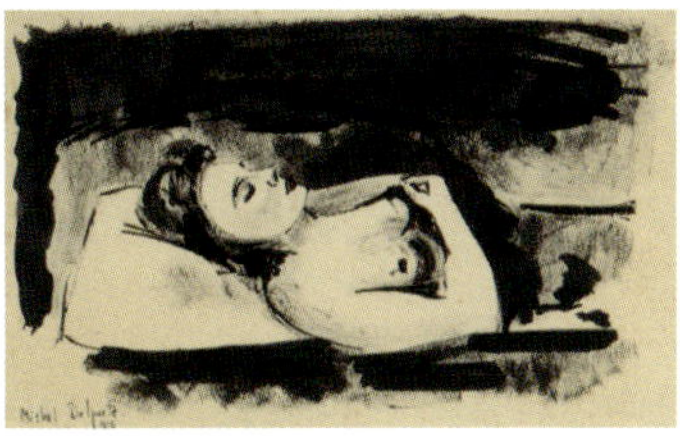

17. Dormeuse - 1954
Encre de Chine sur papier
H. 15 ; L. 24 cm
S.D.b.g : *Michel Delporte / 1954*
Hist. : Legs Michel Delporte en 2001
Inv. 2001-50-208

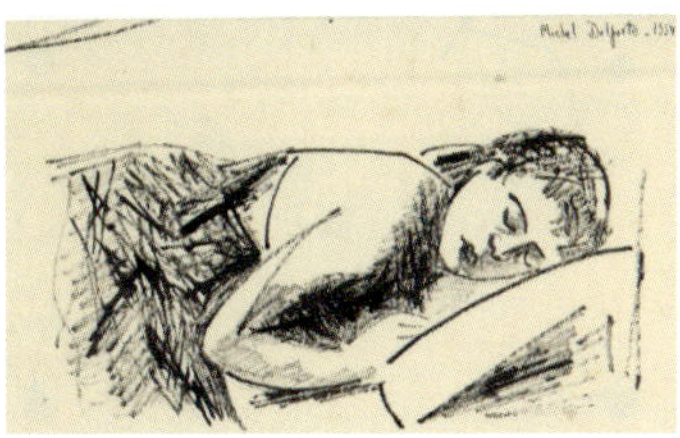

18. Dormeuse - 1954
Encre de Chine sur papier
H. 15 ; L. 24 cm
S.D.h.d : *Michel Delporte - 1954*
Hist. : Legs Michel Delporte en 2001
Inv. 2001-50-207

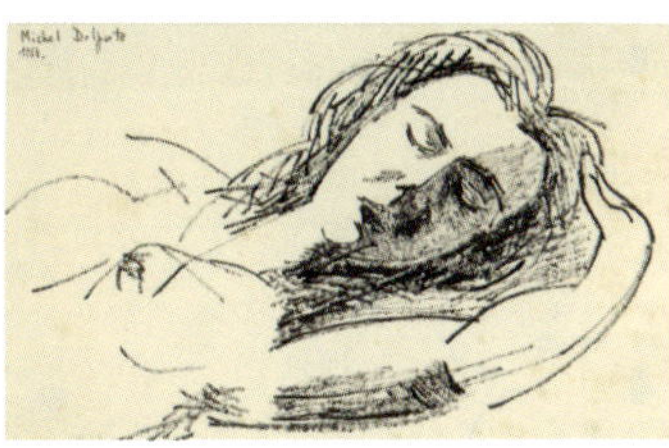

19. Dormeuse - 1954
Encre de Chine sur papier
H. 15 ; L. 24 cm
S.D.h.g : *Michel Delporte / 1954*
Hist. : Legs Michel Delporte en 2001
Inv. 2001-50-206

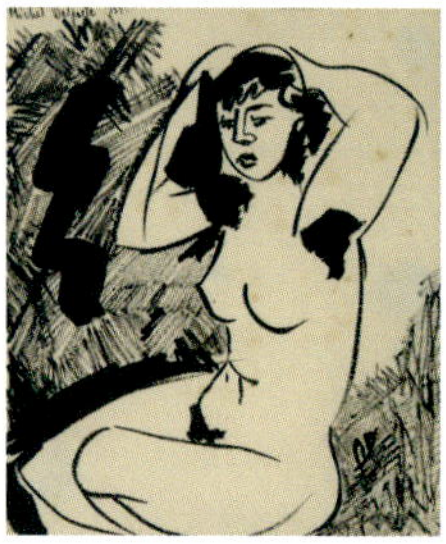

20. Nu assis - 1954
Encre noire sur papier
H. 18,5 ; L. 15 cm (à vue)
S.D.b.g : *Michel Delporte 1954*
Hist. : Legs Michel Delporte en 2001
Inv. 2001-50-174

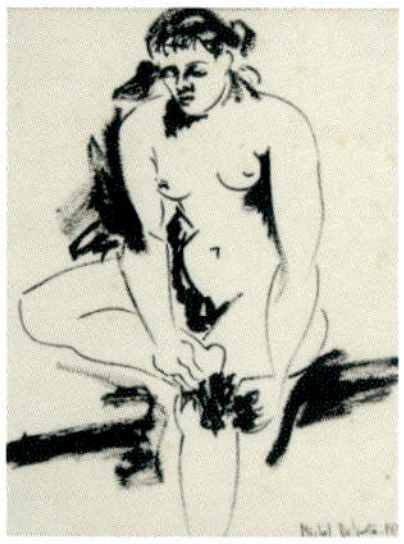

21. Nu à la toilette - 1954
Encre noire sur papier
H. 24 ; L. 18 cm (à vue)
S.D.b.d : *Michel Delporte 1954*
Hist. : Legs Michel Delporte en 2001
Inv. 2001-50-173

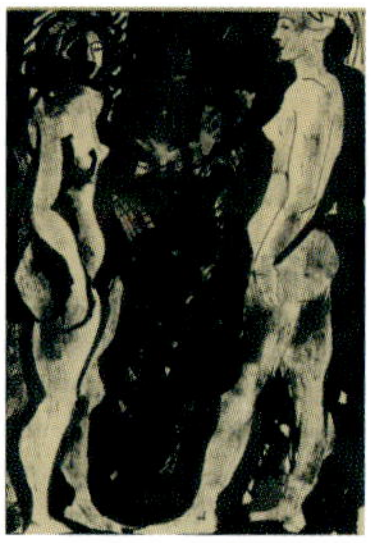

22. Corporace - vers 1954
Encre de Chine sur papier
H. 22,5 ; L. 15,5 cm
N.S.n.D
T. au dos : *CORPORACE*
Hist. : Legs Michel Delporte en 2001
Inv. 2001-50-169

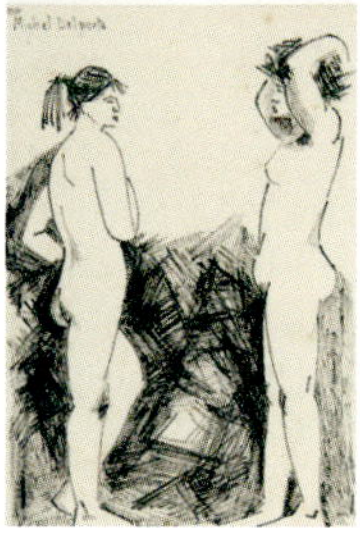

23. Deux nus - 1954
Encre noire à la plume sur papier
H. 26 ; L. 17,5 cm
D.S.h.g : *1954 / Michel Delporte*
Hist. : Legs Michel Delporte en 2001
Inv. 2001-50-118

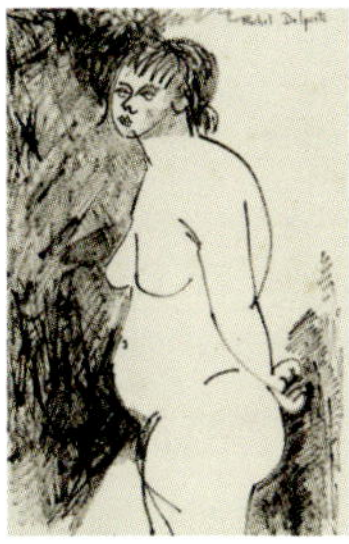

24. Nu - 1954
Encre noire à la plume sur papier
H. 24 ; L. 16 cm
S.h.d : *Michel Delporte*
Hist. : Legs Michel Delporte en 2001
Inv. 2001-50-115

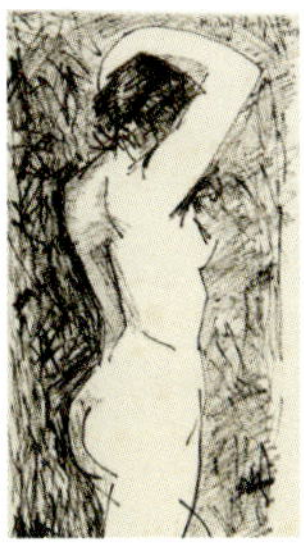

25. Nu - 1954
Encre noire à la plume sur papier
H. 19,8 ; L. 11 cm
S.D.h.d : *Michel Delporte / 1954*
Hist. : Legs Michel Delporte en 2001
Inv. 2001-50-121

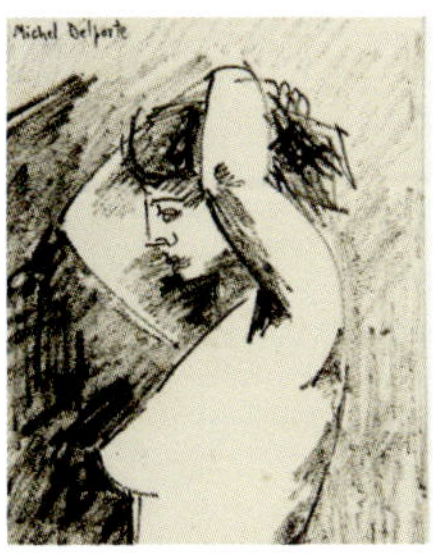

26. Buste - vers 1954
Encre noire à la plume sur papier
H. 18 ; L. 14 cm
S.h.g : *Michel Delporte*
Hist. : Legs Michel Delporte en 2001
Inv. 2001-50-116

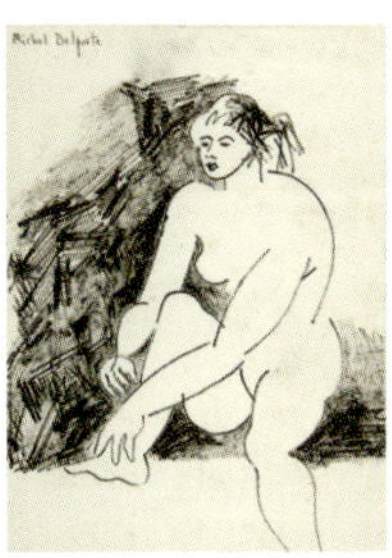

27. Nu assis - vers 1954
Encre noire à la plume sur papier
H. 22,5 ; L. 16 cm
S.h.g : *Michel Delporte*
Hist. : Legs Michel Delporte en 2001
Inv. 2001-50-119

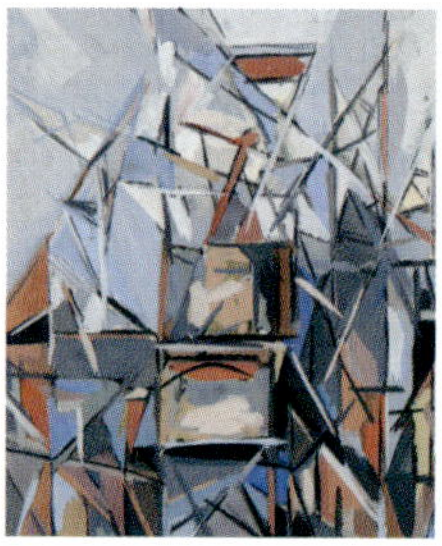

28. Les Grues - 1954
Gouache sur papier
H. 24,7 ; L. 19,8 cm
N.S.n.D
Hist. : Legs Michel Delporte en 2001
Inv. 2001-50-215

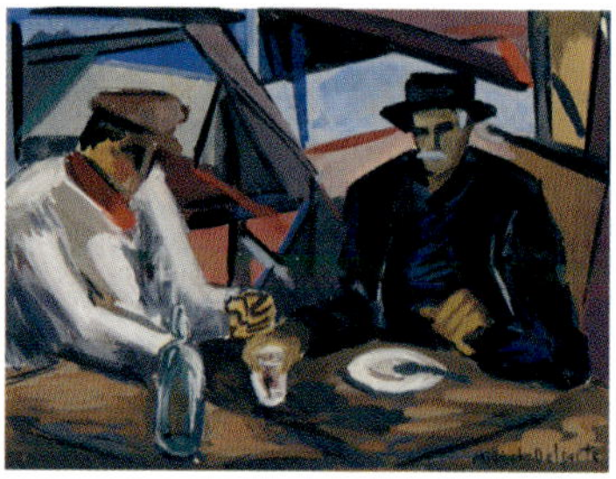

29. Deux mangeurs - 1954
(de la série des *Mangeurs de pommes de terre*)
Gouache sur papier
H. 17,2 ; L. 23 cm
S.b.d : *Michel Delporte*
Hist. : Legs Michel Delporte en 2001
Inv. 2001-50-212

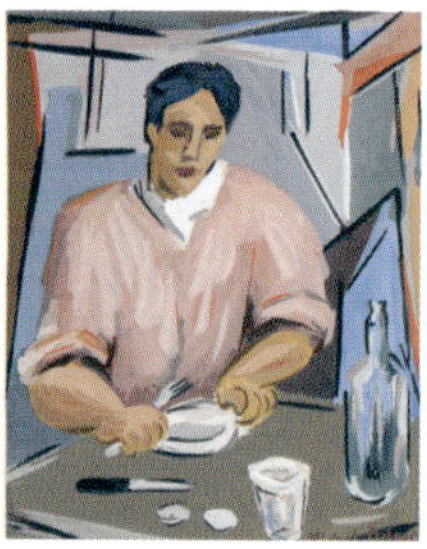

30. Mangeur - vers 1955
(de la série des *Mangeurs de pommes de terre*)
Gouache sur papier
H. 20,2 ; L. 15,8 cm
S.b.d : *Michel Delporte*
Hist. : Legs Michel Delporte en 2001
Inv. 2001-50-209

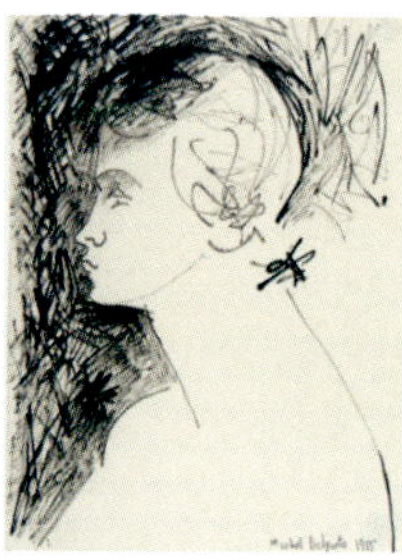

31. Profil - 1955
Encre noire à la plume sur papier
H. 23,5 ; L. 17,5 cm
S.D.b.d : *Michel Delporte 1955*
Hist. : Legs Michel Delporte en 2001
Inv. 2001-50-120

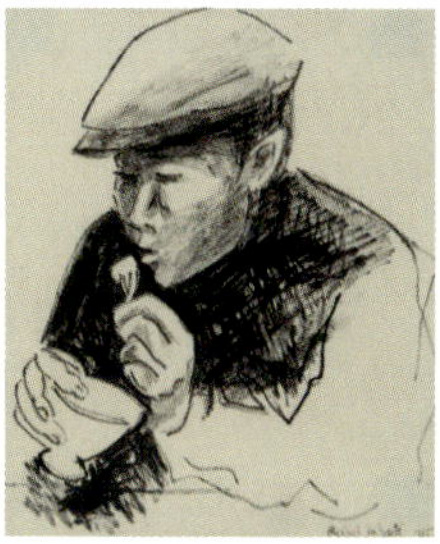

32. Mangeur de pomme de terre - 1955
(de la série des *Mangeurs de pommes de terre*)
(Étude pour tableau cat. 105)
Encre noire sur papier
H. 19,5 ; L. 16 cm
S.D.b.d : *Michel Delporte 1955*
Hist. : Legs Michel Delporte en 2001
Inv. 2001-50-172

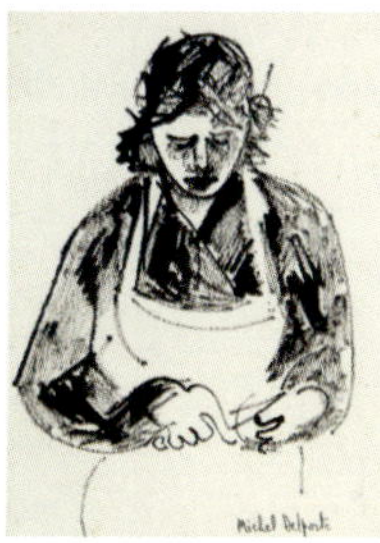

33. Éplucheuse - vers 1955
Encre noire à la plume sur papier
H. 17 ; L. 12 cm
S.b.d : *Michel Delporte*
Hist. : Legs Michel Delporte en 2001
Inv. 2001-50-117

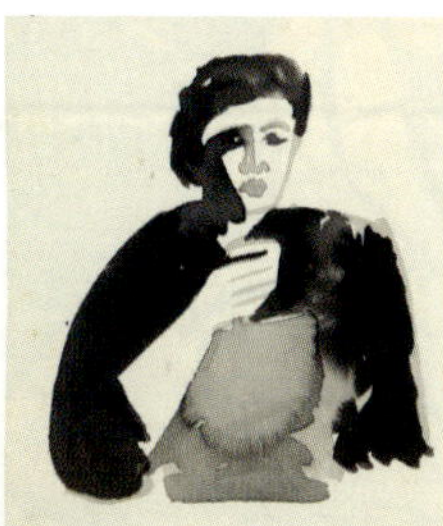

34. Femme au tablier - vers 1955
Encre noire sur papier
H. 17 ; L. 14 cm
S.b.d : *Michel Delporte*
Hist. : Legs Michel Delporte en 2001
Inv. 2001-50-205

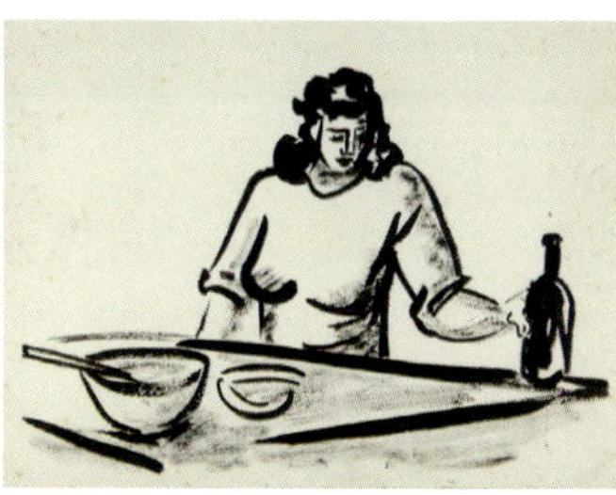

35. Mangeuse - vers 1955
Encre noire sur papier
H. 20,3 ; L. 26,3 cm
N.S.n.D
Hist. : Legs Michel Delporte en 2001
Inv. 2001-50-104

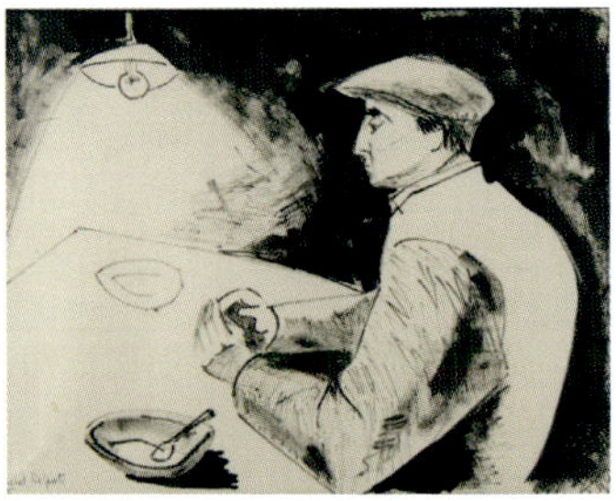

36. Sous la lampe - 1955
Encre de Chine à la plume sur papier
H. 20 ; L. 25 cm
S.D.b.g : *Michel Delporte / 55*
Hist. : Legs Michel Delporte en 2001
Inv. 2001-50-136

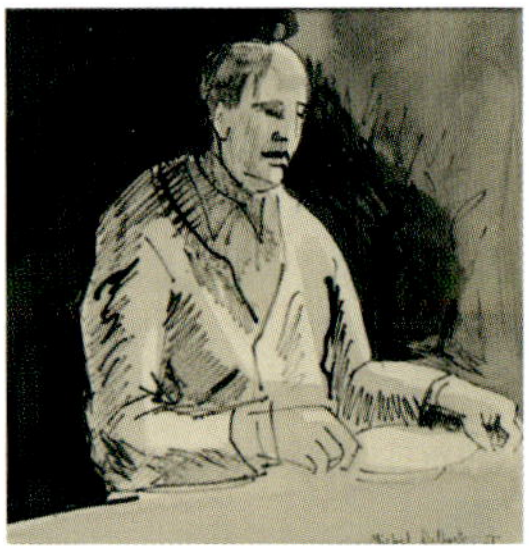

37. Homme attablé - 1955
Encre noire sur papier
H. 16,5 ; L. 16 cm (à vue)
S.D.b.d : *Michel Delporte 55*
Hist. : Legs Michel Delporte en 2001
Inv. 2001-50-171

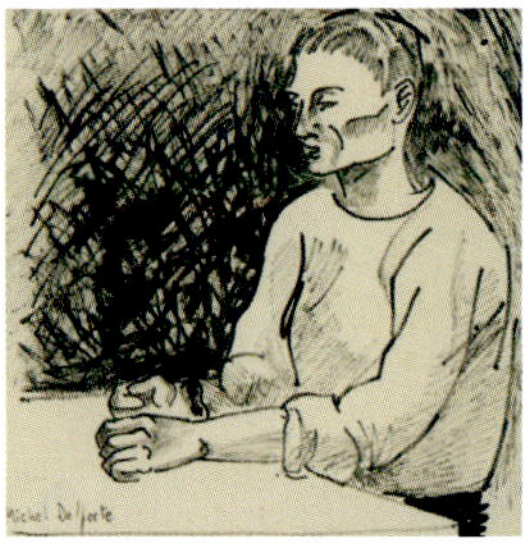

38. Homme attablé - 1955
Encre noire sur papier
H. 14,5 ; L. 14 cm (à vue)
S.D.b.g : *Michel Delporte 55*
Hist. : Legs Michel Delporte en 2001
Inv. 2001-50-170

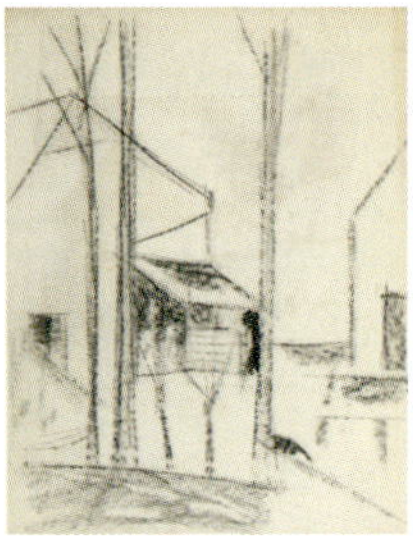

39. Sans titre - vers 1955
Fusain sur papier Ingres
H. 63,5 ; L. 48 cm
N.S.n.D
Hist. : Legs Michel Delporte en 2001
Inv. 2001-50-264

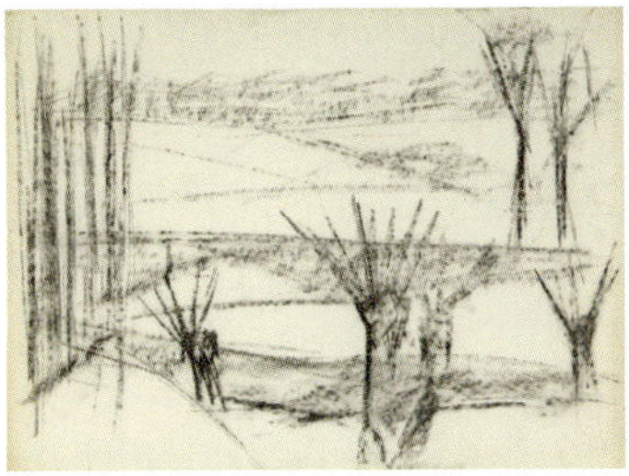

40. Sans titre - vers 1955
Fusain sur papier Ingres
H. 48 ; L. 63,5 cm
N.S.n.D
Hist. : Legs Michel Delporte en 2001
Inv. 2001-50-267

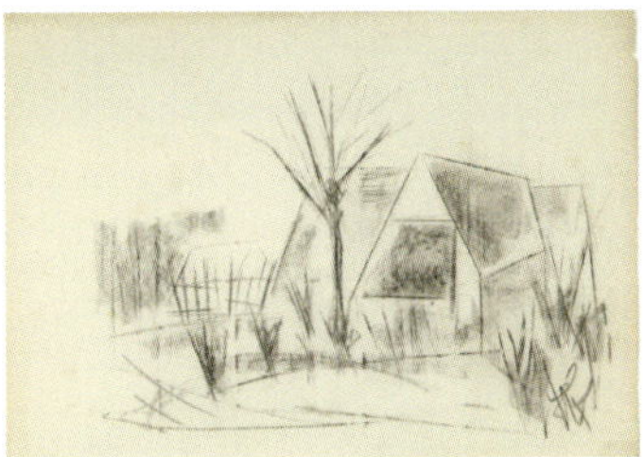

41. Sans titre - vers 1955
Fusain sur papier Ingres
H. 48 ; L. 63 cm
N.S.n.D
Hist. : Legs Michel Delporte en 2001
Inv. 2001-50-269

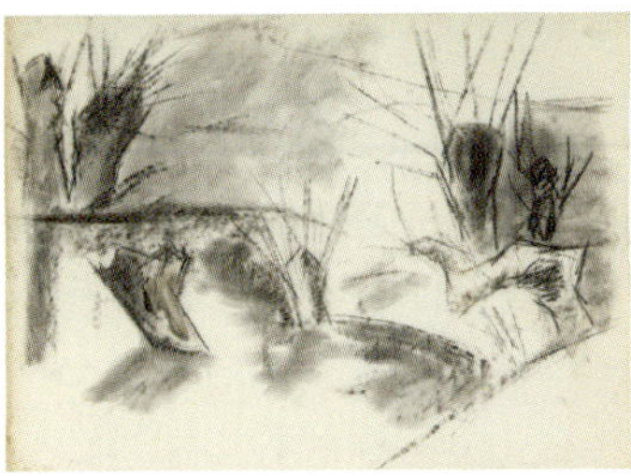

42. Sans titre - vers 1955
Fusain sur papier Ingres
H. 48 ; L. 63 cm
N.S.n.D
Hist. : Legs Michel Delporte en 2001
Inv. 2001-50-270

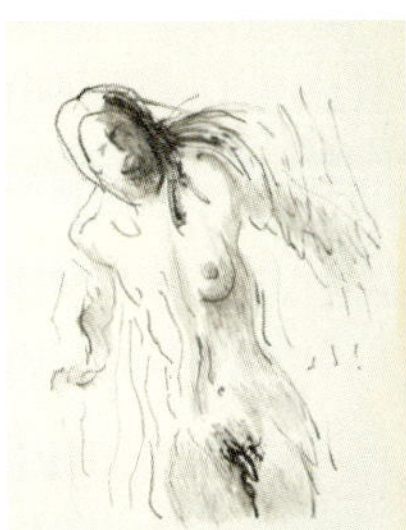

43. Nu féminin - vers 1955
Encre noire sur papier
H. 32,5 ; L. 25 cm
N.S.n.D
Hist. : Legs Michel Delporte en 2001
Inv. 2001-50-236

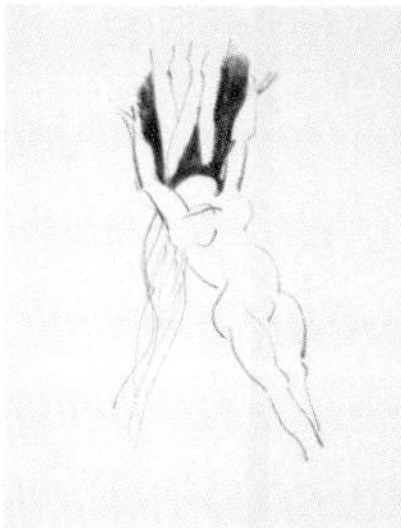

44. Nu féminin - vers 1955
Encre noire sur papier
H. 32,5 ; L. 25 cm
N.S.n.D
Hist. : Legs Michel Delporte en 2001
Inv. 2001-50-237 recto

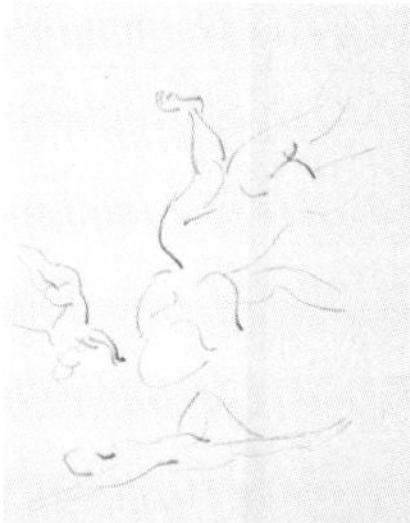

45. Nu féminin - vers 1955
Encre noire sur papier
H. 32,5 ; L. 25 cm
N.S.n.D
Hist. : Legs Michel Delporte en 2001
Inv. 2001-50-237 verso

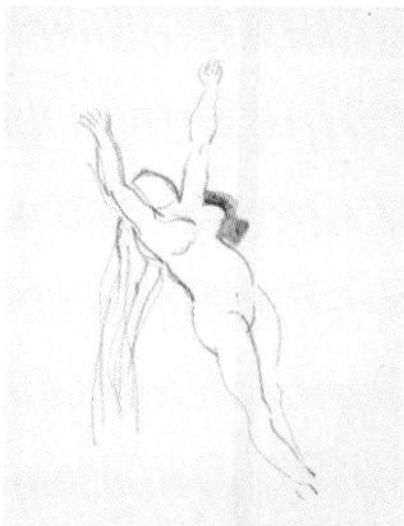

46. Nu féminin - vers 1955
Encre noire sur papier
H. 32,5 ; L. 25 cm
N.S.n.D
Hist. : Legs Michel Delporte en 2001
Inv. 2001-50-238

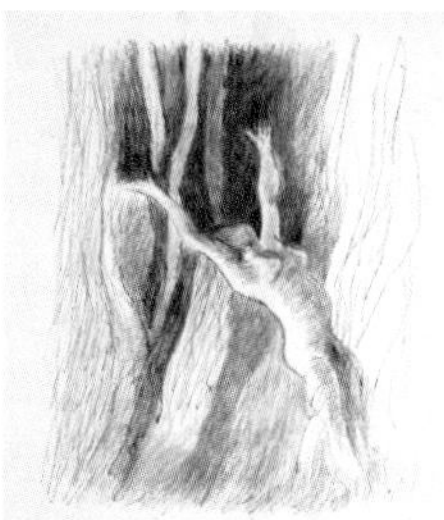

47. Nu féminin - vers 1955
Encre noire sur papier
H. 36,5 ; L. 31 cm
N.S.n.D
Hist. : Legs Michel Delporte en 2001
Inv. 2001-50-239

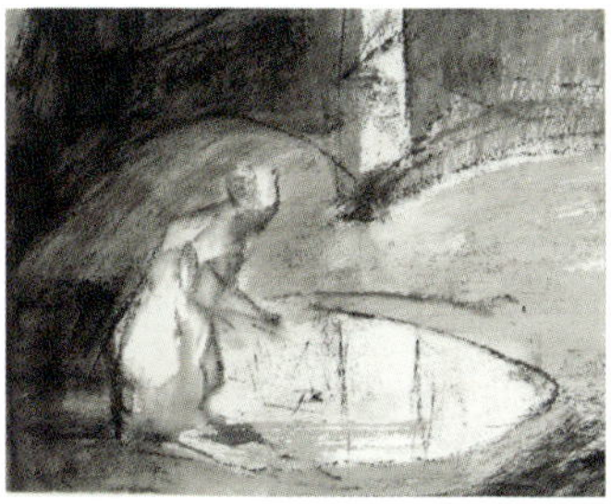

48. Sans titre - vers 1955
Encre de Chine et lavis sur papier
H. 18 ; L. 22 cm
S.b.g : *Michel Delporte*
Hist. : Legs Michel Delporte en 2001
Inv. 2001-50-211

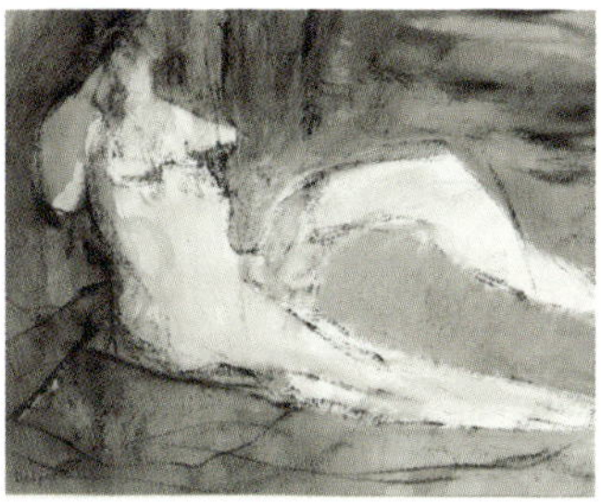

49. Sans titre - vers 1955
Encre de Chine et lavis sur papier
H. 18 ; L. 22 cm
S.b.g : *Michel Delporte*
Hist. : Legs Michel Delporte en 2001
Inv. 2001-50-210

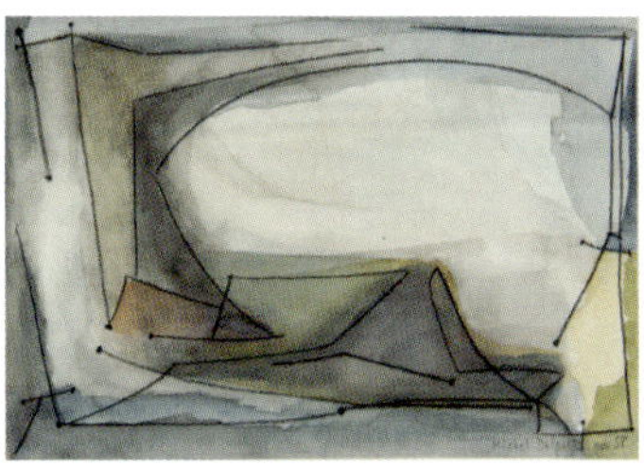

50. Comme un rite - 1958
Aquarelle et pierre noire sur papier
H. 19 ; L. 26 cm
S.D.b.d : *Michel Delporte nov. 58*
T. au dos : *Comme un rite*
Hist. : Legs Michel Delporte en 2001
Inv. 2001-50-113

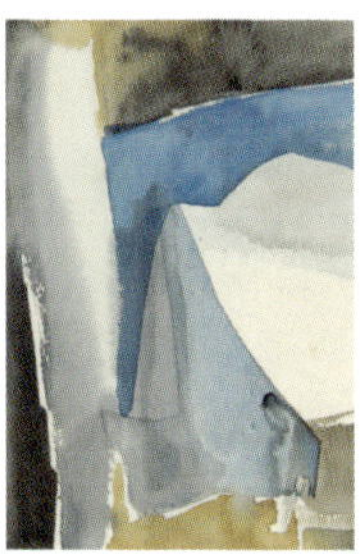

51. Voile - 1958
Aquarelle et pierre noire sur papier
H. 20,8 ; L. 13,5 cm
S.D.b.d sous le dessin : *Michel Delporte Déc. 1958*
T. au dos : *Voile*
Hist. : Legs Michel Delporte en 2001
Inv. 2001-50-96

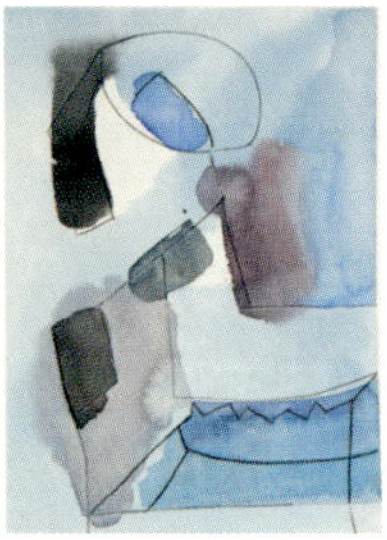

52. Être un enfant - 1958
Aquarelle et pierre noire sur papier
H. 23,5 ; L. 16,2 cm
S.D.b.d sous le dessin : *Michel Delporte 22.12.58*
T. au dos : *Etre un enfant*
Hist. : Legs Michel Delporte en 2001
Inv. 2001-50-89

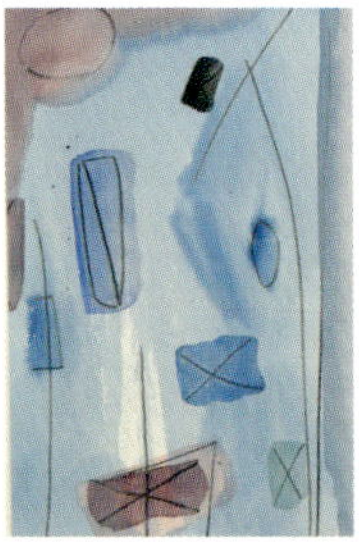

53. Fleurs d'espace - 1958
Aquarelle et pierre noire sur papier
H. 22,5 ; L. 14,5 cm
S.D.b.d sous le dessin : *Michel Delporte 23.12.58*
T. au dos : *Fleurs d'espace*
Hist. : Legs Michel Delporte en 2001
Inv. 2001-50-214

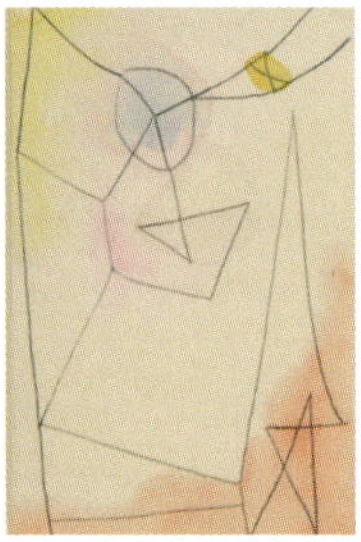

54. Sans titre - 1958
Traits à la mine de plomb et aquarelle sur papier
H. 19,8 ; L. 12,4 cm (à vue)
S.D.b.d sous le dessin : *Michel Delporte 24.12.58*
Hist. : Legs Michel Delporte en 2001
Inv. 2001-50-142

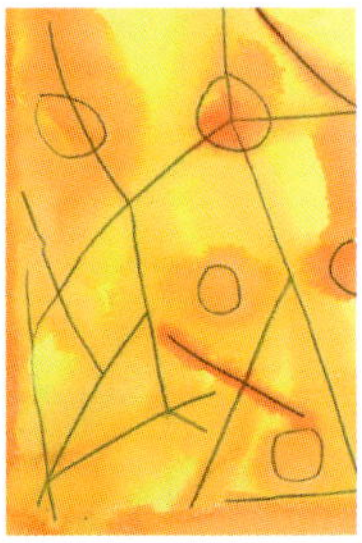

55. Séparations - 1958
Aquarelle et pierre noire sur papier
H. 21,8 ; L. 15 cm
S.D.b.d sous le dessin : *Michel Delporte 29.12.58*
T. au dos : *Séparations*
Hist. : Legs Michel Delporte en 2001
Inv. 2001-50-213

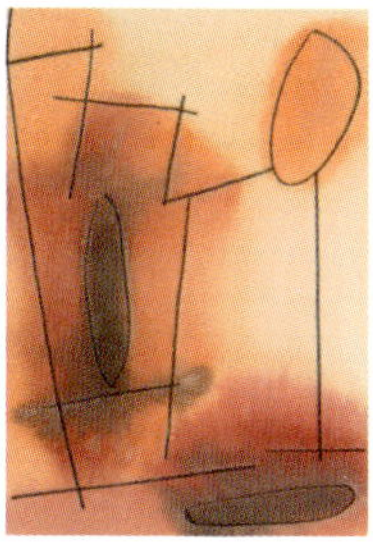

56. Mais entre nous - 1959
Aquarelle et pierre noire sur papier
H. 24 ; L. 16,5 cm
S.D.b.d sous le dessin : *Michel Delporte Janv. 1959*
T. au dos : *Mais entre nous*
Hist. : Legs Michel Delporte en 2001
Inv. 2001-50-88

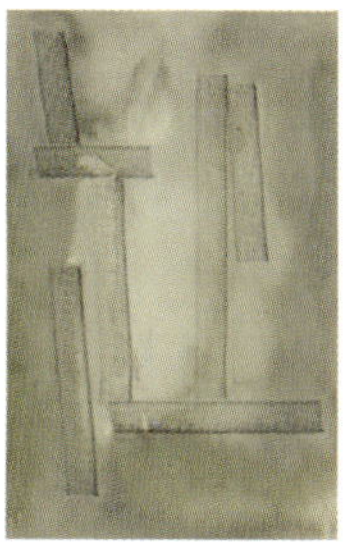

57. Règles de vie - 1959
Aquarelle et pierre noire sur papier
H. 21 ; L. 13 cm
S.D.b.d sous le dessin : *Michel Delporte Janv. 1959*
T. au dos : *Règles de vie*
Hist. : Legs Michel Delporte en 2001
Inv. 2001-50-97

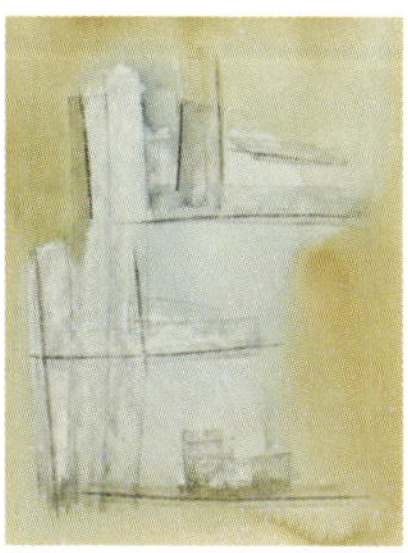

58. Brisants - 1959
Aquarelle et pierre noire sur papier
H. 24,5 ; L. 18 cm
S.D.b.d sous le dessin : *Michel Delporte 3.2.59*
T. au dos : *Brisants*
Hist. : Legs Michel Delporte en 2001
Inv. 2001-50-90

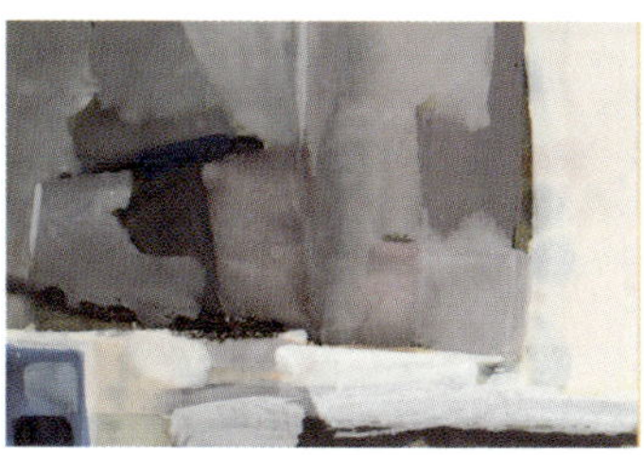

59. Au bord d'un abîme - 1959
Gouache sur papier
H. 17,5 ; L. 24,5 cm
S.D.b.d sous le dessin : *Michel Delporte 3.2.59*
T. au dos : *AU BORD D'UN ABÎME*
Hist. : Legs Michel Delporte en 2001
Inv. 2001-50-241

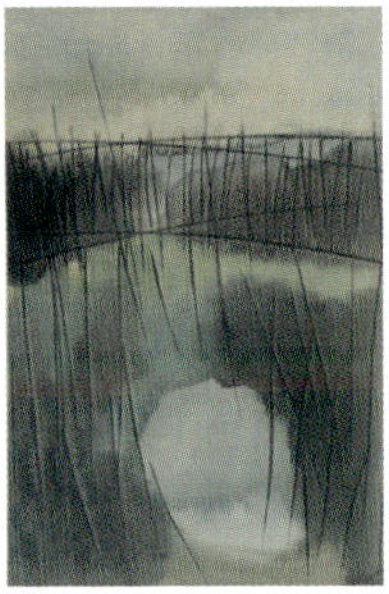

60. La Mare - 1959
Aquarelle et pierre noire sur papier
H. 38,5 ; L. 25 cm
S.D.b.d : *Delporte / 59*
S.T.D au dos : *Michel Delporte / La Mare / 1959 / aquarelle et pierre noire*
Hist. : Legs Michel Delporte en 2001
Inv. 2001-50-131

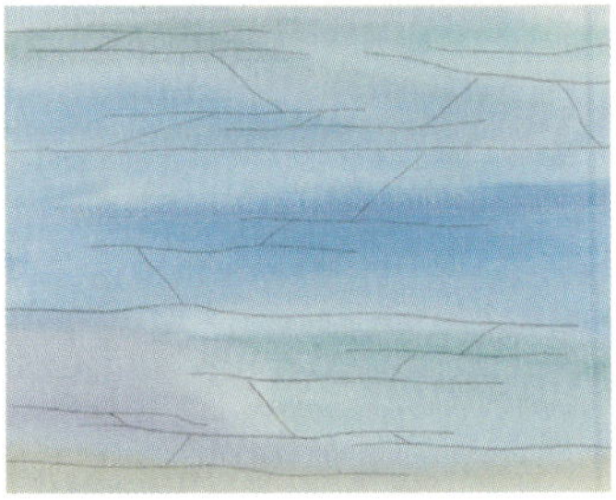

61. Océan - 1959
Aquarelle et pierre noire sur papier
H. 19,5 ; L. 24 cm
S.D.b.d sous le dessin : *Michel Delporte Sept. 1959*
T. au dos : *Océan*
Hist. : Legs Michel Delporte en 2001
Inv. 2001-50-92

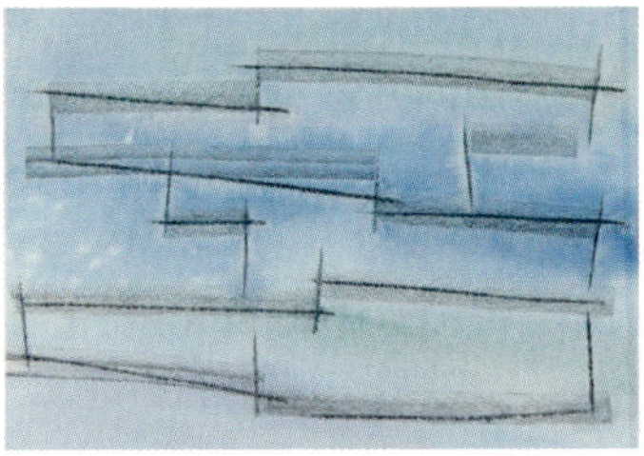

62. Mouvements marins *ou* **La Mer - 1959**
Aquarelle et pierre noire sur papier
H. 16,8 ; L. 23,7 cm
S.D.b.d sous le dessin : *Michel Delporte Sept. 1959*
T. au dos : *Mouvements marins*
Hist. : Legs Michel Delporte en 2001
Inv. 2001-50-91

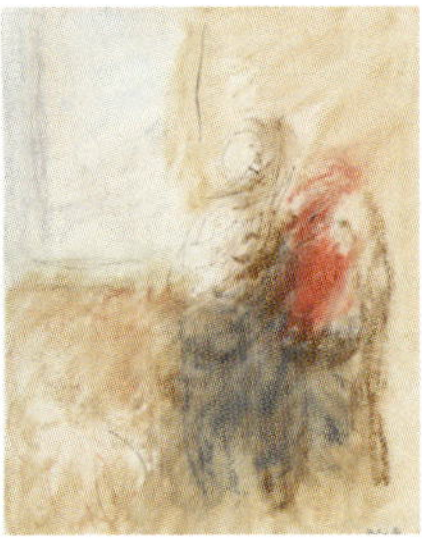

63. Personnage à la fenêtre - 1962
Pastel sur papier type Canson
H. 33,5 ; L. 23 cm
S.D.b.d : *Delporte / 62*
Hist. : Ancienne collection Monsieur et Madame Leclercq-Lestienne ; don de la famille d'Halluin-Leclercq en 2001
Inv. 2001-53-35

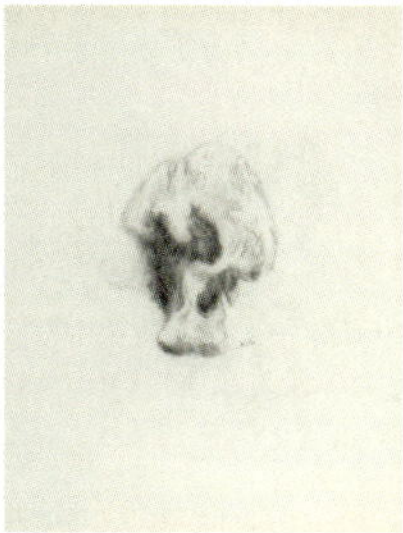

64. Sans titre - 1962
Fusain sur papier Ingres
H. 62,5 ; L. 47,5 cm
S.D.b.v.d : *Delporte / 62*
Hist. : Legs Michel Delporte en 2001
Inv. 2001-50-288

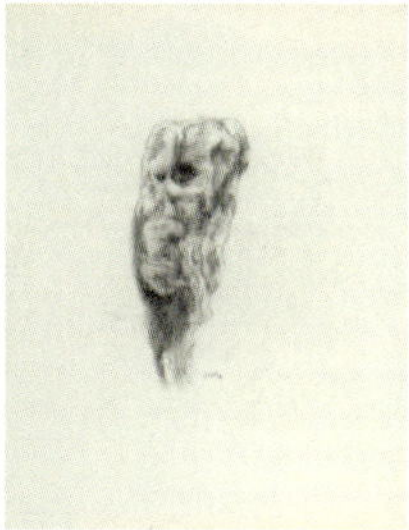

65. Sans titre - 1962
Fusain sur papier Ingres
H. 62,5 ; L. 47,5 cm
S.D.b.v.d : *Delporte / 62*
Hist. : Legs Michel Delporte en 2001
Inv. 2001-50-289

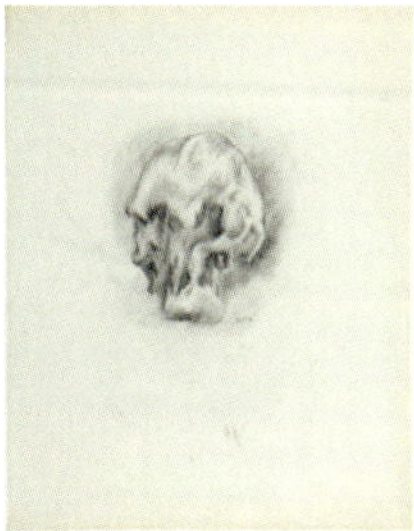

66. Sans titre - 1962
Fusain sur papier Ingres
H. 62,5 ; L. 47,5 cm
S.D.b.v.d : *Delporte / 62*
Hist. : Legs Michel Delporte en 2001
Inv. 2001-50-287

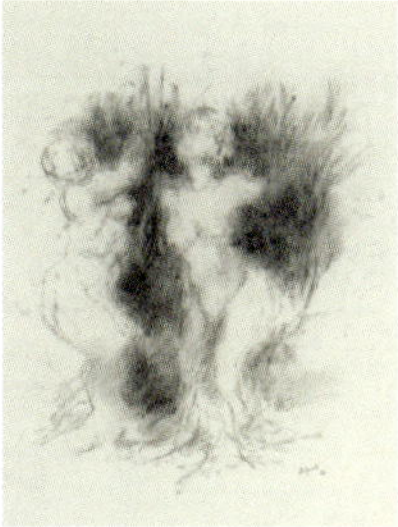

67. Sans titre - 1962
Fusain sur papier Ingres
H. 62,5 ; L. 47,5 cm
S.D.b.v.d : *Delporte / 62*
Hist. : Legs Michel Delporte en 2001
Inv. 2001-50-291

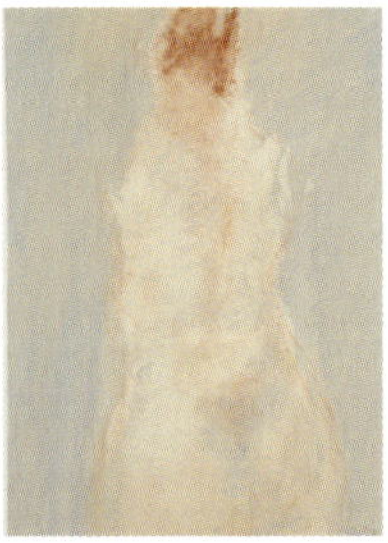

68. Nu - 1963
Lavis de pastel sur papier
H. 46 ; L. 31,8 cm
S.D.b.d : *Delporte / 63*
Hist. : Legs Michel Delporte en 2001
Inv. 2001-50-133

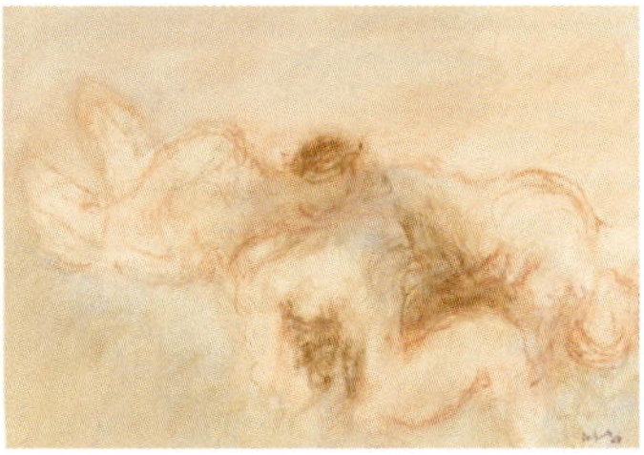

69. Corps - 1963
Aquarelle, bistre et sanguine sur papier
H. 33,5 ; L. 47,5 cm
S.D.b.d : *Delporte / 63*
Hist. : Legs Michel Delporte en 2001
Inv. 2001-50-284

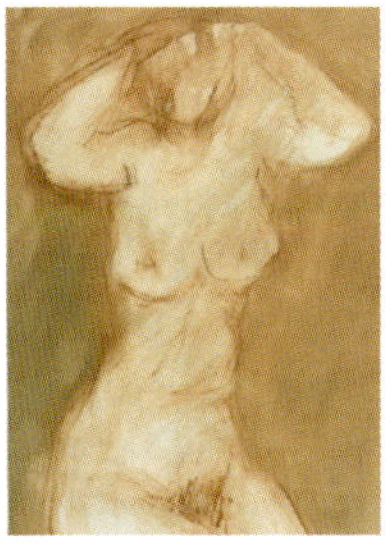

70. Corps - vers 1963
Lavis de pastel sur papier
H. 47,8 ; L. 33,8 cm
N.S.n.D
Hist. : Legs Michel Delporte en 2001
Inv. 2001-50-61

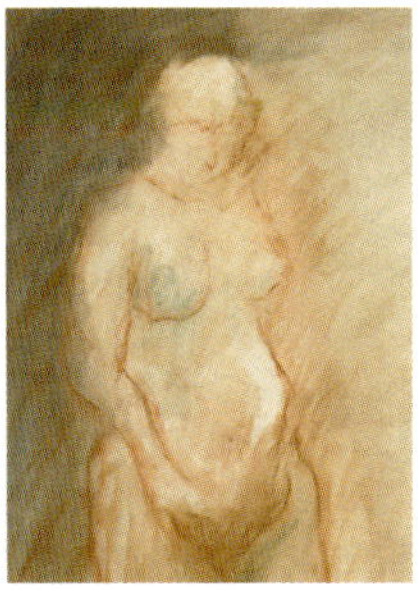

71. Nu - vers 1963
Lavis de pastel sur papier
H. 47,8 ; L. 33,8 cm
N.S.n.D
Hist. : Legs Michel Delporte en 2001
Inv. 2001-50-62

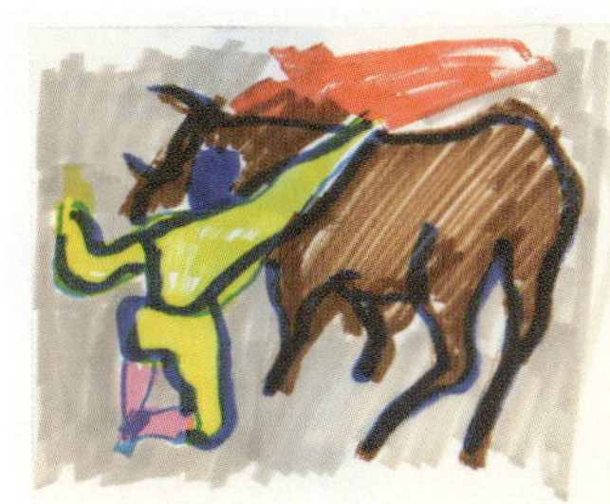

72. Faena - vers 1967
Feutres sur papier
H. 17 ; L. 20 cm
S.b.d sous le dessin : *Michel Delporte*
Hist. : Legs Michel Delporte en 2001
Inv. 2001-50-219

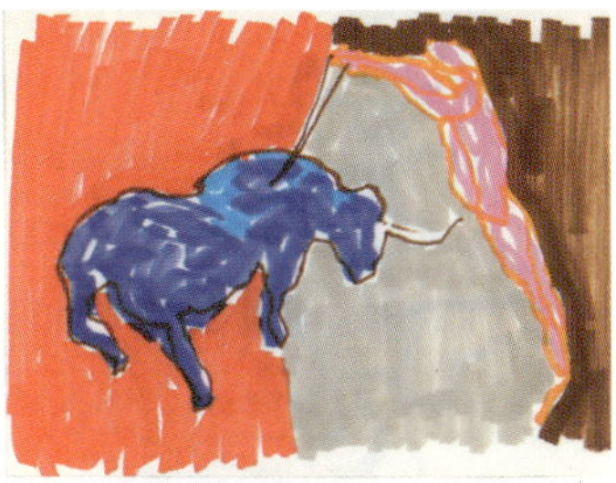

73. Banderilles - vers 1967
Feutres sur papier
H. 16 ; L. 20,5 cm
S.b.d sous le dessin : *Michel Delporte*
Hist. : Legs Michel Delporte en 2001
Inv. 2001-50-220

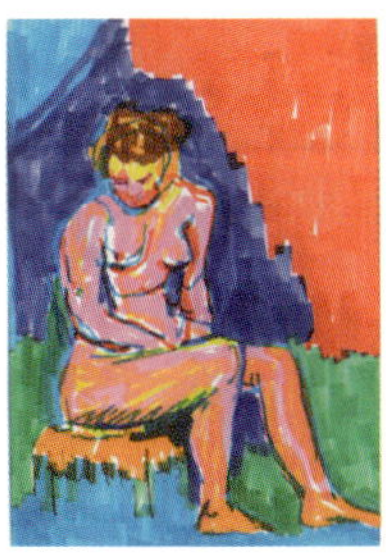

74. Nu dans les herbes - vers 1967
Feutres sur papier
H. 22 ; L. 15,2 cm
S.b.d sous le dessin : *Michel Delporte*
Hist. : Legs Michel Delporte en 2001
Inv. 2001-50-221

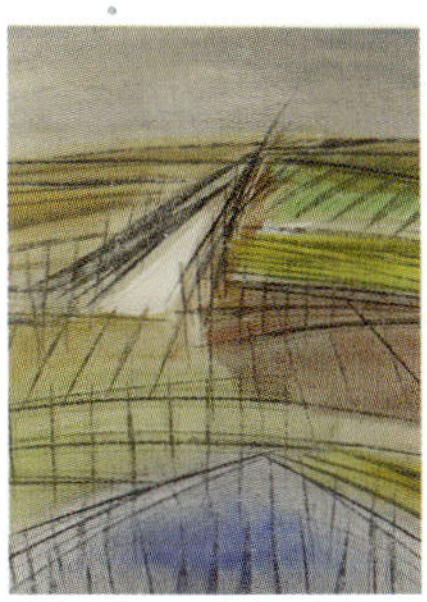

75. Sillons - vers 1970 ?
Aquarelle et pierre noire sur papier
H. 23 ; L. 16,6 cm
S.b.d sous le dessin : *Michel Delporte*
Hist. : Legs Michel Delporte en 2001
Inv. 2001-50-216

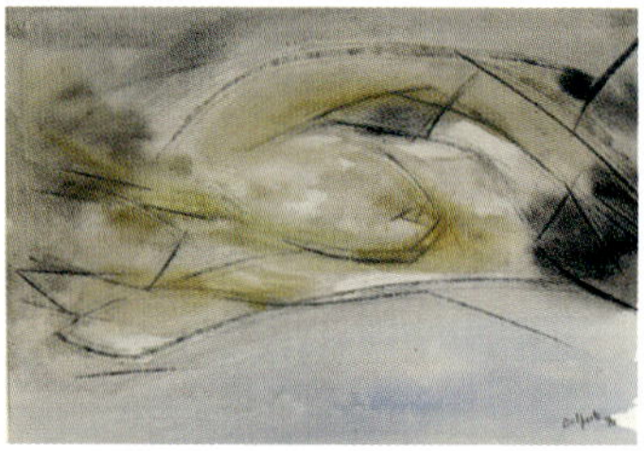

76. Sans titre - 1970
Aquarelle et pierre noire sur papier
H. 22 ; L. 31 cm
S.b.d : *Delporte / 70*
Hist. : Legs Michel Delporte en 2001
Inv. 2001-50-218

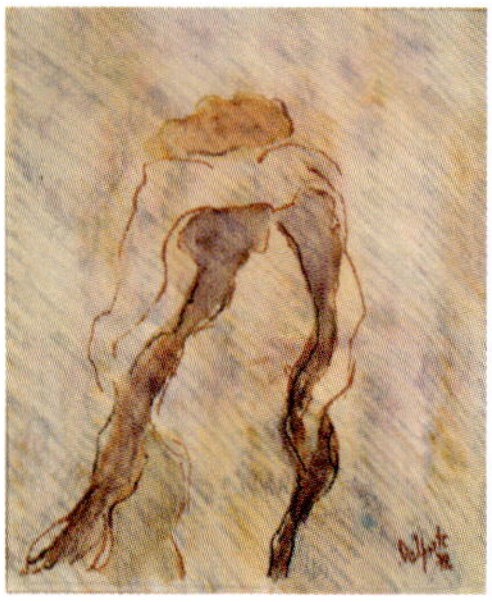

77. Sans titre - 1972
Aquarelle et lavis de feutre sur papier
H. 17 ; L. 12 cm
S.D.b.d : *Delporte / 72*
Hist. : Legs Michel Delporte en 2001
Inv. 2001-50-168

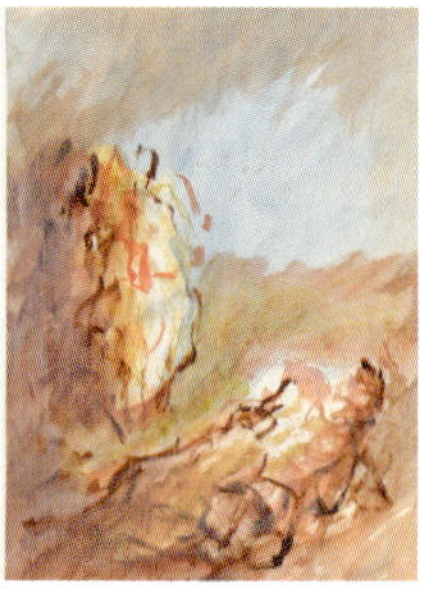

78. Sans titre - vers 1974
Gouache sur papier
H. 48 ; L. 34 cm
N.S.n.D
Hist. : Legs Michel Delporte en 2001
Inv. 2001-50-290

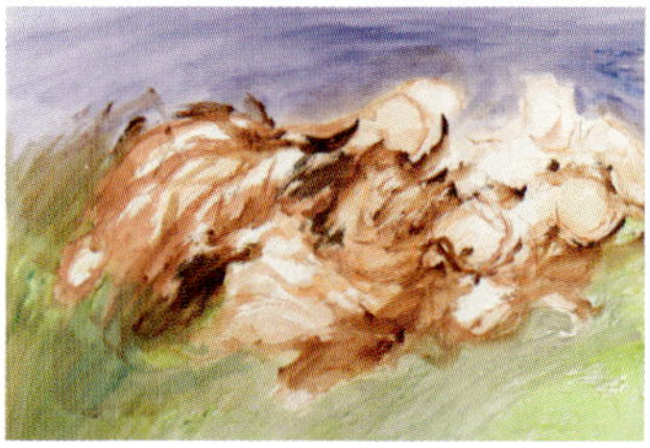

79. Sans titre - vers 1974
Gouache sur papier
H. 34 ; L. 49 cm
N.S.n.D
Hist. : Legs Michel Delporte en 2001
Inv. 2001-50-128

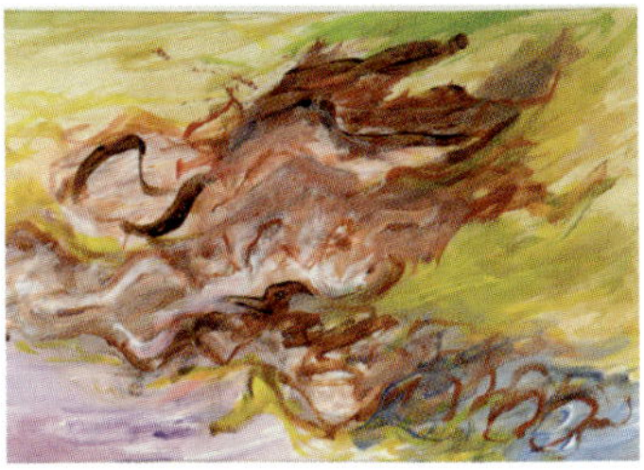

80. Sans titre - vers 1974
Gouache sur papier
H. 34 ; L. 49 cm
N.S.n.D
Hist. : Legs Michel Delporte en 2001
Inv. 2001-50-129

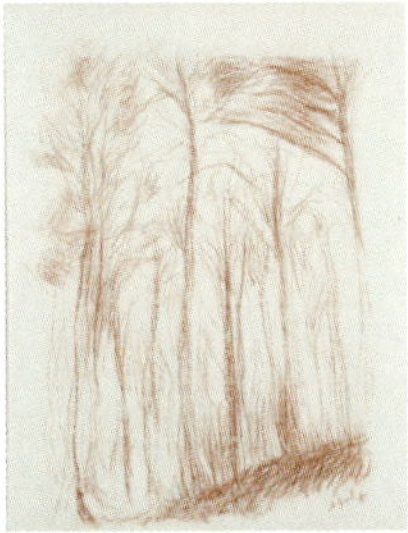

81. Arbres - 1975
Sanguine sur papier
H. 64,5 ; L. 49,5 cm
S.D.b.d : *Delporte / 75*
Hist. : Legs Michel Delporte en 2001
Inv. 2001-50-135

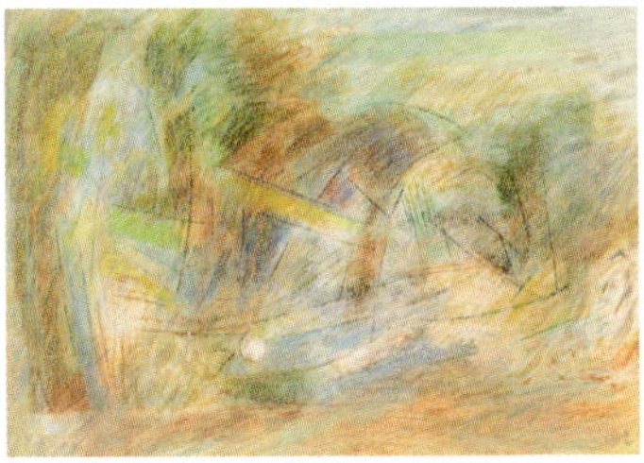

82. Sans titre - 1976
Craies grasses, fusain et pastels sur papier
H. 41 ; L. 57 cm
S.D.b.d : *Delporte / 76*
Hist. : Legs Michel Delporte en 2001
Inv. 2001-50-277

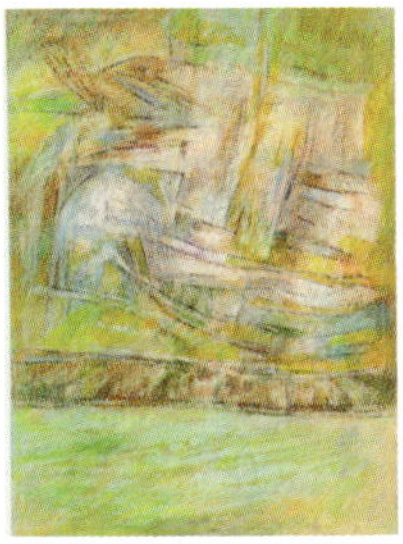

83. Sans titre - vers 1976
Craies grasses et pastels sur papier
H. 50,5 ; L. 36 cm
N.S.n.D
Hist. : Legs Michel Delporte en 2001
Inv. 2001-50-273

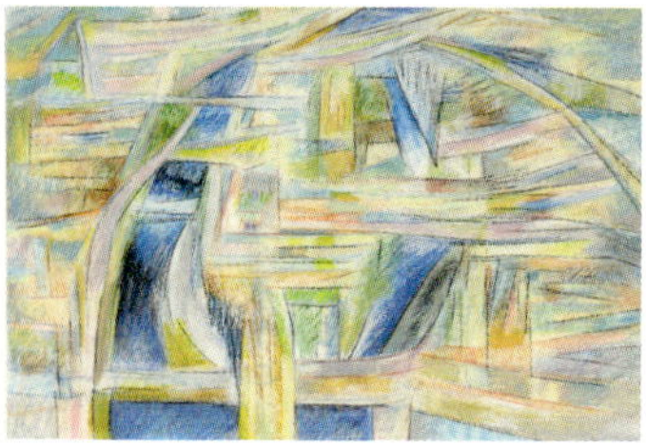

84. Sans titre - vers 1976
Craies grasses et pastels sur papier
H. 36 ; L. 51 cm
N.S.n.D
Hist. : Legs Michel Delporte en 2001
Inv. 2001-50-274

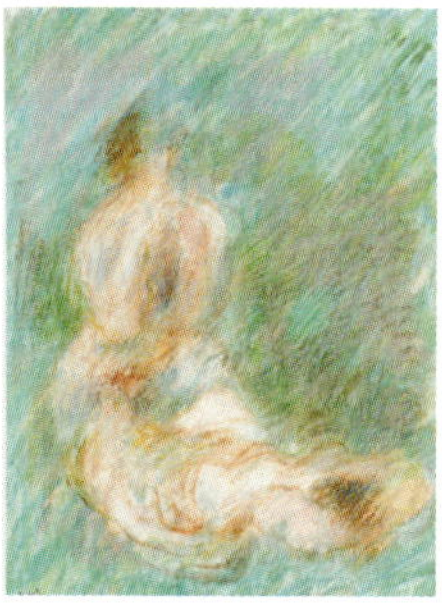

85. Sans titre - 1976
Pastels de couleurs sur papier
H. 53 ; L. 38 cm
S.D.b.g : *Delporte / 76*
Hist. : Legs Michel Delporte en 2001
Inv. 2001-50-275

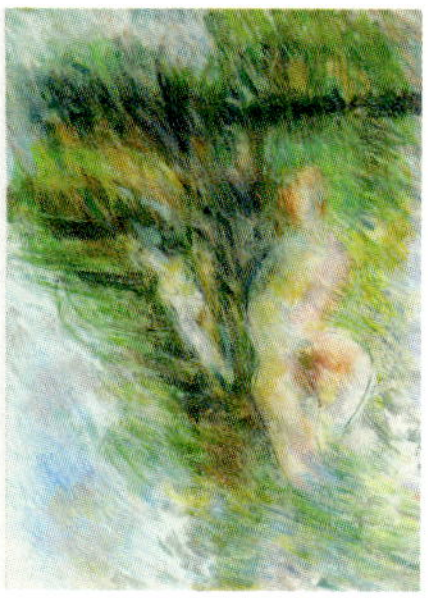

86. Nu allongé dans l'herbe - vers 1976
Craies grasses et pastels sur papier
H. 36 ; L. 51 cm
Signature coupée en b.d : *(?)lporte*
Hist. : Legs Michel Delporte en 2001
Inv. 2001-50-272

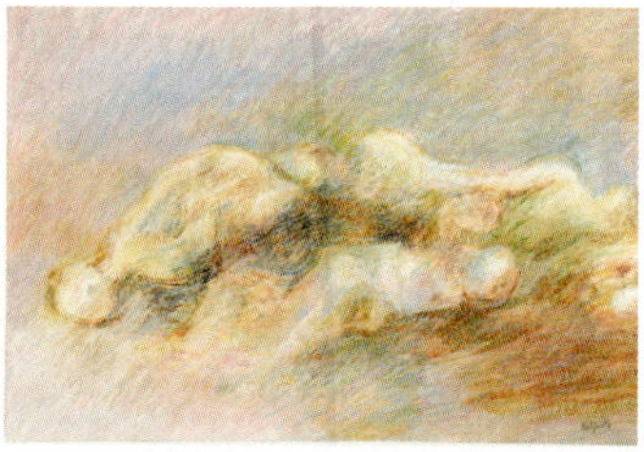

87. Sans titre - vers 1976
Craies grasses et pastels sur papier
H. 36 ; L. 50 cm
S.b.d : *Delporte*
Hist. : Legs Michel Delporte en 2001
Inv. 2001-50-276

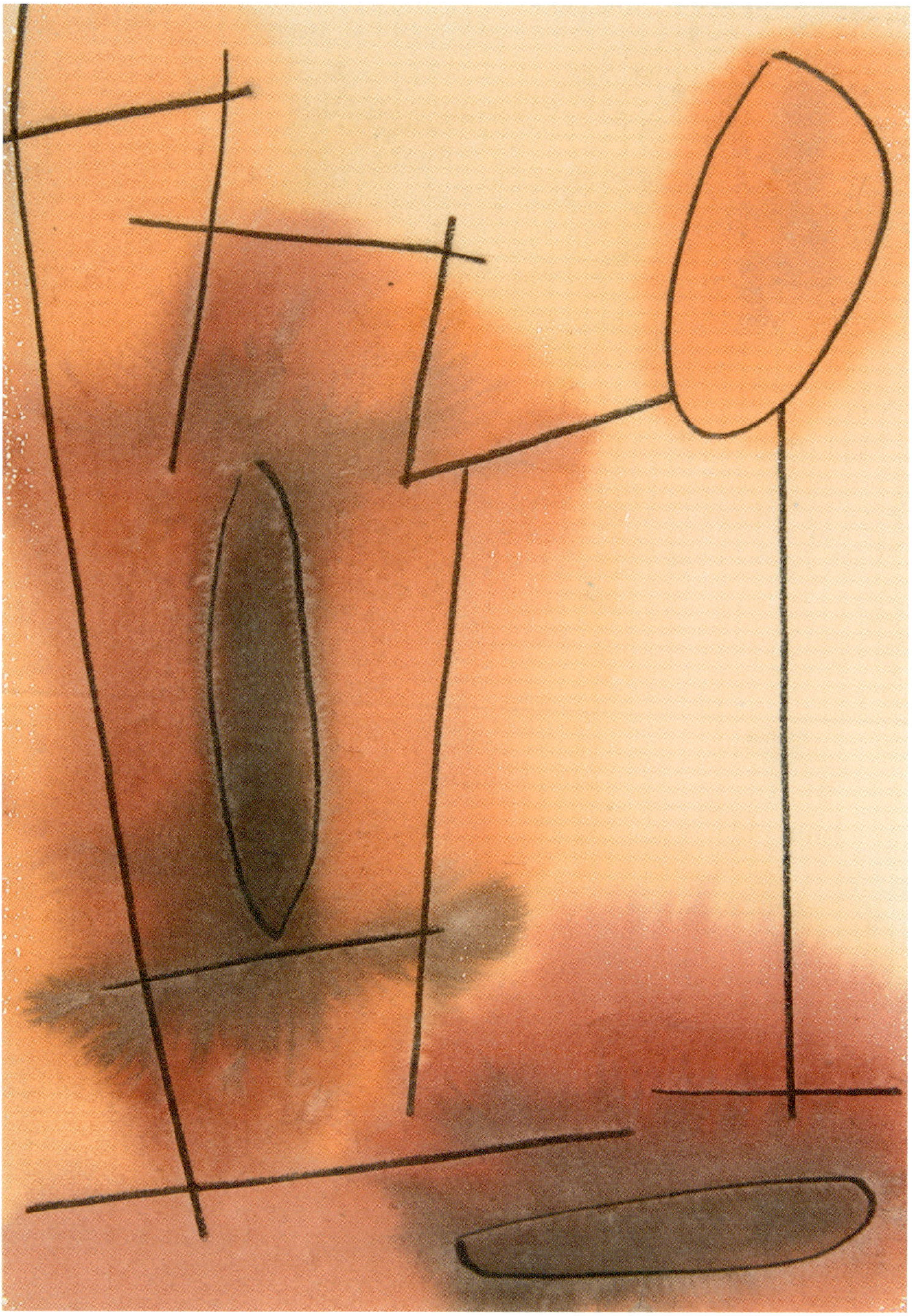

Fig. 38. *Mais entre nous*, 1959, cat. 56

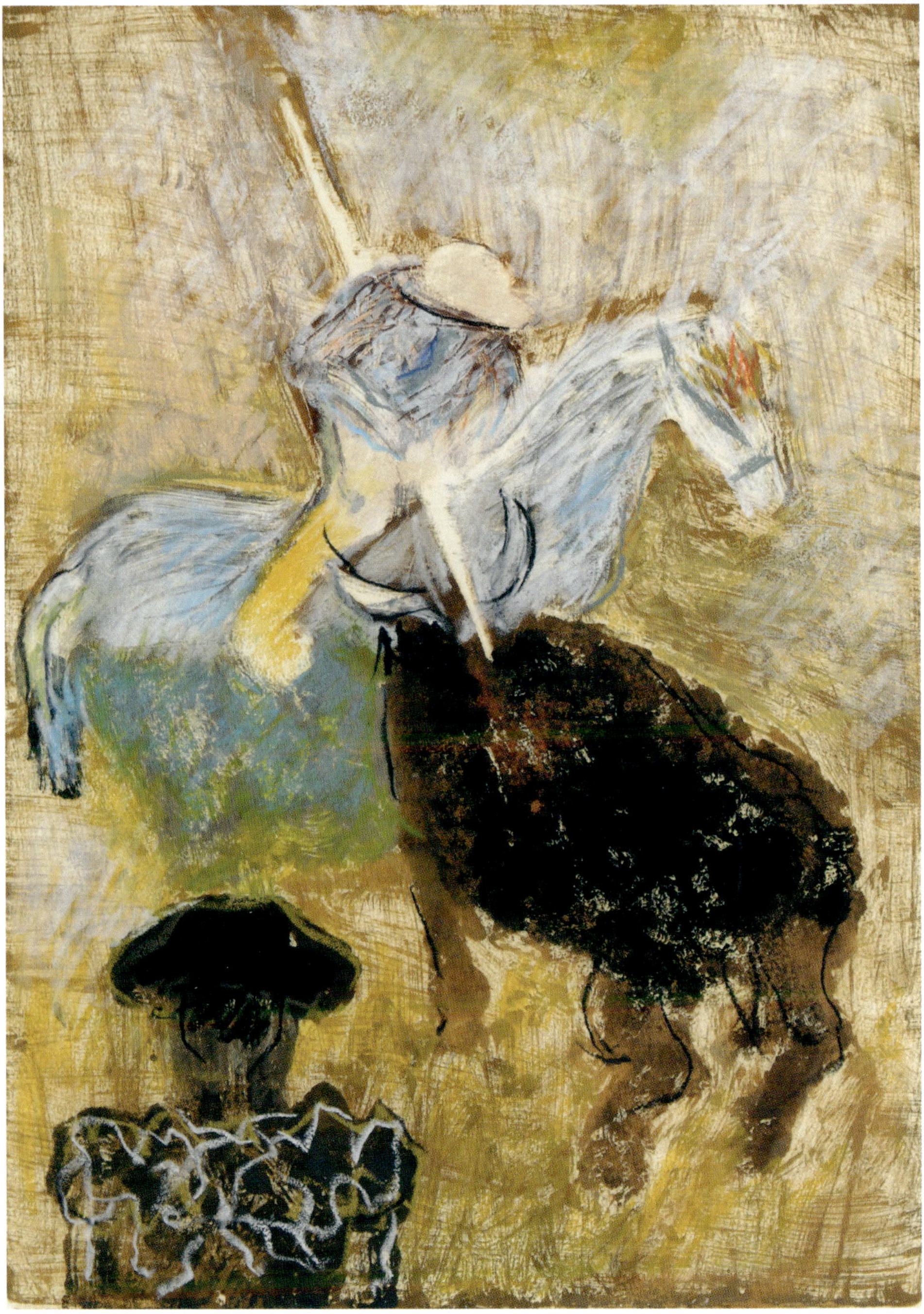

Fig. 39. *Picador*, vers 1965, cat. 89

MONOTYPES

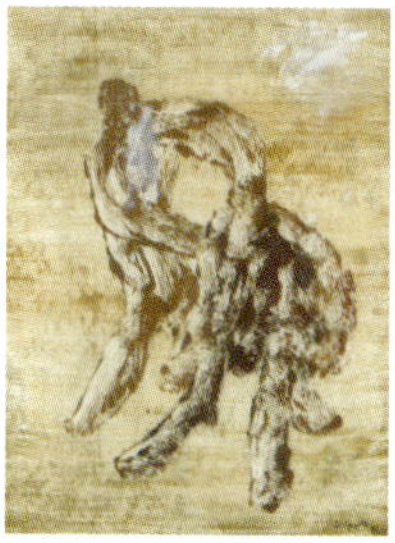

88. Le Picador - 1965
Monotype, huile sur papier, rehauts de craie
H. 45 ; L. 32 cm
S.D.b.d : *Delporte / 65*
Hist. : Legs Michel Delporte en 2001
Inv. 2001-50-164

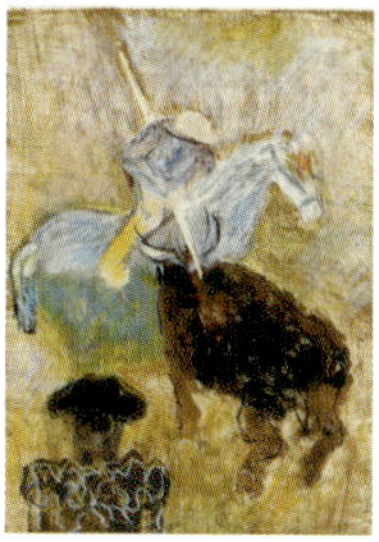

89. Picador - vers 1965
Monotype, huile sur papier, rehauts de craie
H. 45 ; L. 32 cm
N.S.n.D
Hist. : Legs Michel Delporte en 2001
Inv. 2001-50-271

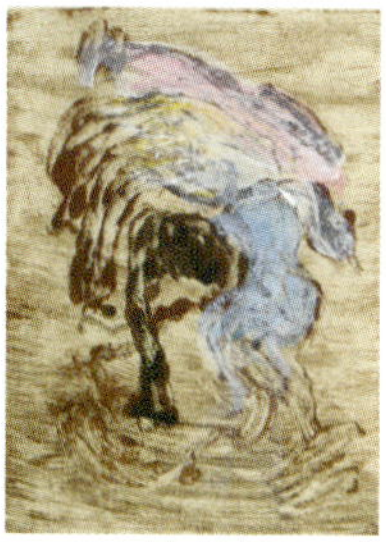

90. Sans titre - vers 1965
Monotype, huile sur papier, rehauts de craie
H. 44,8 ; L. 32 cm
N.S.n.D
Hist. : Legs Michel Delporte en 2001
Inv. 2001-50-285

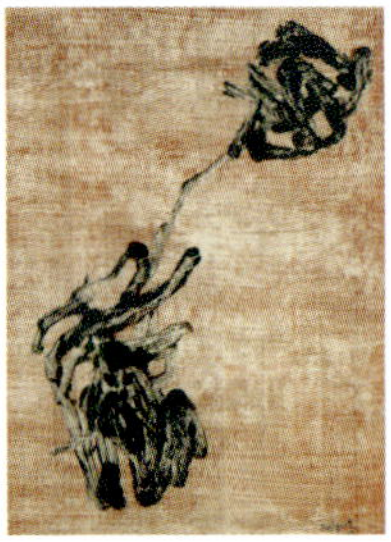

91. Combat - 1965
Monotype, huile sur papier, rehauts de craie
H. 44,2 ; L. 31,5 cm (à vue)
S.D.b.d : *Delporte / 65*
Hist. : Legs Michel Delporte en 2001
Inv. 2001-50-132

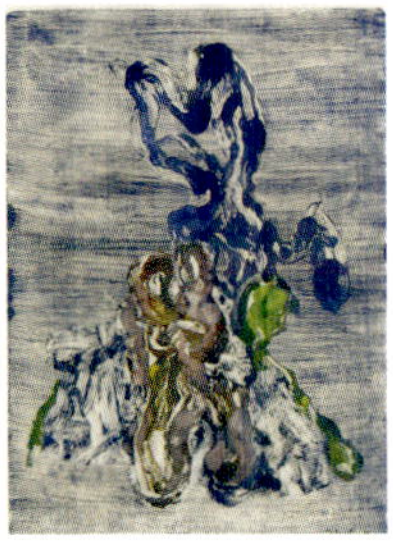

92. Par le haut - 1965
Monotype, huile sur papier, rehauts de craie
H. 45,2 ; L. 32 cm
S.D.b.d : *Delporte / 65*
Hist. : Legs Michel Delporte en 2001
Inv. 2001-50-281

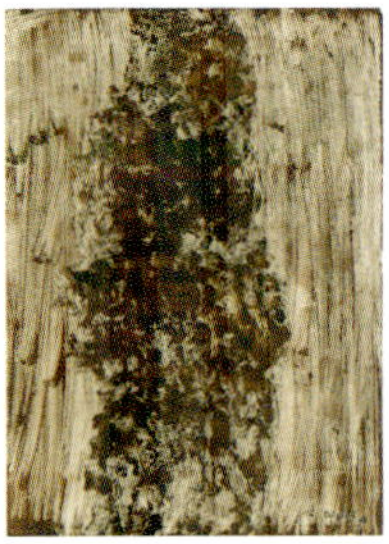

93. Comme un tronc - 1965
Monotype, huile sur papier
H. 45,3 ; L. 32 cm
S.D.b.d : *Delporte / 65*
T. au dos : *Tronc*
Hist. : Legs Michel Delporte en 2001
Inv. 2001-50-282

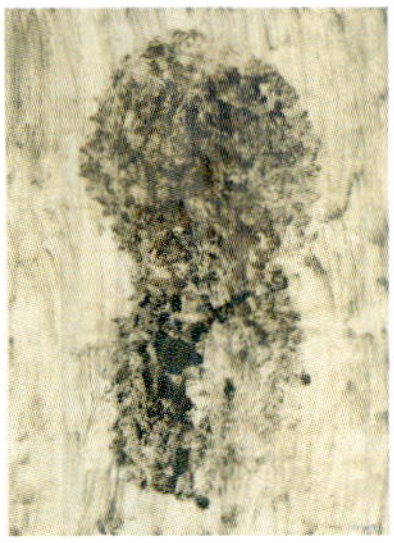

94. Les Traces du passé - 1965
Monotype, huile sur papier
H. 44,8 ; L. 31,3 cm
S.D.b.d : *Delporte / 65*
T. au dos : *Les traces du passé*
Hist. : Legs Michel Delporte en 2001
Inv. 2001-50-280

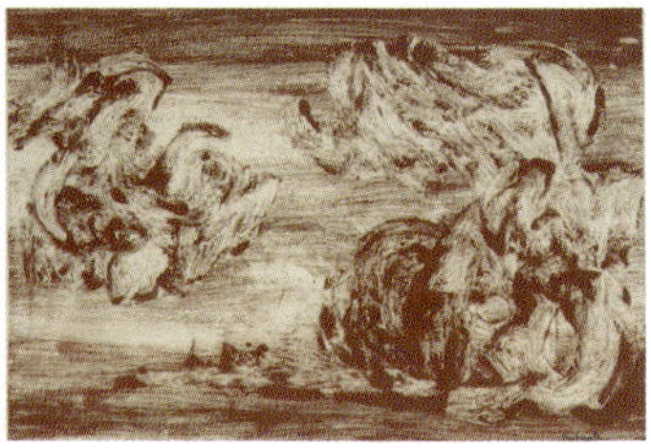

95. Maléfices - 1965
Monotype, huile sur papier
H. 31,5 ; L. 44,5 cm
S.D.b.d : *Delporte 65*
Hist. : Legs Michel Delporte en 2001
Inv. 2001-50-134

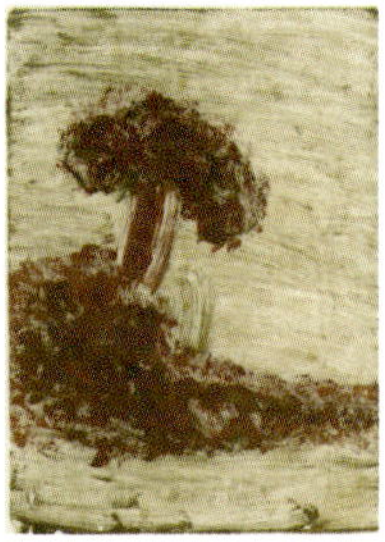

96. L'Arbre bouge - vers 1965
Monotype, huile sur papier
H. 45,2 ; L. 35 cm
N.S.n.D
Hist. : Legs Michel Delporte en 2001
Inv. 2001-50-279

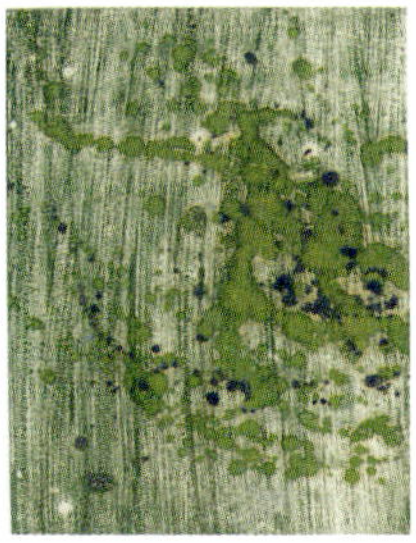

97. Sans titre - vers 1965
Monotype sur papier
H. 27 ; L. 20,3 cm
S.b.d : *Michel Delporte*
Hist. : Legs Michel Delporte en 2001
Inv. 2001-50-234

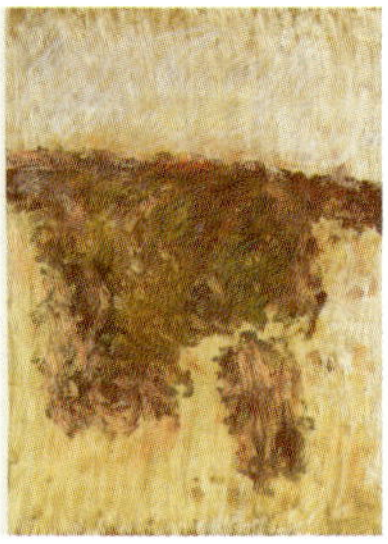

98. Sans titre - vers 1965
Monotype sur papier
H. 44,5 ; L. 31,4 cm
S.b.d sous la composition : *Delporte*
Hist. : Legs Michel Delporte en 2001
Inv. 2001-50-283

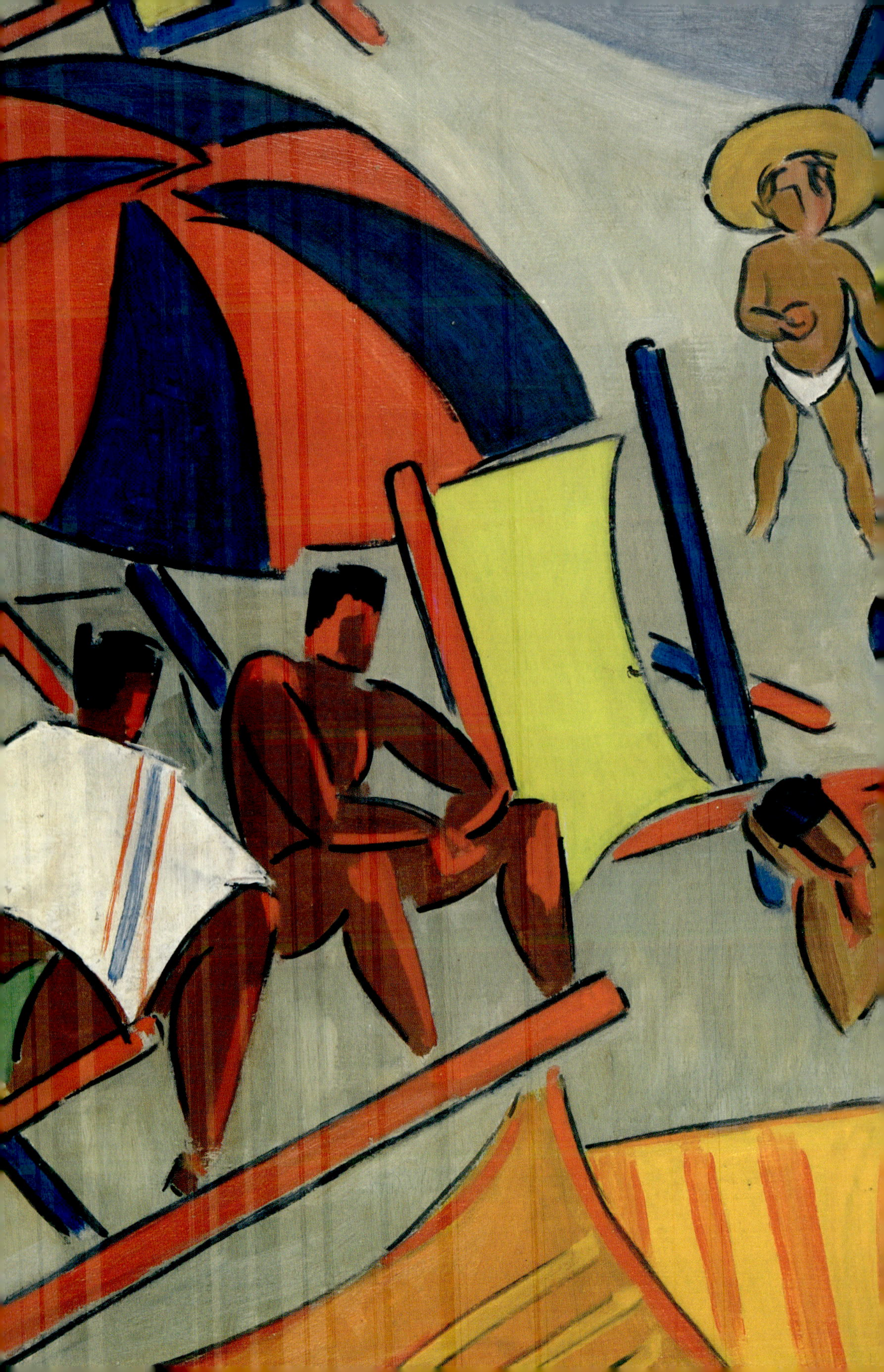

PEINTURES

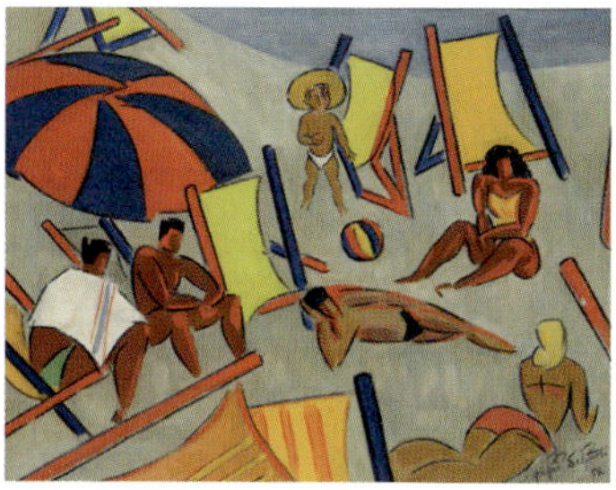

99. La Plage - 1952
Huile sur contreplaqué
H. 71,5 ; L. 90,5 cm
S.D.b.D : *Michel Delporte / 52*
Hist. : Legs Michel Delporte en 2001
Inv. 2001-50-148

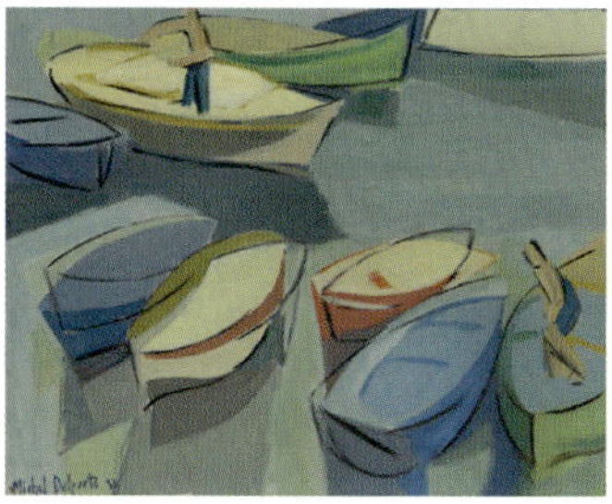

100. Barques - 1953
Huile sur toile
H. 38 ; L. 46 cm
S.D.b.g : *Michel Delporte 53*
Hist. : Don de Mesdames Heems, Fix et Bracq en 2005
Inv. 2005-3-1

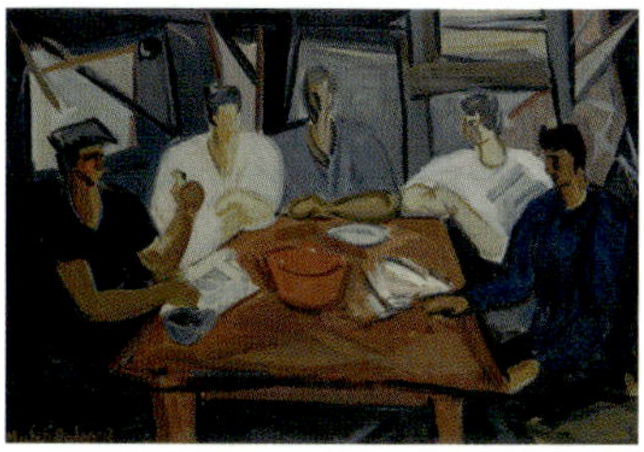

101. Les Mangeurs - 1954
(de la série des *Mangeurs de pommes de terre*)
Huile sur toile
H. 38 ; L. 55 cm
S.b.g : *Michel Delporte*
Hist. : Legs Michel Delporte en 2001
Inv. 2001-50-19

Fig. 40. Ci-contre : *La Plage* (détail), 1952, cat. 99

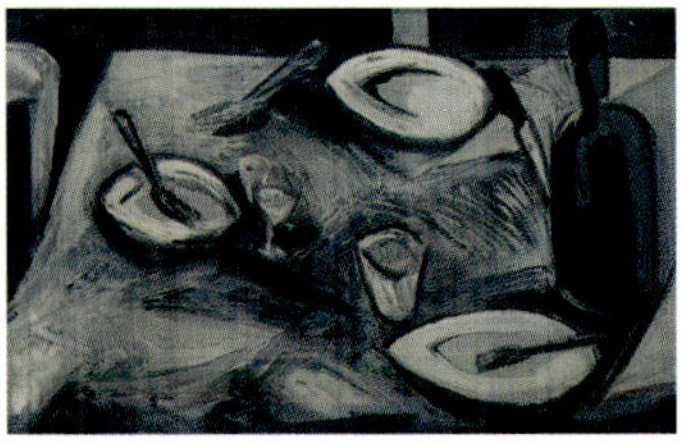

102. La Tablée - 1955
Huile sur toile
H. 27,5 ; L. 41 cm
N.S.n.D
S.D. au dos sur la toile :
Michel Delporte / 1955
Hist. : Legs Michel Delporte en 2001
Inv. 2001-50-138

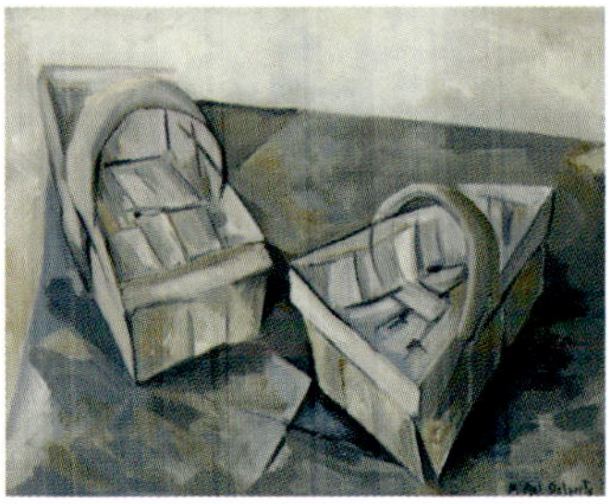

103. Nature morte aux cageots - 1955
Huile sur toile
H. 54 ; L. 65 cm
S.b.d : *Michel Delporte*
Hist. : Legs Michel Delporte en 2001
Inv. 2001-50-140

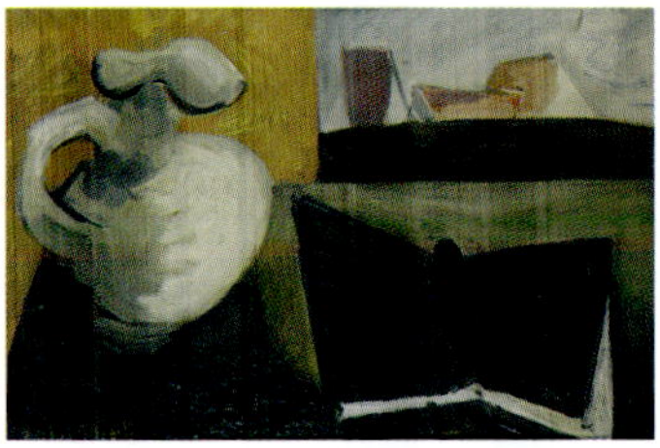

104. Cruche et livre - 1955
Huile sur toile
H. 24,5 ; L. 35 cm
S.b.g : *Michel Delporte*
Hist. : Legs Michel Delporte en 2001
Inv. 2001-50-82

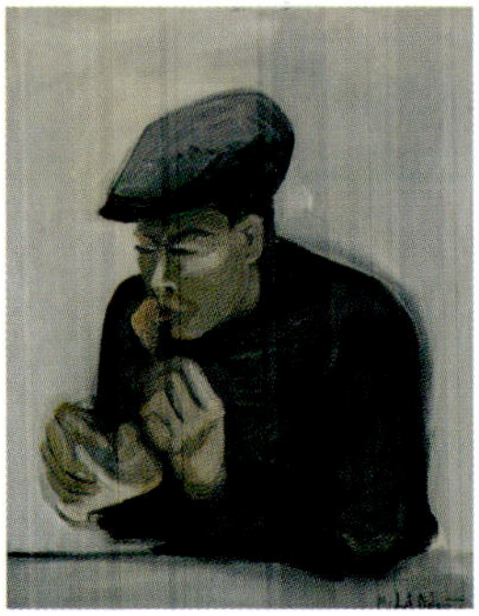

105. Mangeur - 1955
(de la série des *Mangeurs de pommes de terre*)
Huile sur toile
H. 65 ; L. 50 cm
S.b.d : *Michel Delporte*
Hist. : Legs Michel Delporte en 2001
Inv. 2001-50-68

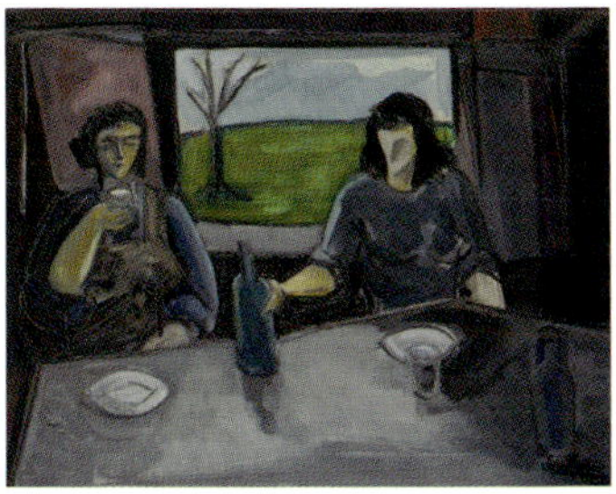

106. Les Buveurs - 1955
Huile sur toile
H. 33 ; L. 41 cm
N.S.n.D
S.D. au dos sur la toile :
Michel Delporte / 1955
Hist. : Legs Michel Delporte en 2001
Inv. 2001-50-139

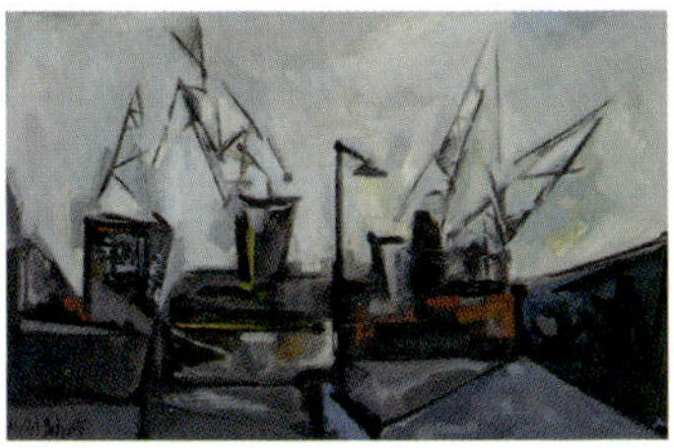

107. Port - 1956
Huile sur toile
H. 54,5 ; L. 81,5 cm
S.b.g : *Michel Delporte*
Hist. : Legs Michel Delporte en 2001
Inv. 2001-50-153

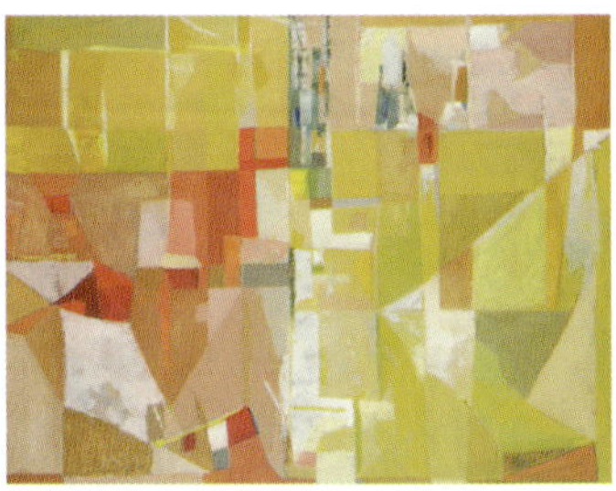

108. Chantier - 1958
Huile sur toile
H. 73,3 ; L. 92,5 cm
S.D.b.d : *Michel Delporte 1958*
Hist. : Legs Michel Delporte en 2001
Inv. 2001-50-158

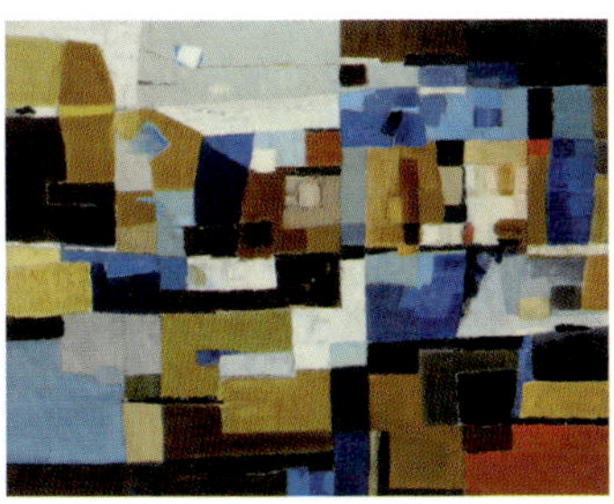

109. Sans titre - vers 1958
Huile sur toile
H. 65 ; L. 81 cm
N.S.n.D
Hist. : Legs Michel Delporte en 2001
Inv. 2001-50-155

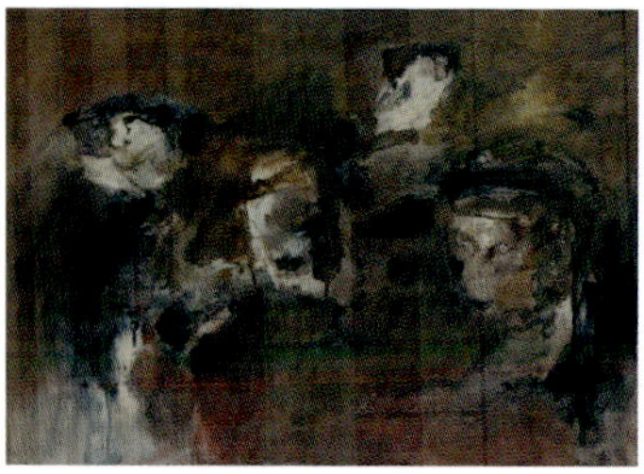

110. Assemblée - 1960
Huile sur toile
H. 60,5 ; L. 81 cm
S.h.d : *Delporte*
T.D. au dos sur la toile : *"ASSEMBLEE" / 1960 / n 30*
Hist. : Legs Michel Delporte en 2001
Inv. 2001-50-149

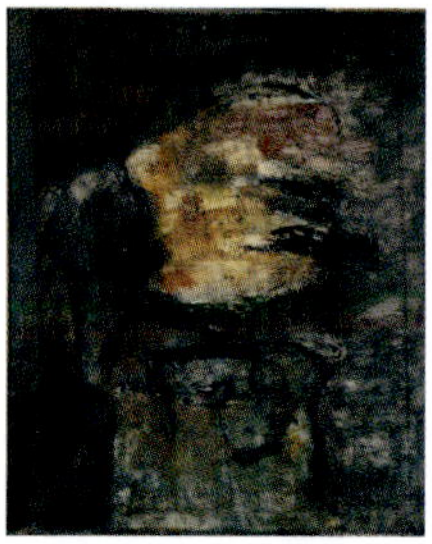

111. Démon - 1961
Huile sur toile
H. 92 ; L. 73 cm
S.h.g : *Michel Delporte*
S.D au dos sur la toile :
Michel / Delporte / 1961
Hist. : Ancienne collection Monsieur et Madame Leclercq-Lestienne ; don de la famille d'Halluin-Leclercq en 2001
Inv. 2001-53-37

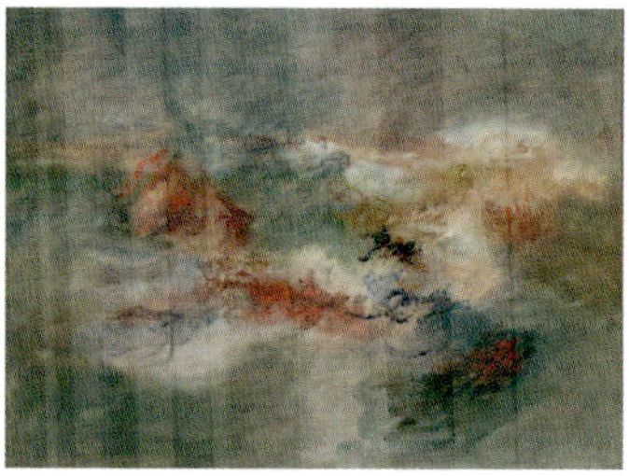

112. Paysage argileux - 1961
Huile sur toile
H. 73 ; L. 92 cm
S.b.d : *Delporte*
Hist. : Legs Michel Delporte en 2001
Inv. 2001-50-150

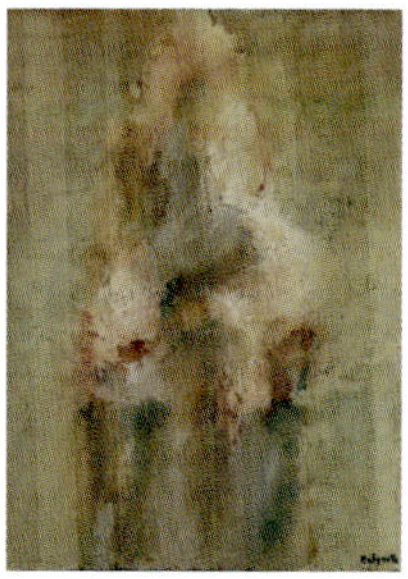

113. Nu - 1962
Huile sur toile
H. 46 ; L. 33 cm
S.b.d : *Delporte*
Inscr. au dos sur la toile :
DELPORTE / 1962
Hist. : Legs Michel Delporte en 2001
Inv. 2001-50-145

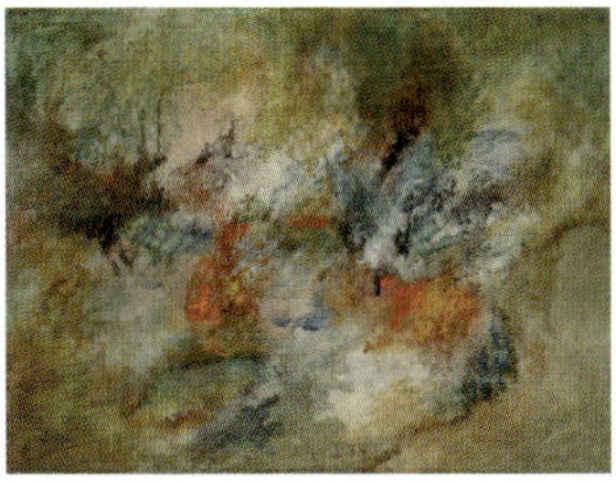

114. En fête - 1963
Huile sur toile
H. 89 ; L. 116 cm
S.b.d : *Delporte*
S. au dos sur la toile : *Michel Delporte*
Hist. : Achat du musée à la vente du Peignage Amédée Prouvost en 1997
Inv. 997-12-1

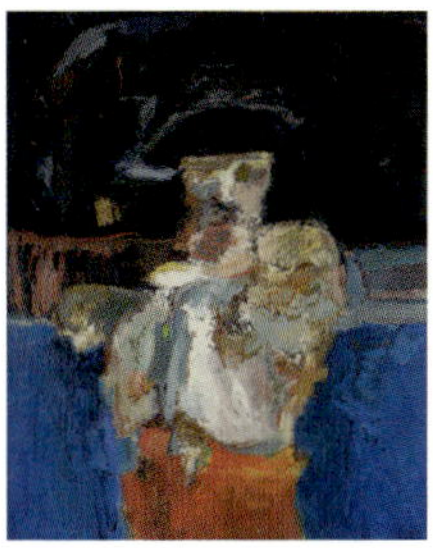

115. Toréador - 1967
Huile sur toile
H. 92 ; L. 73 cm
S.D.h.d : *Delporte / 67*
D. et numéroté au dos sur la toile : *1961 (rayé) / N 19*
Hist. : Legs Michel Delporte en 2001
Inv. 2001-50-3

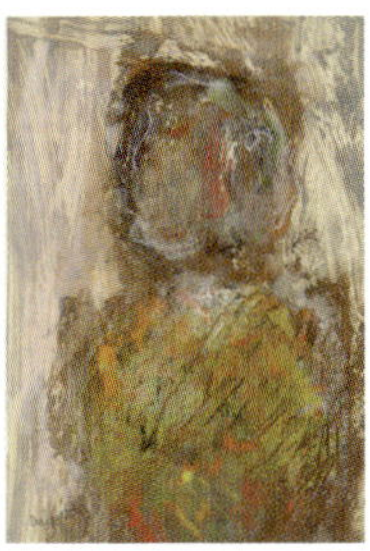

116. Sans titre - vers 1967
Gouache, peinture à l'huile, rehauts de craie blanche sur monotype sur papier
H. 25 ; L. 17 cm
S.b.g : *Delporte*
Hist. : Legs Michel Delporte en 2001
Inv. 2001-50-240

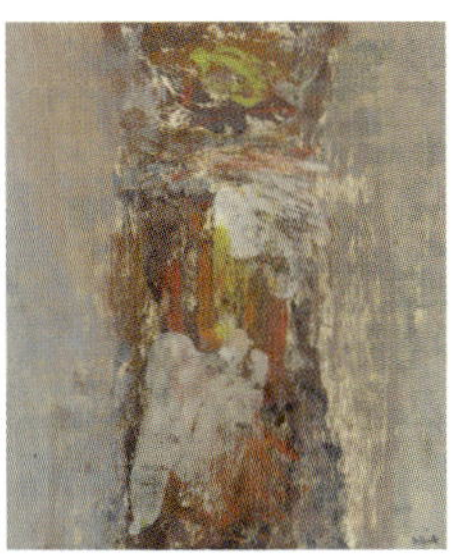

117. Sans titre - vers 1967
Huile sur papier cartonné
H. 36,3 ; L. 30,3 cm
N.S.n.D
Hist. : Legs Michel Delporte en 2001
Inv. 2001-50-202

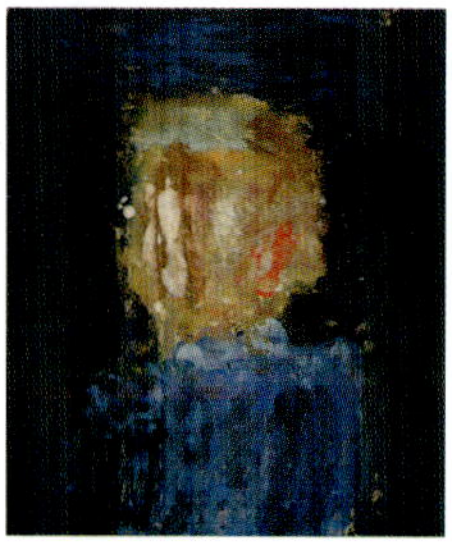

118. Sans titre - vers 1967
Huile sur papier cartonné
H. 36,8 ; L. 30,3 cm
S.b.d : *Delporte*
Hist. : Legs Michel Delporte en 2001
Inv. 2001-50-201

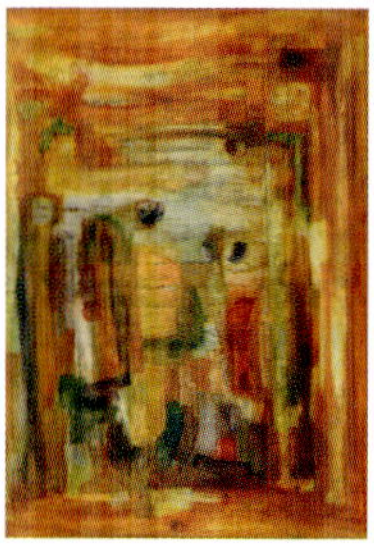

119. Sans titre - vers 1970
Huile sur papier marouflé sur toile
H. 81 ; L. 60 cm
N.S.n.D
Hist. : Legs Michel Delporte en 2001
Inv. 2001-50-156

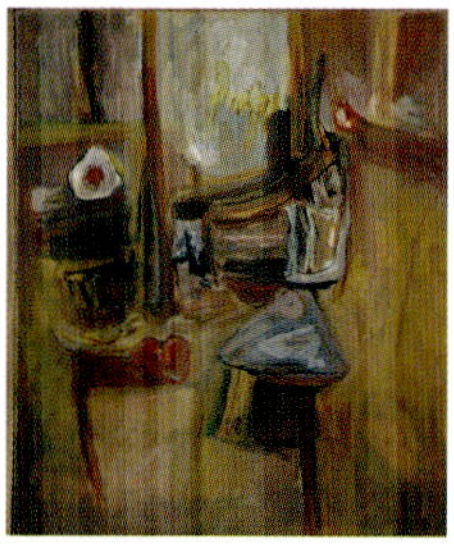

120. Intérieur - vers 1970
Huile sur toile
H. 60,5 ; L. 50 cm
N.S.n.D
Hist. : Legs Michel Delporte en 2001
Inv. 2001-50-1

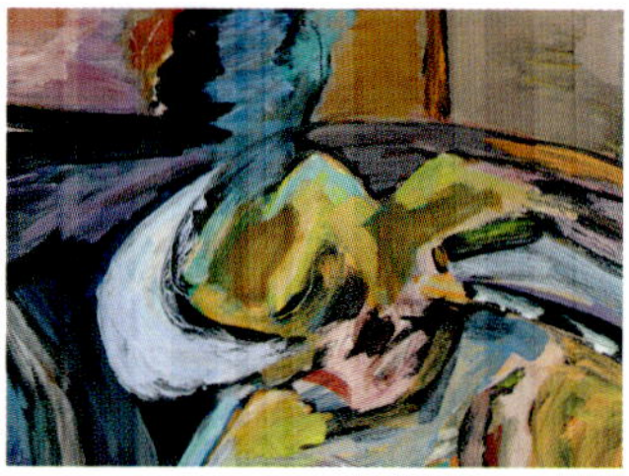

121. Nature morte - vers 1970
Huile sur papier cartonné
H. 22,5 ; L. 31,5 cm
S.b.d sous la composition : *Michel Delporte*
Hist. : Legs Michel Delporte en 2001
Inv. 2001-50-263

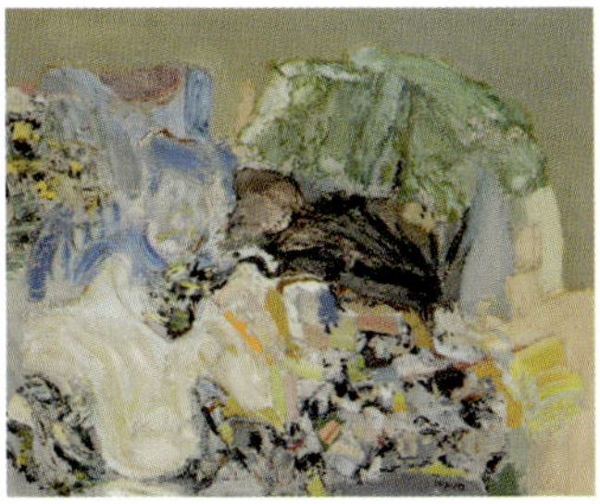

122. Un bruit de guêpes - 1970
Huile sur toile
H. 53,5 ; L. 65 cm
S.b.v.d : *Delporte*
S.T.D. au dos sur la toile : *Michel Delporte / Un bruit / de guêpes / 1970*
Hist. : Legs Michel Delporte en 2001
Inv. 2001-50-146

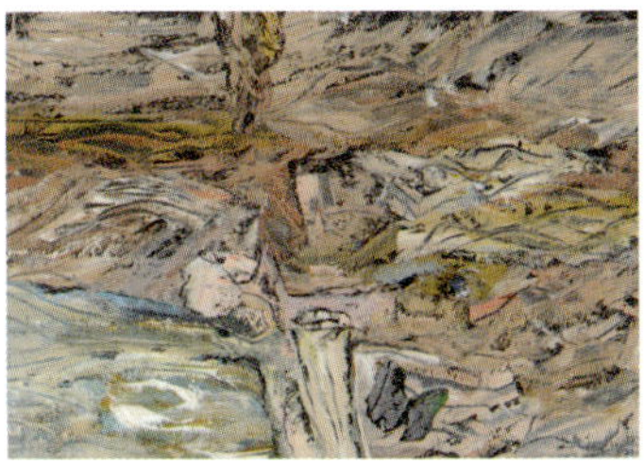

123. Le Domaine du papillon - 1971
Huile sur collage de papiers avec effets de grattage et de ciselures sur papier cartonné
H. 24 ; L. 33 cm
S.D.b.d : *Delporte / 71*
Contresigné. b.d sous le collage : *Michel Delporte*
T. au dos : *Le domaine du papillon*
Hist. : Legs Michel Delporte en 2001
Inv. 2001-50-260

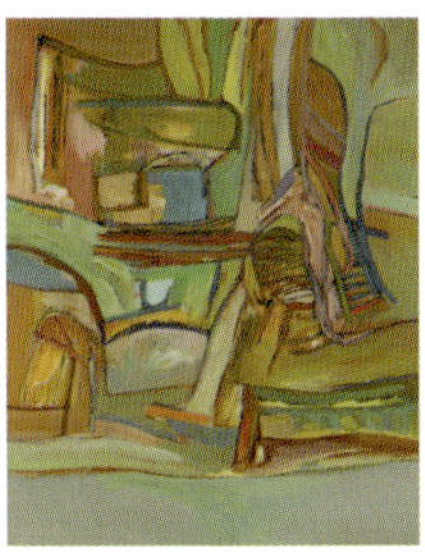

124. Paysage vert - vers 1971
Huile sur toile
H. 92 ; L. 73,5 cm
N.S.n.D
Hist. : Legs Michel Delporte en 2001
Inv. 2001-50-5

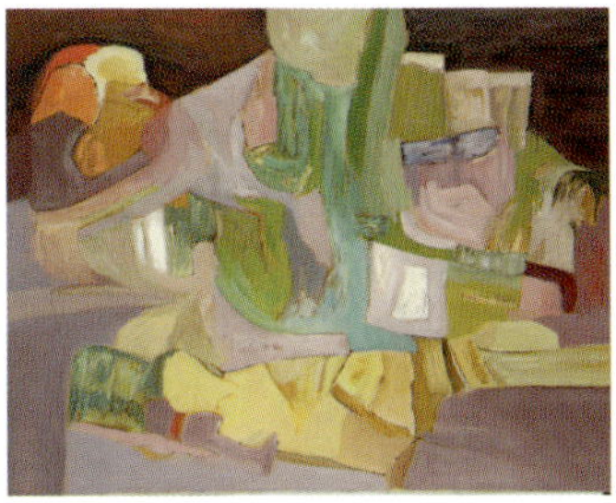

125. Paysage rose - vers 1971
Huile sur toile
H. 74 ; L. 92 cm
N.S.n.D
Hist. : Legs Michel Delporte en 2001
Inv. 2001-50-4

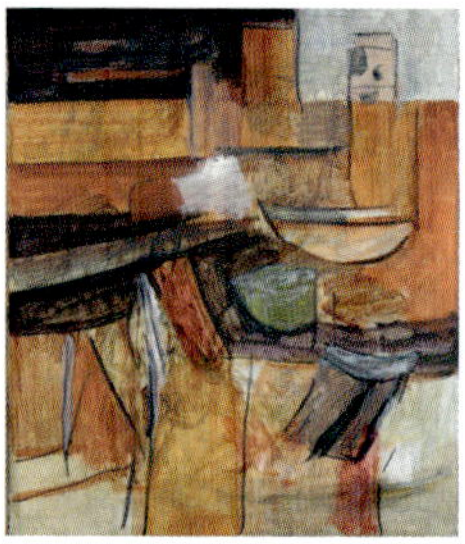

126. Sans titre - vers 1971
Huile, acrylique ou essence sur toile
H. 60,5 ; L. 50 cm
N.S.n.D
Hist. : Legs Michel Delporte en 2001
Inv. 2001-50-2

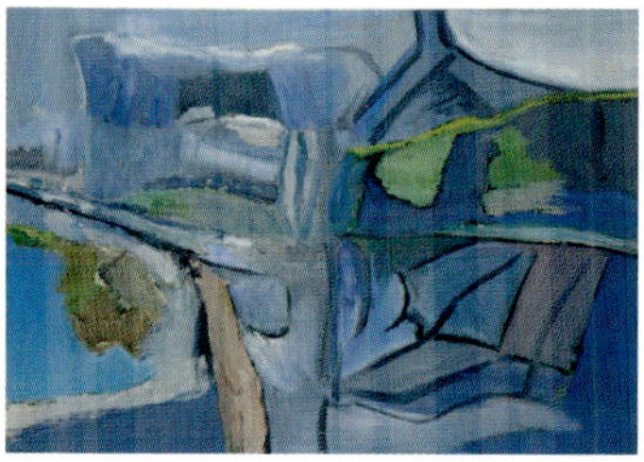

127. Paysage bleu - vers 1971
Huile sur toile
H. 65 ; L. 92 cm
N.S.n.D
Hist. : Legs Michel Delporte en 2001
Inv. 2001-50-152

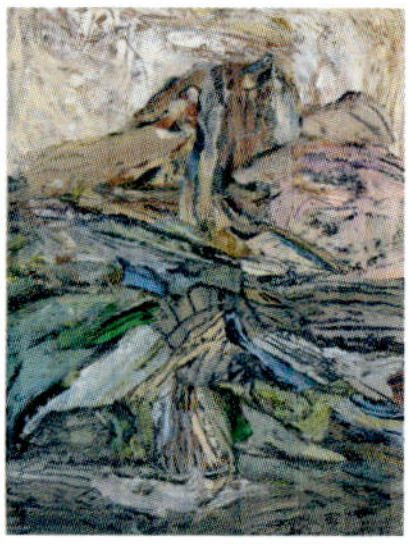

128. Dislocation - vers 1971
Huile sur collage de papiers avec effets de grattage et de ciselures sur papier cartonné
H. 33,2 ; L. 24 cm
S.b.d sous la composition : *Michel Delporte*
T. au dos : *DISLOCATION*
Hist. : Legs Michel Delporte en 2001
Inv. 2001-50-259

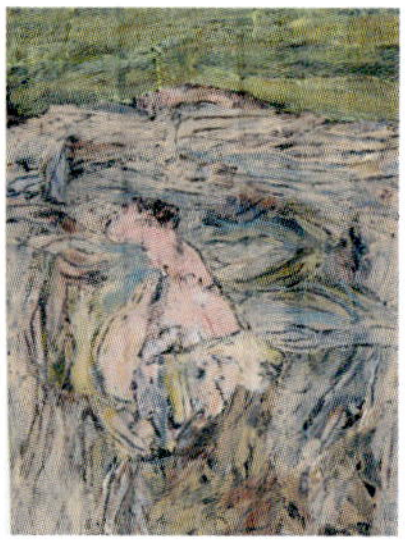

129. Éclosion - vers 1971
Huile sur collage de papiers avec effets de grattage et de ciselures sur papier cartonné
H. 33,5 ; L. 24 cm
S.b.d sous la composition : *Michel Delporte*
T. au dos : *ECLOSION*
Hist. : Legs Michel Delporte en 2001
Inv. 2001-50-257

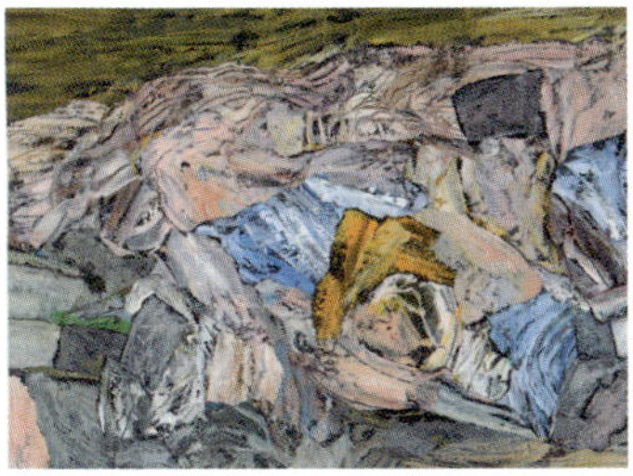

130. Sans titre - vers 1971
Huile sur collage de papiers avec effets de grattage sur papier cartonné
H. 30 ; L. 40 cm
S.b.d sous la composition : *Michel Delporte*
Hist. : Legs Michel Delporte en 2001
Inv. 2001-50-261

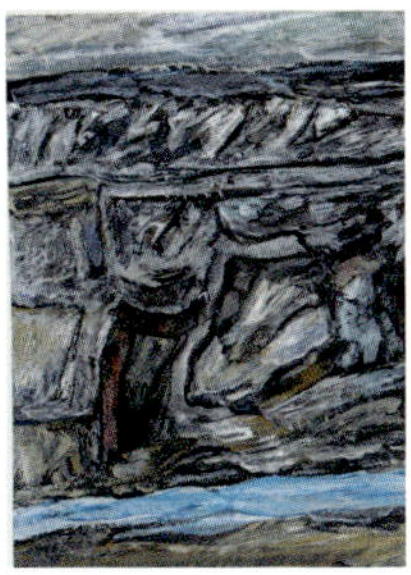

131. Sans titre - vers 1971
Huile sur papier journal préparé noir
H. 48 ; L. 34 cm
N.S.n.D
Hist. : Legs Michel Delporte en 2001
Inv. 2001-50-255

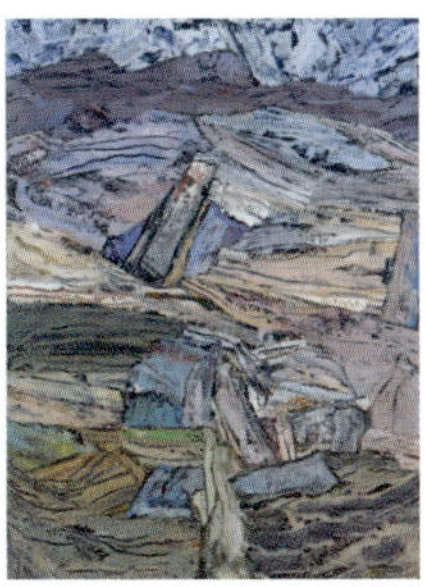

132. En gestation - vers 1971
Huile sur collage de papiers avec effets de grattage et de ciselures sur papier cartonné
H. 33 ; L. 24 cm
S.b.d sous la composition : *Michel Delporte*
T. au dos : *EN GESTATION*
Hist. : Legs Michel Delporte en 2001
Inv. 2001-50-258

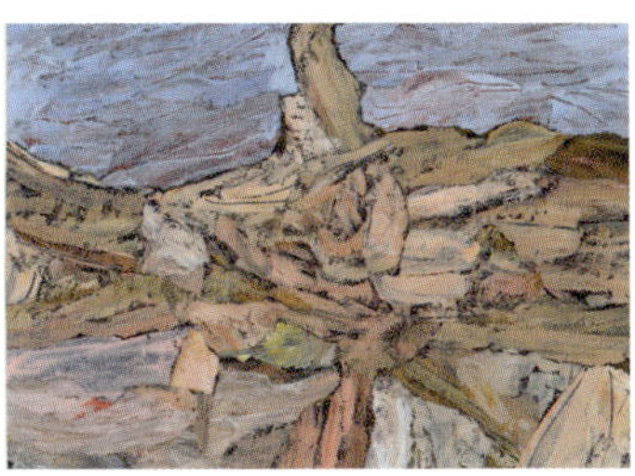

133. Touffeur - vers 1971
Huile sur collage de papiers sur papier cartonné
H. 24,5 ; L. 33 cm
S.b.d sous la composition : *Michel Delporte*
T. au dos : *TOUFFEUR*
Hist. : Legs Michel Delporte en 2001
Inv. 2001-50-262

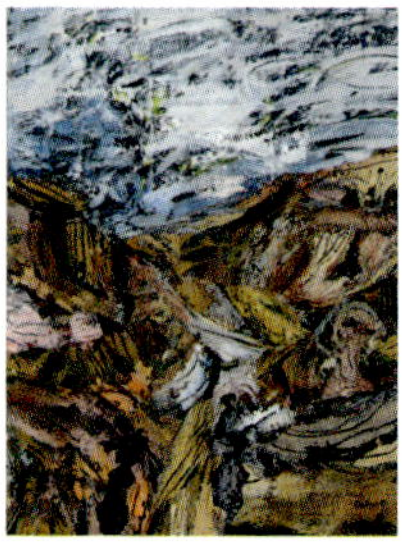

134. Sans titre - vers 1971
Huile sur collage d'héliogravures sur papier
H. 33 ; L. 24 cm
S.D.b.d : *Michel Delporte*
S.D.b.d sous le collage : *Michel Delporte*
Hist. : Legs Michel Delporte en 2001
Inv. 2001-50-123

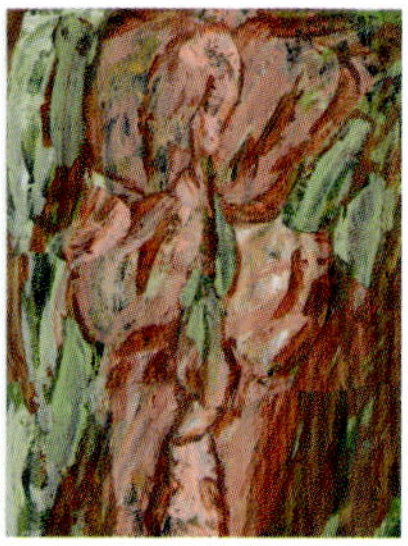

135. Promoncules - vers 1971
Huile sur collage de papiers collés
sur papier cartonné
H. 33 ; L. 24 cm
S.b.d sous la composition : *Michel Delporte*
T. au dos : *PROMONCULES*
Hist. : Legs Michel Delporte en 2001
Inv. 2001-50-256

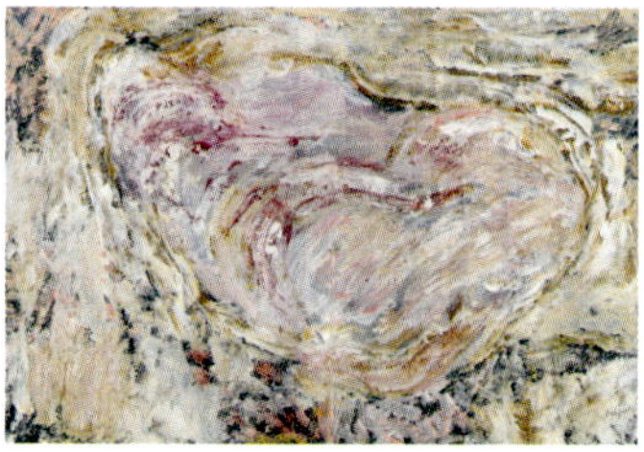

136. Sans titre - vers 1971
Huile sur papier journal préparé noir
H. 34 ; L. 47,8 cm
S.b.d : *Delporte*
Hist. : Legs Michel Delporte en 2001
Inv. 2001-50-252

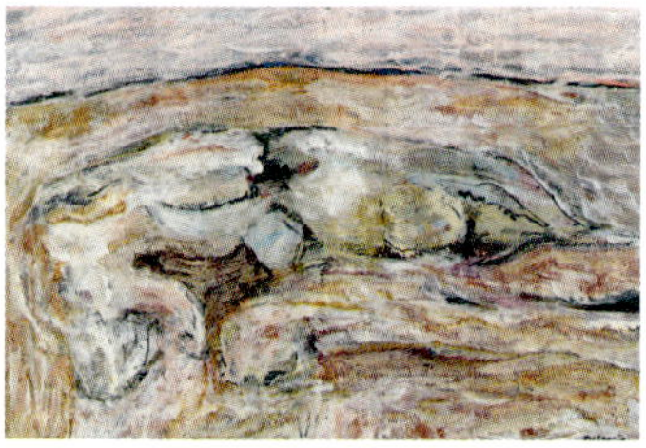

137. Sans titre - vers 1971
Huile sur papier journal préparé noir
H. 34 ; L. 48 cm
S.b.d : *Delporte*
Hist. : Legs Michel Delporte en 2001
Inv. 2001-50-253

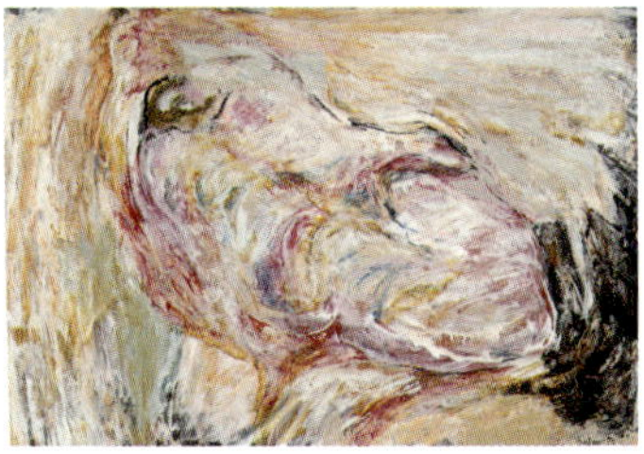

138. Sans titre - vers 1971
Huile sur papier journal préparé noir
H. 34 ; L. 48 cm
S.b.d : *Delporte*
Hist. : Legs Michel Delporte en 2001
Inv. 2001-50-254

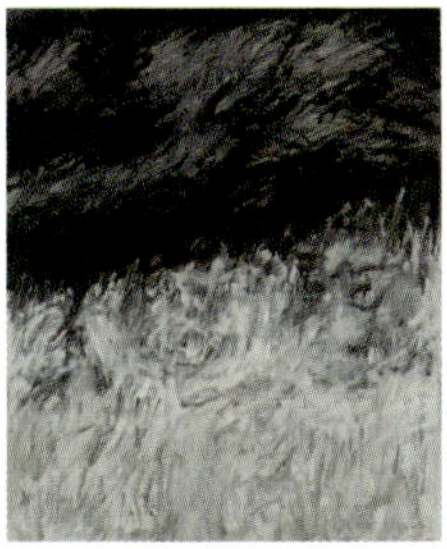

139. Diptyque : Prairie - 1973
Huile sur toile
H. 92 ; L. 73 cm
S.b.d : *Michel Delporte*
T. sur une étiquette au dos sur le châssis : *La Prairie*
Hist. : Legs Michel Delporte en 2001
Inv. 2001-50-151 (1)

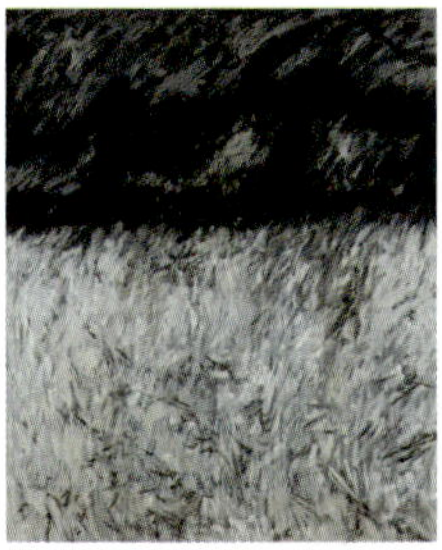

140. Diptyque : Pré - 1973
Huile sur toile
H. 92 ; L. 73 cm
S.b.d : *Michel Delporte*
T. sur une étiquette au dos sur le châssis : *Le Pré*
Hist. : Legs Michel Delporte en 2001
Inv. 2001-50-151 (2)

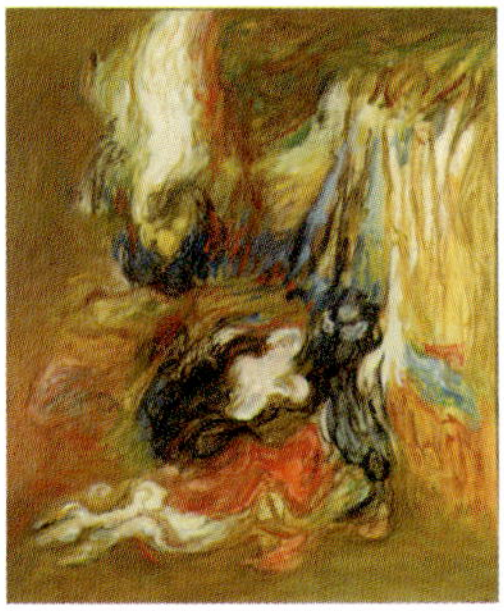

141. Gaieté de cœur - 1974
Huile sur toile
H. 100 ; L. 80,5 cm
S.b.d : *Delporte*
S.D.T au dos sur la toile : *Michel Delporte / 1974 / " GAIETE DE CŒUR "*
Hist. : Legs Michel Delporte en 2001
Inv. 2001-50-157

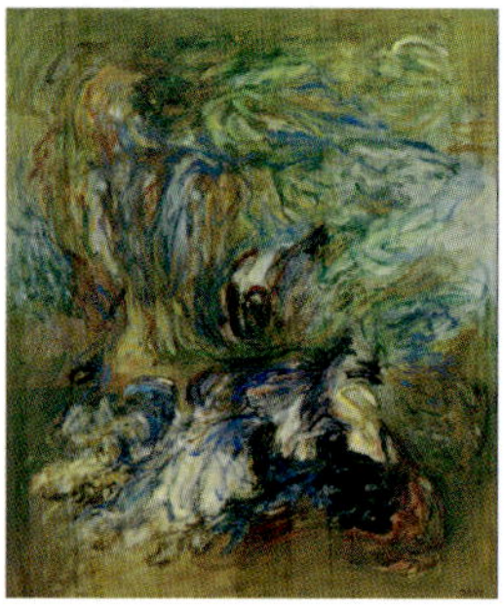

142. Les raisons du cœur - 1974
Huile sur toile
H. 100,5 ; L. 81 cm
S.b.d : *Delporte*
Inscr. au dos sur la toile : *Michel Delporte / 1974 / "LES RAISONS DU CŒUR"*
Hist. : Legs Michel Delporte en 2001
Inv. 2001-50-154

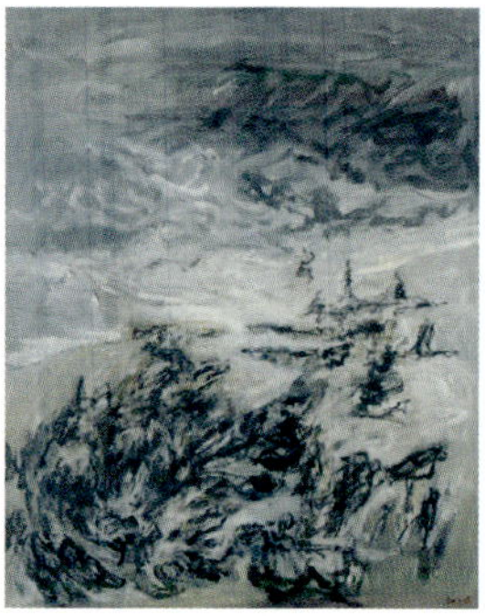

143. La Mécanique d'une plage - 1974
Huile sur toile
H. 92 ; L. 73 cm
S.b.d : *Delporte*
S.D.T au dos sur la toile : *Michel Delporte / 1974 / "LA MECANIQUE D'UNE PLAGE*
Hist. : Legs Michel Delporte en 2001
Inv. 2001-50-144

Fig. 41. Ci-contre :
Toréador (détail), 1967, cat. 115

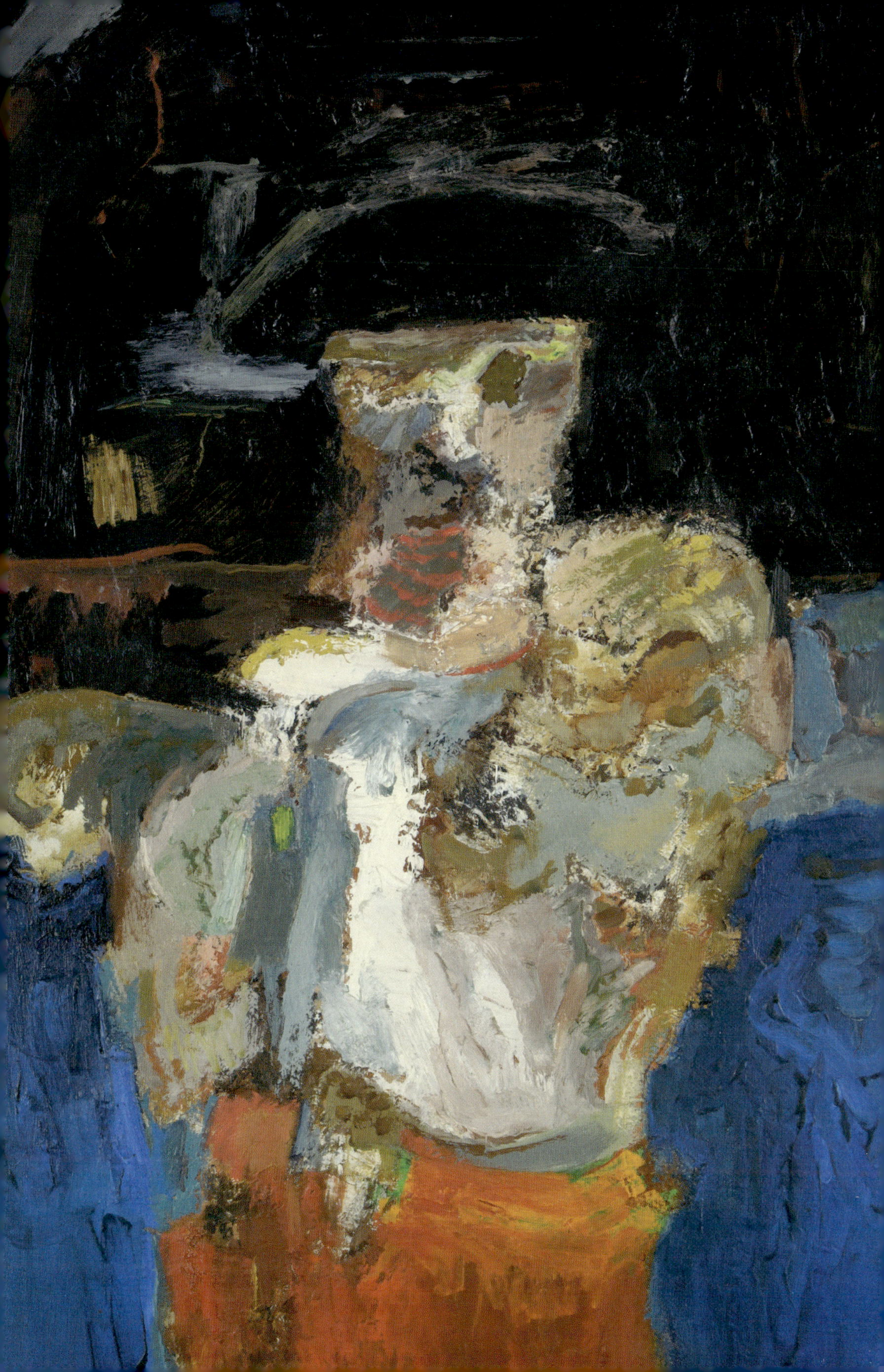

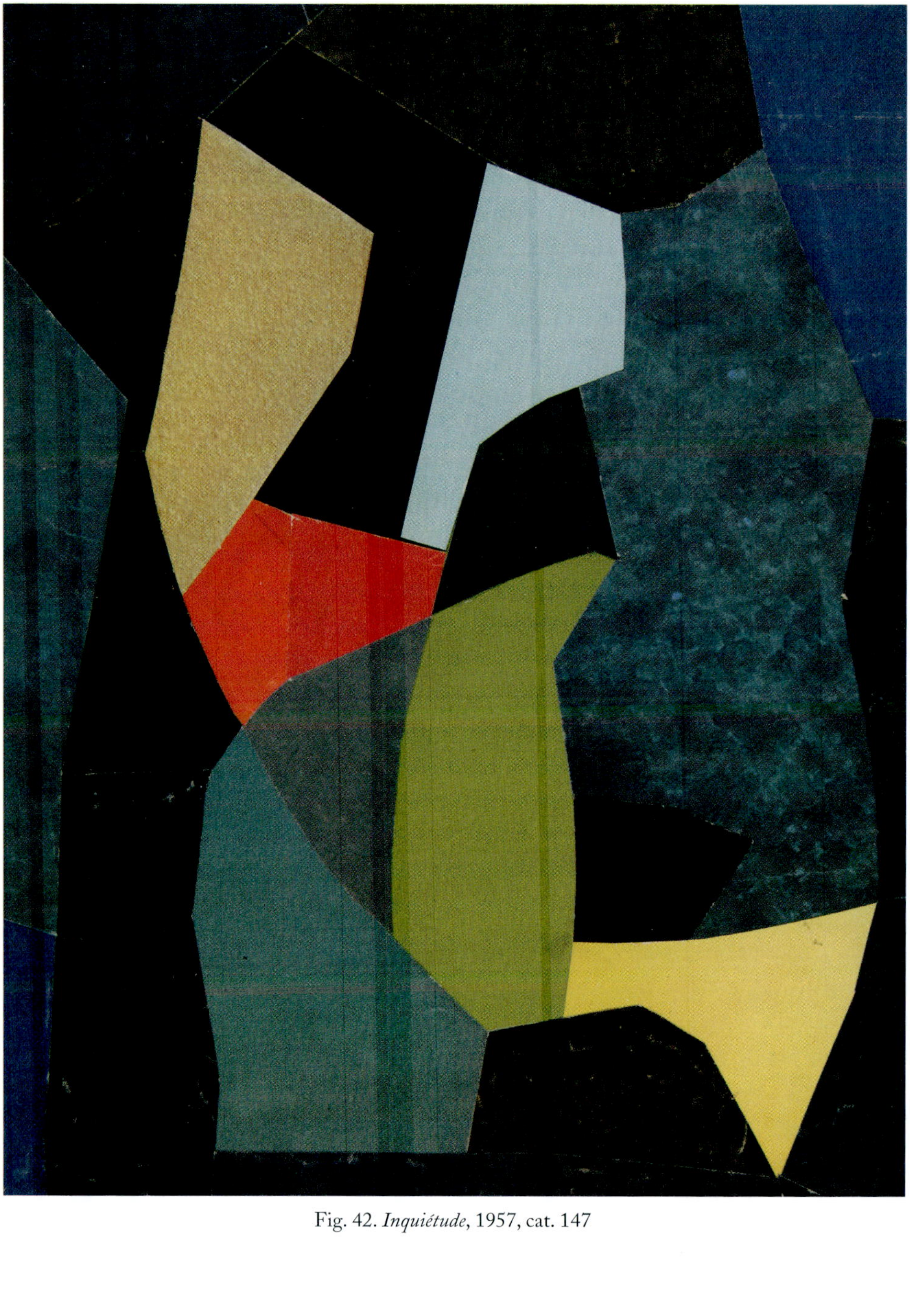

Fig. 42. *Inquiétude*, 1957, cat. 147

PAPIERS COLLÉS ET COLLAGES

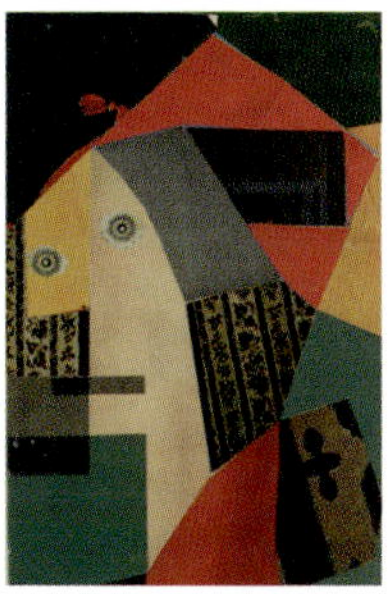

144. Tête - 1957
Collage d'héliogravures sur papier
H. 21 ; L. 14,8 cm (à vue)
S.D.b.d sous le collage : *Michel Delporte 11.12.57*
T. au dos : *Tête*
Hist. : Don de l'auteur en 1998
Inv. 998-21-2

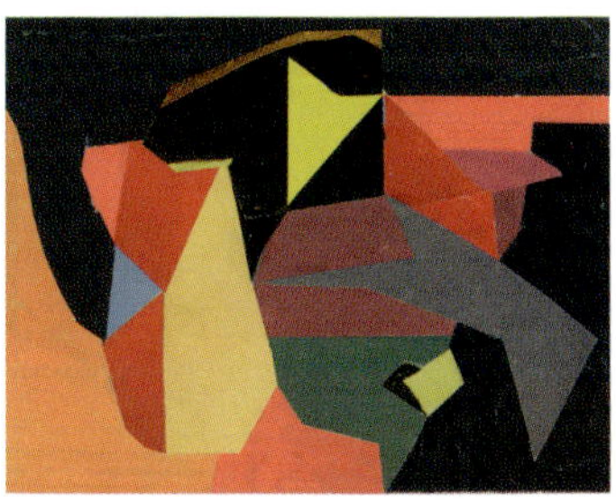

145. Choses - 1957
Collage d'héliogravures sur papier
H. 18,4 ; L. 23,4 cm
S.D.b.d sous le collage : *Michel Delporte 16.12.57*
T. au dos : *Choses*
Hist. : Legs Michel Delporte en 2001
Inv. 2001-50-320

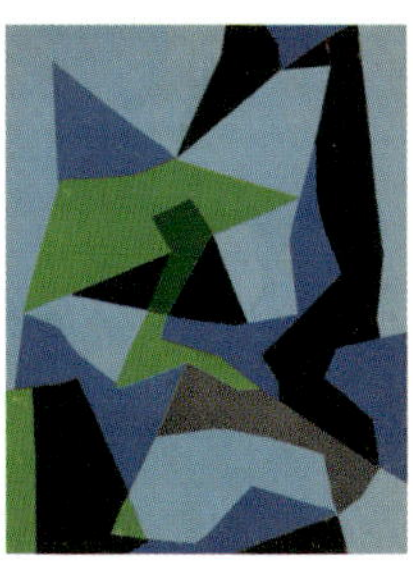

146. Naissance de la nuit - 1957
Collage d'héliogravures sur papier
H. 22,8 ; L. 17,2 cm
S.D.b.d sous le collage : *Michel Delporte 23.12.57*
T. au dos : *Naissance de la nuit*
Hist. : Legs Michel Delporte en 2001
Inv. 2001-50-321

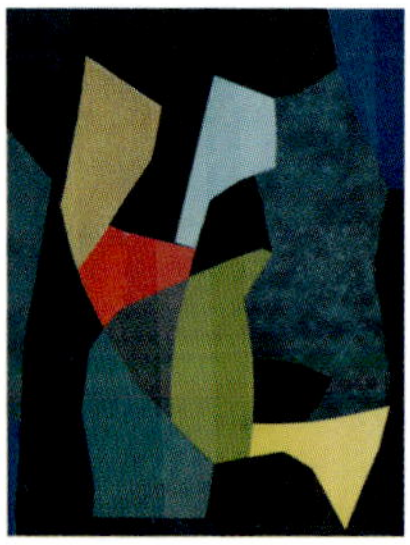

147. Inquiétude - 1957
Collage d'héliogravures sur papier
H. 26 ; L 19,3 cm
S.D.b.d sous le collage : *Michel Delporte 29.12.57*
T. au dos : *Inquiétude*
Hist. : Legs Michel Delporte en 2001
Inv. 2001-50-103

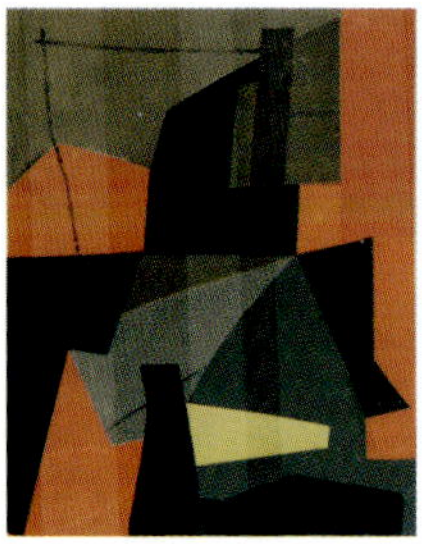

148. Épopée - 1957
Collage d'héliogravures sur papier
H. 24 ; L. 18,5 cm (à vue)
S.D.b.d sous le collage : *Michel Delporte 31.12.57*
T. au dos : *Epopée*
Hist. : Don de l'auteur en 1998
Inv. 998-21-8

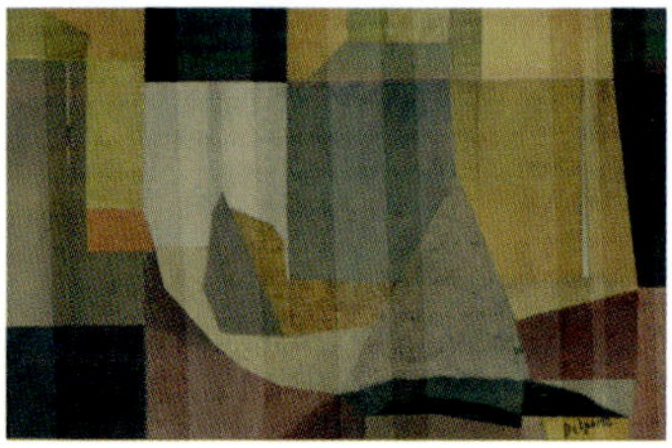

149. L'Ordre des choses - 1958
Collage d'héliogravures sur papier
H. 15 ; L. 23 cm (à vue)
S.b.d sous le collage : *Delporte*
S.T.D au dos : *Michel Delporte / L'Ordre des choses / 1958*
Hist. : Legs Michel Delporte en 2001
Inv. 2001-50-63

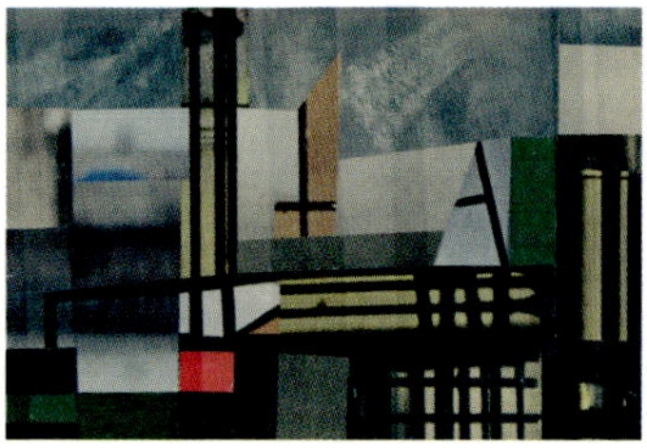

150. Chantier - 1958
Collage d'héliogravures sur papier
H. 18,5 ; L. 26 cm (à vue)
S.D.b.d sous le collage : *Michel Delporte 20.1.58*
T. au dos : *Chantier*
Hist. : Don de l'auteur en 1998
Inv. 998-21-3

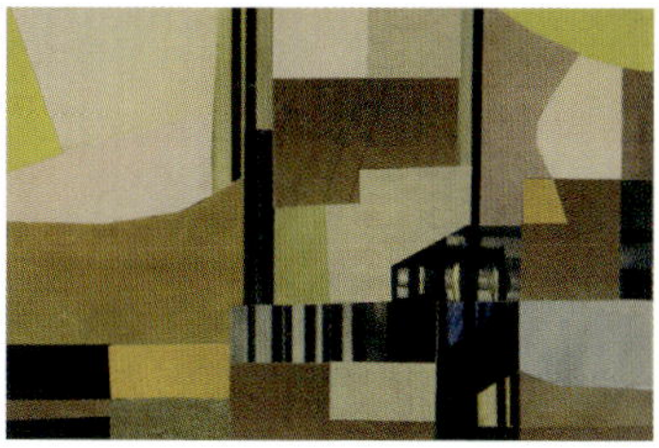

151. Chantier - 1958
Collage d'héliogravures sur papier
H. 18 ; L. 25 cm
S.D.b.d sous le collage : *Michel Delporte 20.1.58*
T. au dos : *Chantier*
Hist. : Don de l'auteur en 1998
Inv. 998-21-4

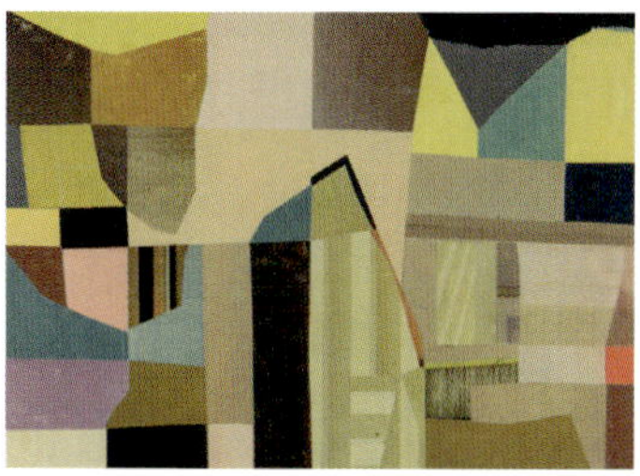

152. Pour mêler - 1958
Collage d'héliogravures sur papier
H. 18 ; L. 24 cm
S.D.b.d sous le collage : *Michel Delporte 17.3.58*
T. au dos : *Pour mêler*
Hist. : Legs Michel Delporte en 2001
Inv. 2001-50-112

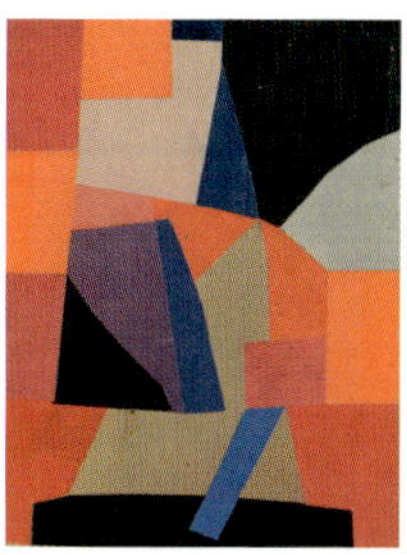

153. Éclat - 1958
Collage d'héliogravures sur papier
H. 22,5 ; L. 17 cm
S.D.b.d sous le collage : *Michel Delporte 7.5.58*
T. au dos : *Eclat*
Hist. : Legs Michel Delporte en 2001
Inv. 2001-50-322

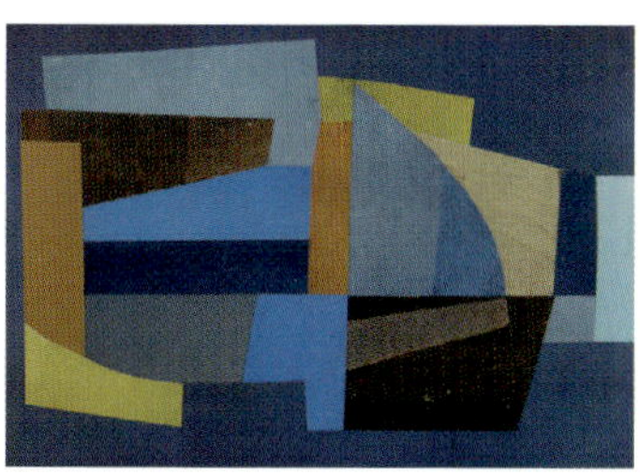

154. Préceptes - 1958
Collage d'héliogravures sur papier
H. 19 ; L. 26 cm
S.D.b.d sous le collage : *Michel Delporte 7.5.58*
T. au dos : *Préceptes*
Hist. : Don de l'auteur en 1998
Inv. 998-21-7

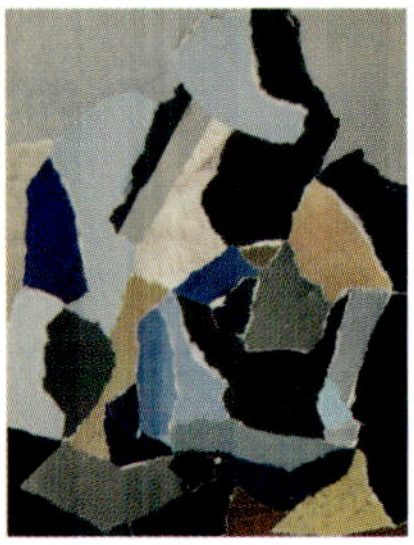

155. Sans titre - 1958
Collage d'héliogravures sur papier
H. 23,7 ; L. 17,5 cm
S.D.b.d sous le collage : *Michel Delporte 21.6.58*
Hist. : Legs Michel Delporte en 2001
Inv. 2001-50-99

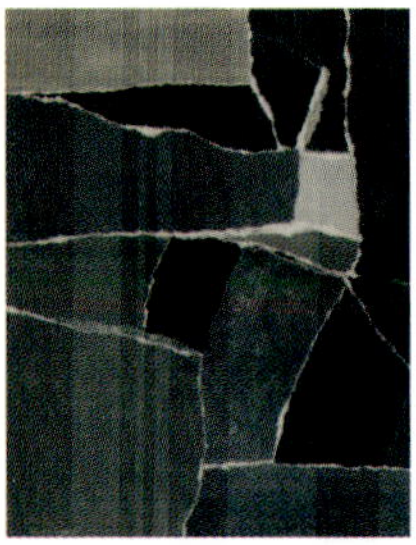

156. Traverser - 1958
Collage d'héliogravures sur papier
H. 21,8 ; L. 16,7 cm
S.D.b.d sous le collage : *Michel Delporte 13.11.58*
T. au dos : *Traverser*
Hist. : Legs Michel Delporte en 2001
Inv. 2001-50-100

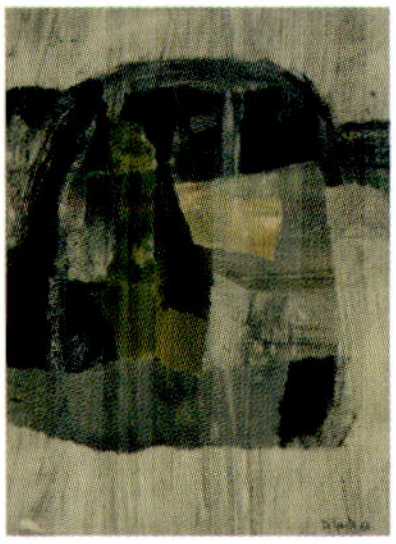

157. Longtemps captif - 1958
Collage d'héliogravures sur papier
H. 23 ; L. 15 cm (à vue)
S.D.b.d : *Michel Delporte 19.11.58*
T. au dos : *Longtemps captif*
Hist. : Don de l'auteur en 1998
Inv. 998-21-17

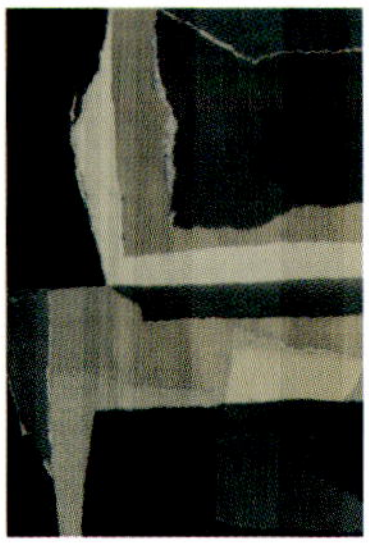

158. Sans titre - 1958
Collage d'héliogravures sur papier
H. 21 ; L. 14,3 cm
S.D.b.d sous le collage : *Delporte 19.11.58*
Hist. : Don de l'auteur en 1998
Inv. 998-21-16

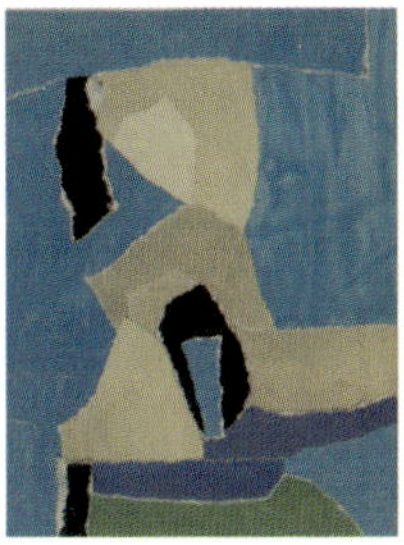

159. Être un enfant - 1958
Collage d'héliogravures sur papier
H. 20 ; L. 14,5 cm
S.D.b.d sous le collage : *Michel Delporte 15.12.58*
T. au dos : *Etre un enfant*
Hist. : Don de l'auteur en 1998
Inv. 998-21-1

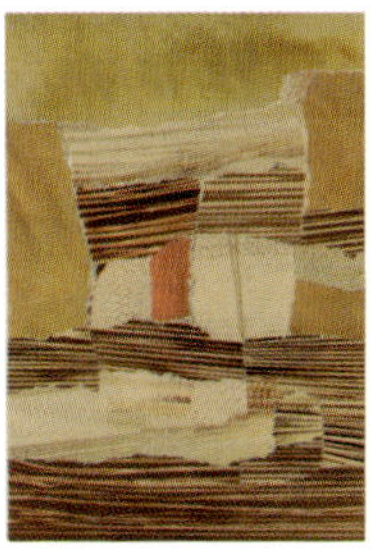

160. Sans titre - 1959
Collage d'héliogravures sur papier
H. 22,5 ; L. 14,5 cm
S.D.b.d sous le collage : *Michel Delporte 20 janv. 1959*
Hist. : Legs Michel Delporte en 2001
Inv. 2001-50-176

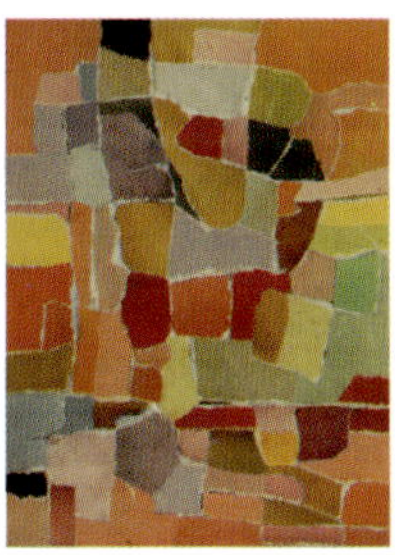

161. Évidence - 1959
Collage d'héliogravures sur papier
H. 26,5 ; L. 19,5 cm
S.D.b.d sous le collage : *Michel Delporte Mars 1959*
T. au dos : *Evidence*
Hist. : Don de l'auteur en 1998
Inv. 998-21-6

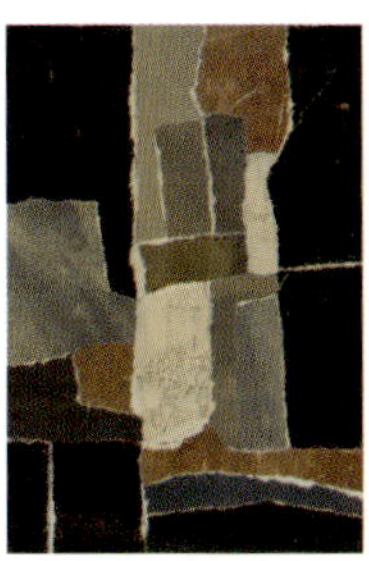

162. Sans titre - 1959
Collage d'héliogravures sur papier
H. 36,8 ; L. 31 cm
S.D.b.d sous le collage : *Michel Delporte 7.3.59*
Hist. : Don de Mesdames Heems, Fix et Bracq en 2005
Inv. 2005-3-6

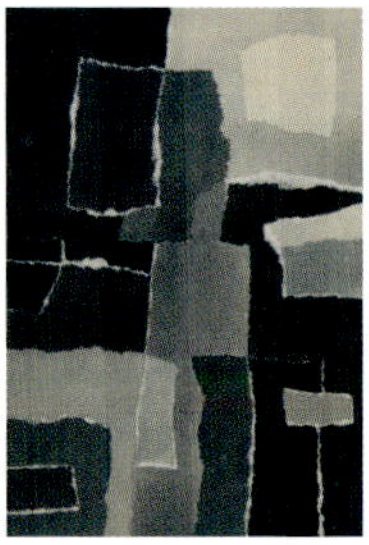

163. Partage - 1959
Collage d'héliogravures sur papier
H. 22,2 ; L. 14,5 cm
S.D.b.d sous le collage : *Michel Delporte 8.3.59*
T. au dos : *PARTAGE*
Hist. : Legs Michel Delporte en 2001
Inv. 2001-50-107

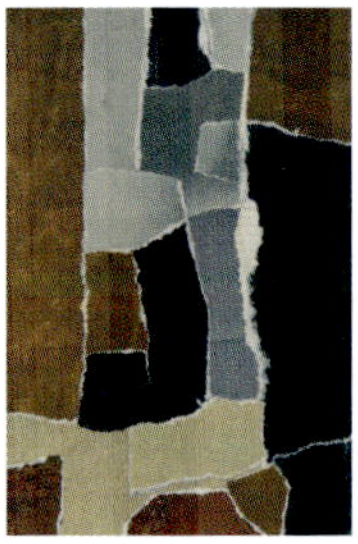

164. Sans titre - 1959
Collage d'héliogravures sur papier
H. 37 ; L. 30,5 cm
S.D.b.d : *Michel Delporte Mai 1959*
Hist. : Don de Mesdames Heems, Fix et Bracq en 2005
Inv. 2005-3-5

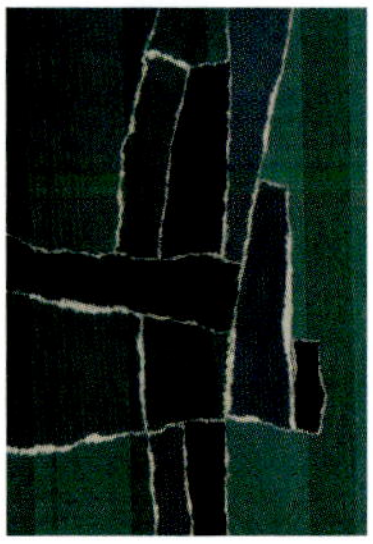

165. Sans titre - 1959
Collage d'héliogravures sur papier
H. 21 ; L. 14,2 cm
S.D.b.d : *Michel Delporte Août 1959*
Hist. : Don de l'auteur en 1998
Inv. 998-21-15

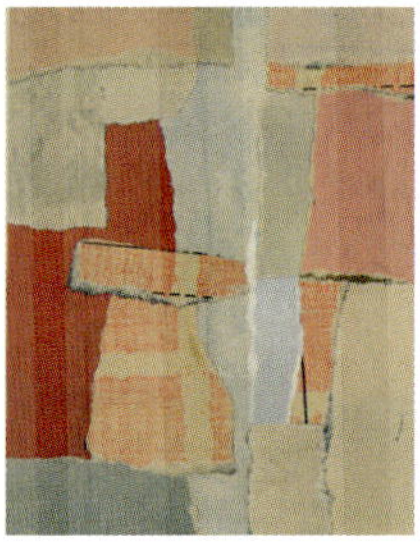

166. Piazza - 1959
Collage d'héliogravures sur papier
H. 19,5 ; L. 14,5 cm
T.b.g : *Piazza*
S.D.b.d sous le collage : *Michel Delporte Août 1959*
Hist. : Legs Michel Delporte en 2001
Inv. 2001-50-137

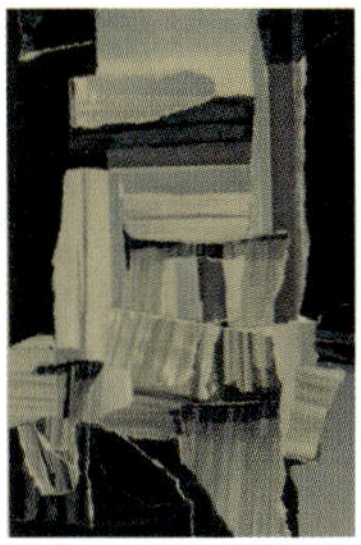

167. Sans titre - 1960
Collage d'héliogravures sur papier
H. 22,5 ; L. 15 cm
S.D.b.d sous le collage : *Michel Delporte 28.2.60*
Hist. : Legs Michel Delporte en 2001
Inv. 2001-50-175

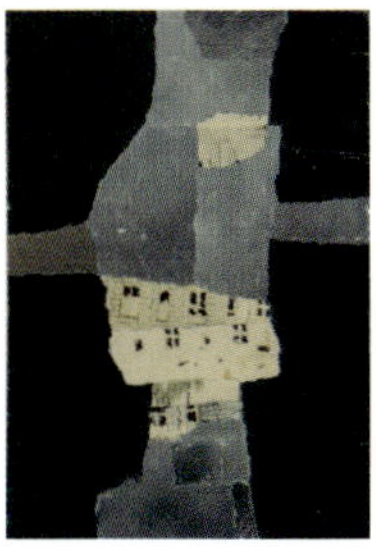

168. Habité - 1961
Collage d'héliogravures sur papier
H. 20,5 ; L. 13,5 cm
S.D.b.d sous le collage : *Michel Delporte Janv. 1961*
Hist. : Don de l'auteur en 1998
Inv. 998-21-10

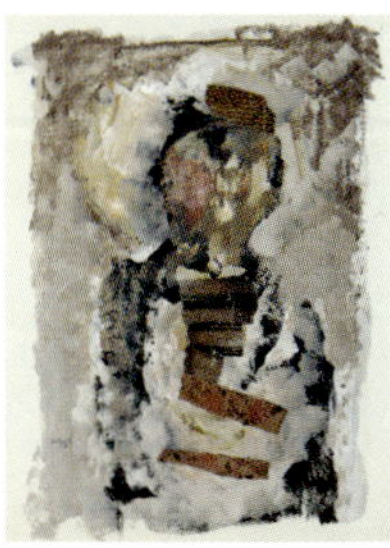

169. Personnage - 1962
Gouache et collage d'héliogravures sur papier
H. 32 ; L. 24,8 cm
S.D.b.g sous le collage : *Delporte / 62*
T. au dos : *Personnage*
Hist. : Legs Michel Delporte en 2001
Inv. 2001-50-235

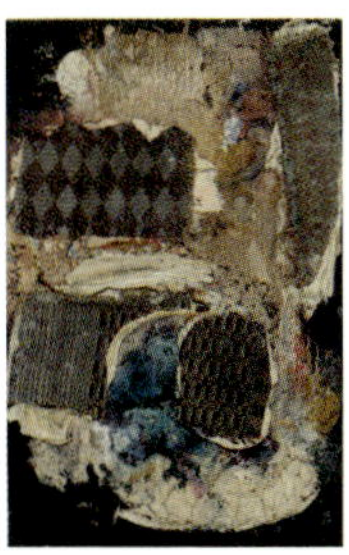

170. Sans titre - vers 1962
Collage de tissu avec peinture à l'huile sur papier
H. 27,5 ; L. 17,5 cm
N.S.n.D
Hist. : Legs Michel Delporte en 2001
Inv. 2001-50-323

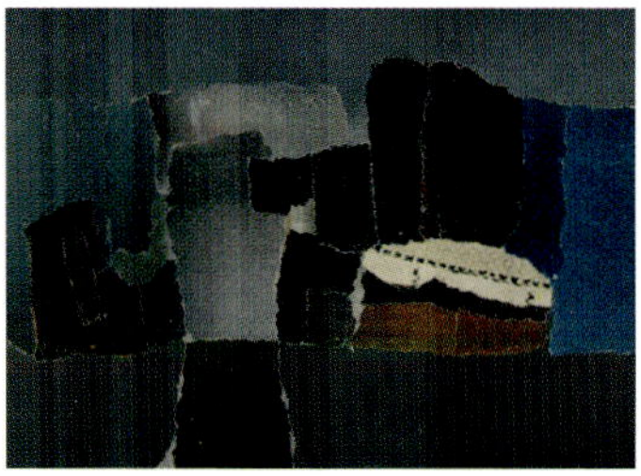

171. Intérieur - 1964
Collage d'héliogravures sur papier
H. 17,5 ; L. 23,8 cm
T.b.g : *INTÉRIEUR*
S.D.b.d sous le collage : *Michel Delporte 1964*
T. au dos : *Intérieur*
Hist. : Legs Michel Delporte en 2001
Inv. 2001-50-110

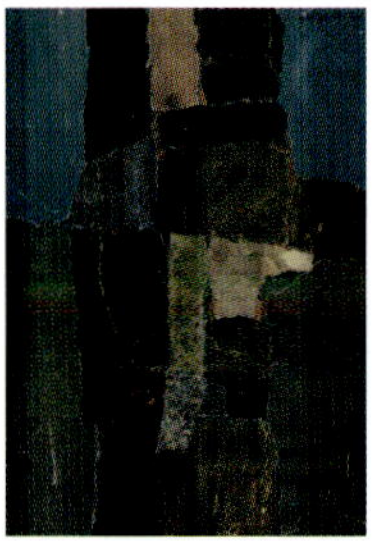

172. Le Soir se pose - 1964
Collage d'héliogravures sur papier
H. 19,5 ; L. 13,3 cm
S.D.h.d : *Delporte 64*
T. au dos : *Le soir se pose*
Hist. : Legs Michel Delporte en 2001
Inv. 2001-50-93

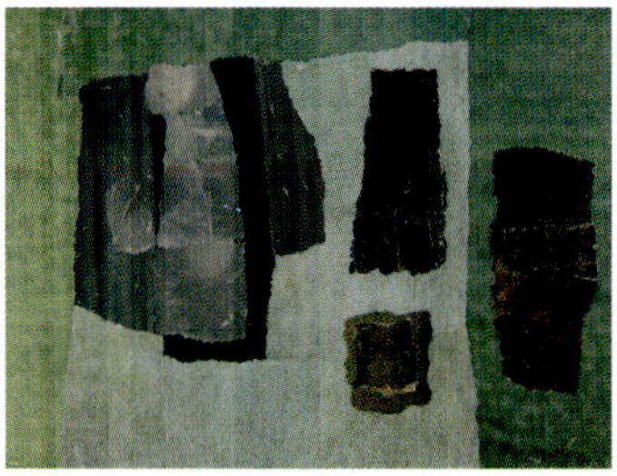

173. Vas-tu le dire - 1964
Collage d'héliogravures sur papier
H. 14,7 ; L. 19,5 cm
S.D.b.d : *Delporte 64*
T. au dos : *Vas-tu le dire*
Hist. : Legs Michel Delporte en 2001
Inv. 2001-50-94

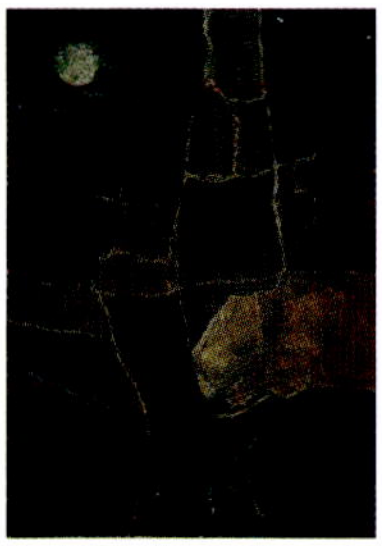

174. Il se fait tard - 1964
Collage d'héliogravures sur papier
H. 20,3 ; L. 14,3 cm
T.b.g : *IL SE FAIT TARD*
S.D.b.d sous le collage : *Michel Delporte 1964*
Hist. : Don de l'auteur en 1998
Inv. 998-21-12

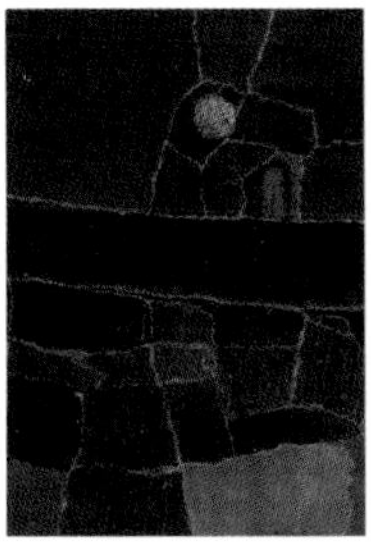

175. Quand c'est l'heure - 1964
Collage d'héliogravures sur papier
H. 20,8 ; L. 14,2 cm
T.b.g : *Quand c'est l'heure*
S.D.b.d sous le collage : *Michel Delporte 1964*
T. au dos : *Quand c'est l'heure*
Hist. : Legs Michel Delporte en 2001
Inv. 2001-50-95

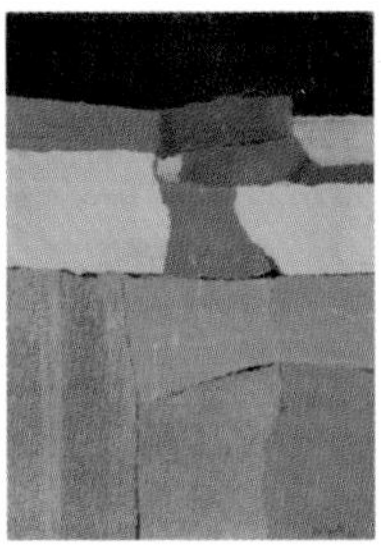

176. En un temps - 1964
Collage d'héliogravures sur papier
H. 21 ; L. 14,3 cm
S.D.b.d : *Delporte 64*
T. au dos : *EN UN TEMPS*
Hist. : Don de l'auteur en 1998
Inv. 998-21-13

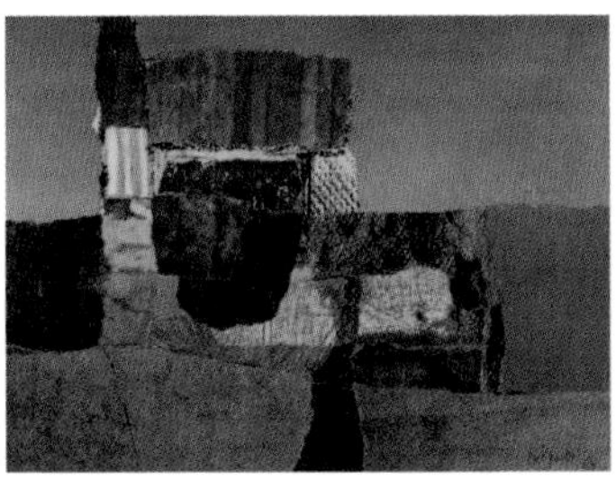

177. Quelque part - 1964
Collage d'héliogravures sur papier
H. 16,4 ; L. 21,2 cm
S.D.b.d : *Delporte 64*
T. au dos : *QUELQUE PART*
Hist. : Don de l'auteur en 1998
Inv. 998-21-11

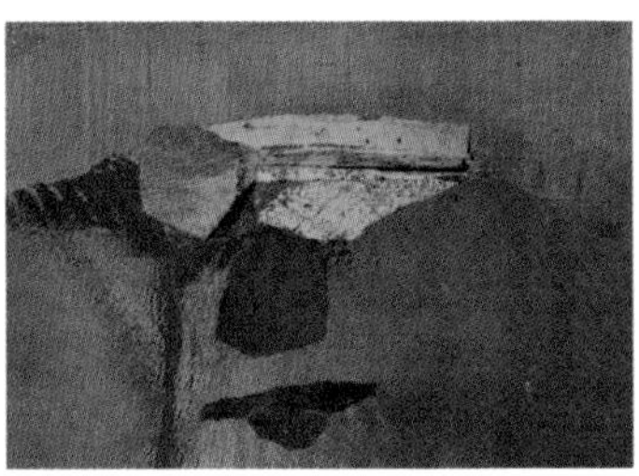

178. Après le cataclysme - vers 1964
Collage d'héliogravures sur papier
H. 18 ; L. 24,7 cm
S.b.d sous le collage : *Michel Delporte*
T. au dos : *Après le cataclysme*
Hist. : Legs Michel Delporte en 2001
Inv. 2001-50-114

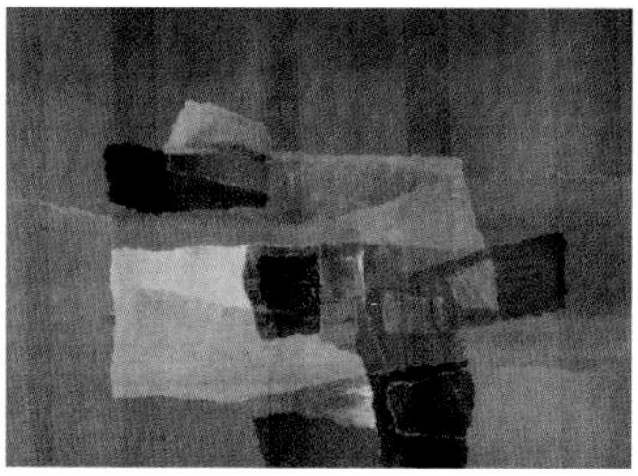

179. Tout devient léger - vers 1964
Collage d'héliogravures sur papier
H. 16,7 ; L. 22 cm
S.b.d sous le collage : *Michel Delporte*
T. au dos : *Tout devient léger*
Hist. : Legs Michel Delporte en 2001
Inv. 2001-50-102

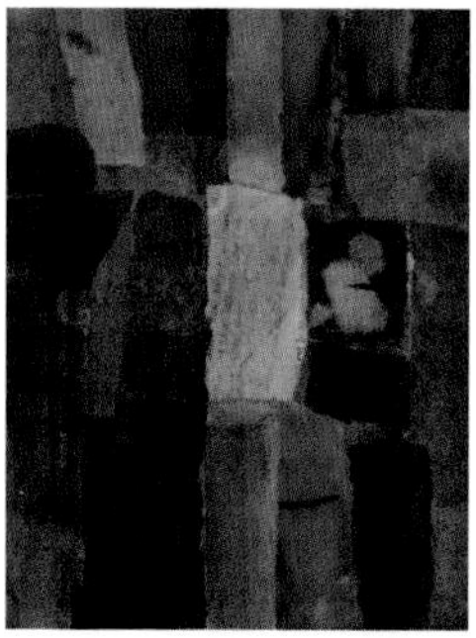

180. Scripta momenta - vers 1964
Collage d'héliogravures sur papier
H. 20,7 ; L. 15,5 cm
S.b.d sous le collage : *Michel Delporte*
T. au dos : *Scripta momenta*
Hist. : Legs Michel Delporte en 2001
Inv. 2001-50-98

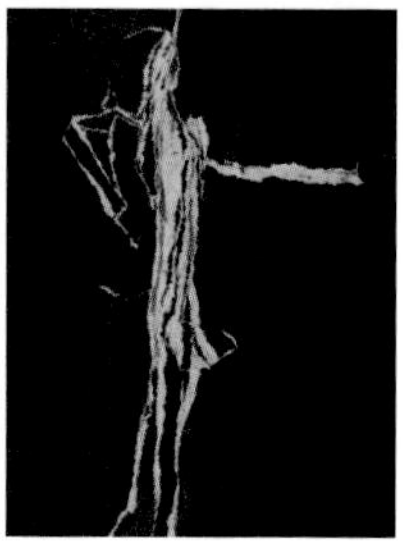

181. Danseuse antique - vers 1964
Collage d'héliogravures sur papier
H. 23,2 ; L. 17 cm
S.b.d sous le collage : *Michel Delporte*
T. au dos : *DANSEUSE ANTIQUE*
Hist. : Legs Michel Delporte en 2001
Inv. 2001-50-105

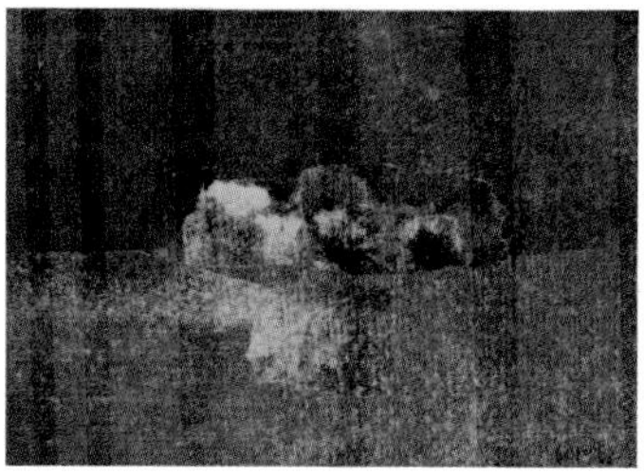

182. Illusions - 1965
Collage d'héliogravures sur papier
H. 16,6 ; L. 22,4 cm
S.D.b.d : *Delporte 65*
T. au dos : *Illusions*
Hist. : Legs Michel Delporte en 2001
Inv. 2001-50-101

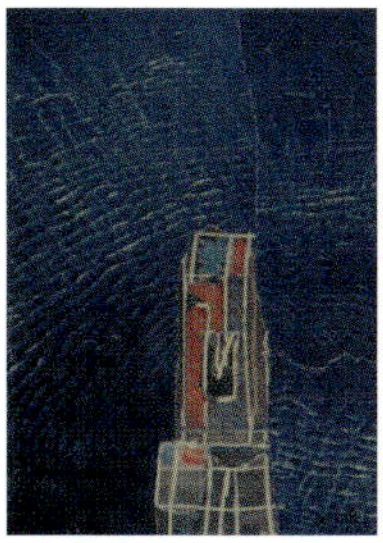

183. Éperdu - 1965
Collage d'héliogravures sur papier
H. 21 ; L. 14,5 cm (à vue)
T.b.g : *EPERDU*
S.D.b.d sous le collage : *Michel Delporte 1965*
T. au dos : *Eperdu*
Hist. : Don de l'auteur en 1998
Inv. 998-21-5

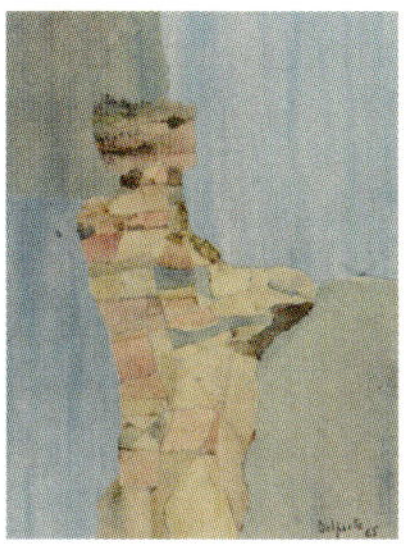

184. Offrande - 1965
Collage d'héliogravures sur papier
H. 20 ; L. 14,5 cm
S.D.b.d : *Delporte / 65*
T. au dos : *OFFRANDE*
Hist. : Don de l'auteur en 1998
Inv. 998-21-14

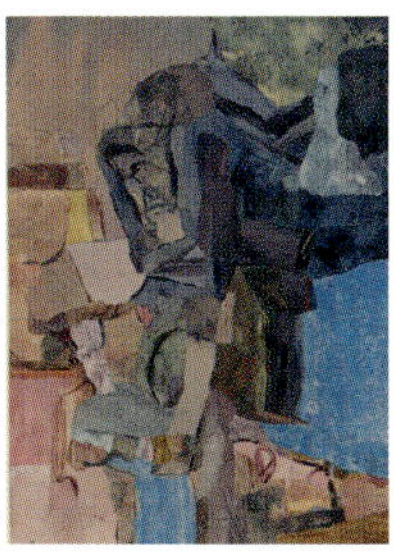

185. Obstination dans le désaccord - 1967
Collage d'héliogravures sur papier
H. 48 ; L. 33,7 cm
S.D.b.g : *Delporte / 67*
T. en dessous de la composition : *Obstination dans le désaccord*
Hist. : Legs Michel Delporte en 2001
Inv. 2001-50-295

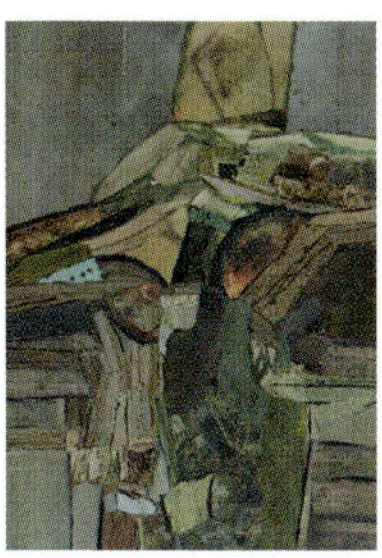

186. Écorché d'une émotion - 1968
Collage d'héliogravures sur papier
H. 48 ; L. 34 cm
S.D.b.d : *Delporte / 68*
T. au dos : *Ecorché d'une émotion*
Hist. : Legs Michel Delporte en 2001
Inv. 2001-50-297

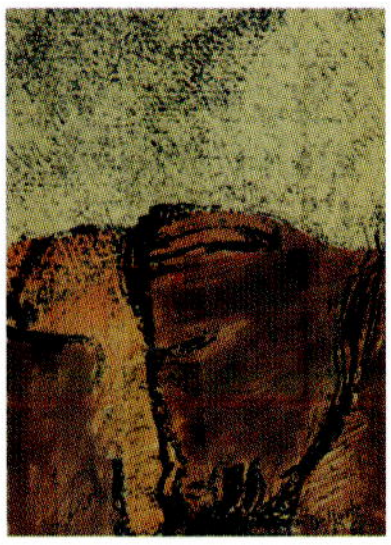

187. Origine - 1968
Collage d'héliogravures rehaussé de craie grasse sur papier
H. 19,4 ; L. 13,8 cm
S.D.b.d : *Delporte / 68*
T. au dos : *ORIGINE*
Hist. : Don de l'auteur en 1998
Inv. 998-21-9

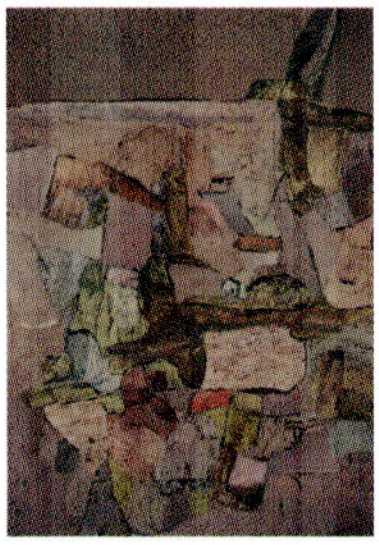

188. Monts et merveilles - 1969
Collage d'héliogravures sur papier
H. 47 ; L. 32,5 cm (à vue)
S.D.b.d : *Delporte / 69*
T. au dos : *MONTS ET MERVEILLES*
Hist. : Legs Michel Delporte en 2001
Inv. 2001-50-159

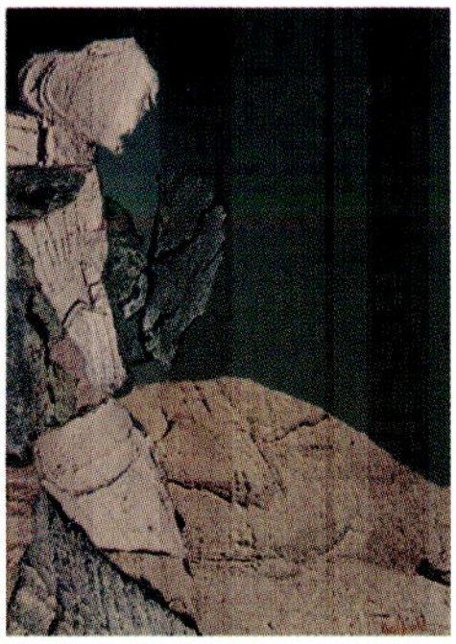

189. Ceci est son corps - 1971
Collage d'héliogravures sur papier
H. 23,2 ; L. 16,3 cm
S.D.b.d : *Delporte / 71*
T.D. au dos : *Ceci est son corps / déc 1971*
Hist. : Legs Michel Delporte en 2001
Inv. 2001-50-192

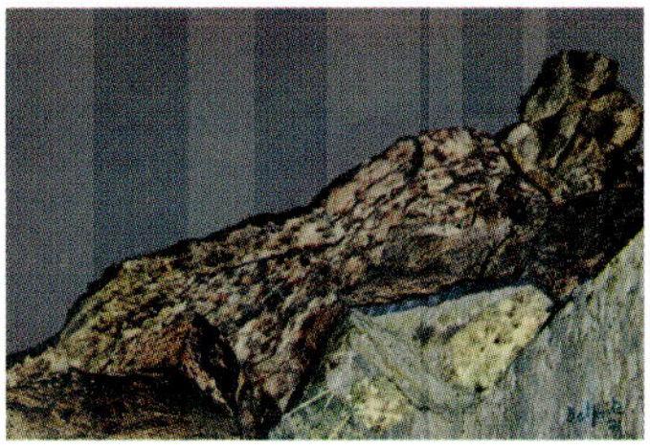

190. D'un matin - 1971
Collage d'héliogravures sur papier
H. 16 ; L. 23 cm
S.D.b.d : *Delporte / 71*
T.D. au dos : *D'un matin / déc 1971*
Hist. : Legs Michel Delporte en 2001
Inv. 2001-50-193

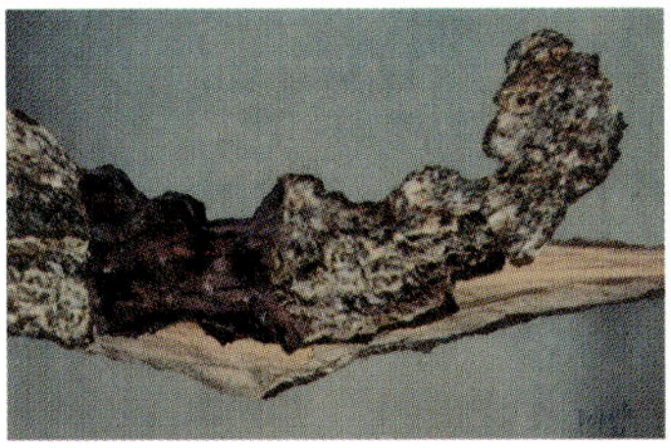

191. Par charmes et par caprices - 1971
Collage d'héliogravures sur papier
H. 16,2 ; L. 23 cm
S.D.b.d : *Delporte / 71*
T.D. au dos : *Par charmes et par caprices / déc 1971*
Hist. : Legs Michel Delporte en 2001
Inv. 2001-50-191

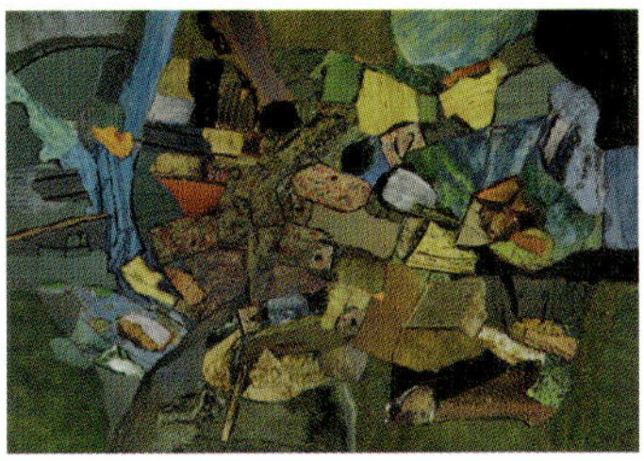

192. Les instruments du naturel - 1972
Collage d'héliogravures sur papier
H. 34 ; L. 48 cm
S.D.b.d : *Delporte / 72*
T.b.m sous le collage : *Les instruments du naturel*
T. au dos : *LES INSTRUMENTS DU NATUREL*
Inscr. au dos : *3*
Hist. : Legs Michel Delporte en 2001
Inv. 2001-50-243

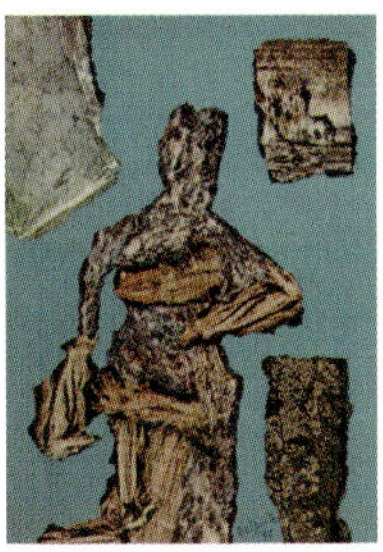

193. Sans titre - 1972
Collage d'héliogravures sur papier
H. 23 ; L. 16 cm
S.D.b.v.d : *Delporte / 72*
Hist. : Legs Michel Delporte en 2001
Inv. 2001-50-194

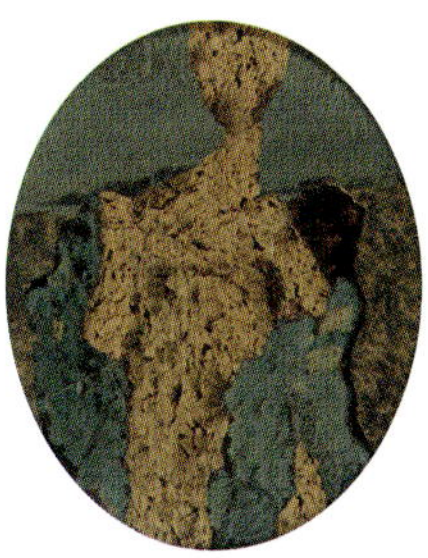

194. Sans titre - vers 1972
Collage d'héliogravures sur papier dans un médaillon ovale
H. 16,2 ; L. 12,7 cm
N.S.n.D
Réutilisation d'un cadre qui comporte une inscription au dos : *"SOUVENIR DE / ROSALIE STEUVE DÉCÉDÉE LE 29 DÉCEMBRE 1904 DANS SA / 54e ANNÉE"*
Hist. : Legs Michel Delporte en 2001
Inv. 2001-50-143

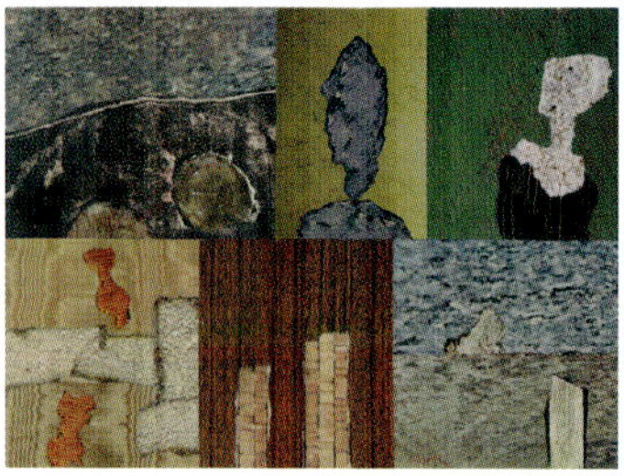

195. Sans titre - 1972
Collage d'héliogravures sur papier
H. 30 ; L. 39,7 cm
S.D.b.v.d : *Delporte / 72*
Hist. : Legs Michel Delporte en 2001
Inv. 2001-50-242

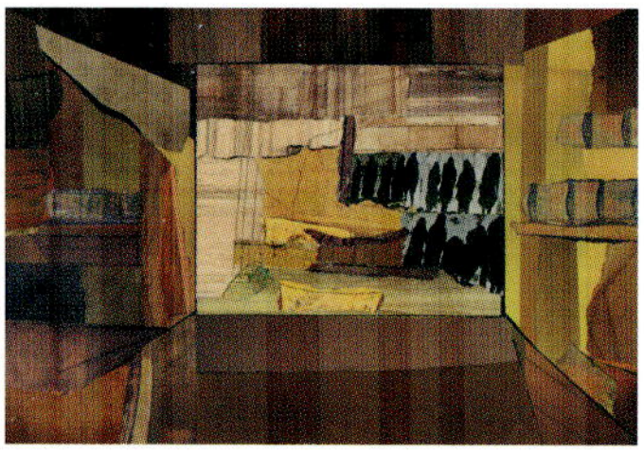

196. Entrée du chœur - vers 1972
Collage d'héliogravures sur papier
H. 34 ; L. 49 cm
T. en dessous de la composition :
Entrée du chœur
Calculs annotés sur la gauche
Hist. : Legs Michel Delporte en 2001
Inv. 2001-50-292

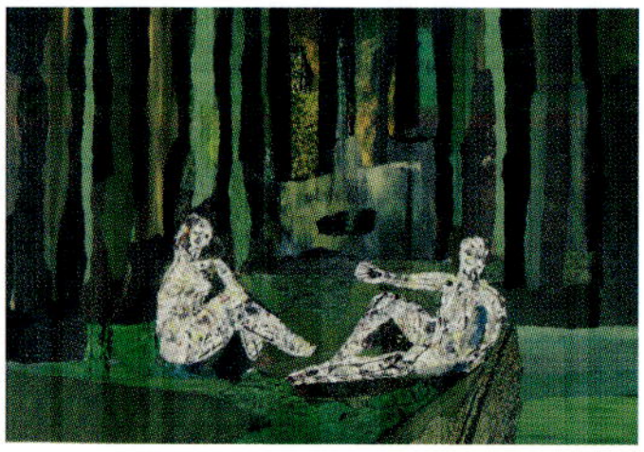

197. Déjeuner sur l'herbe - vers 1972
Collage d'héliogravures sur papier
H. 34,7 ; L. 49,5 cm
N.S.n.D
Hist. : Legs Michel Delporte en 2001
Inv. 2001-50-294

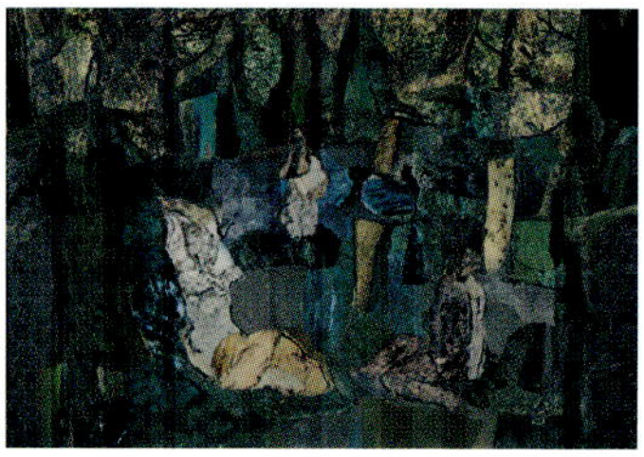

198. Déjeuner sur l'herbe - vers 1972
Collage d'héliogravures sur papier
H. 33 ; L. 46,5 cm
S.b.d : *Michel Delporte*
Hist. : Legs Michel Delporte en 2001
Inv. 2001-50-167

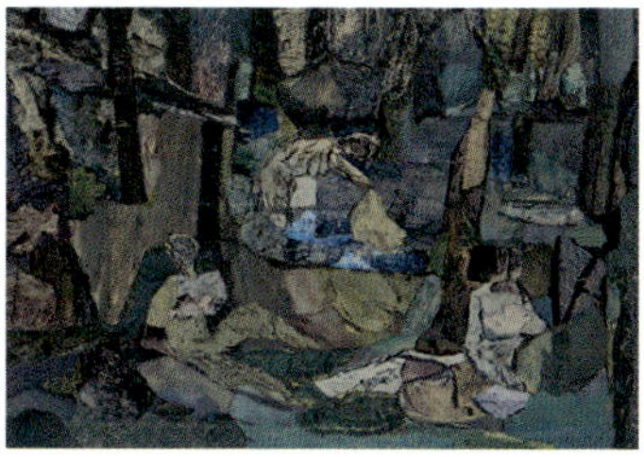

199. L'après-midi d'un faune - vers 1972
Collage d'héliogravures sur papier
H. 33 ; L. 46,5 cm
S.b.d : *Michel Delporte*
T. au dos : *L'après midi d'un faune*
Hist. : Legs Michel Delporte en 2001
Inv. 2001-50-166

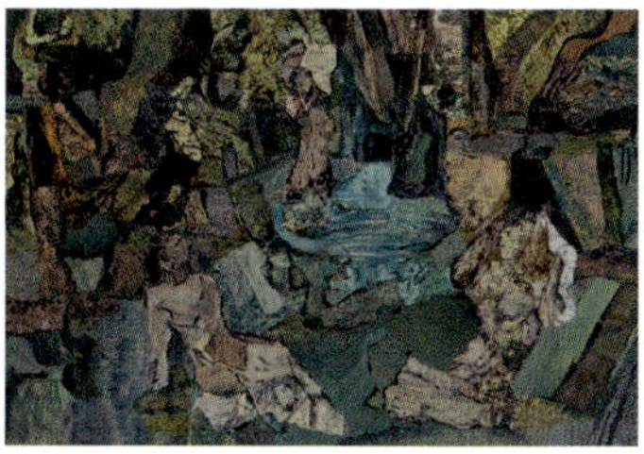

200. Déjeuner sur l'herbe - vers 1972
Collage d'héliogravures sur papier
H. 33 ; L. 46,5 cm
S.b.d : *Michel Delporte*
Hist. : Legs Michel Delporte en 2001
Inv. 2001-50-165

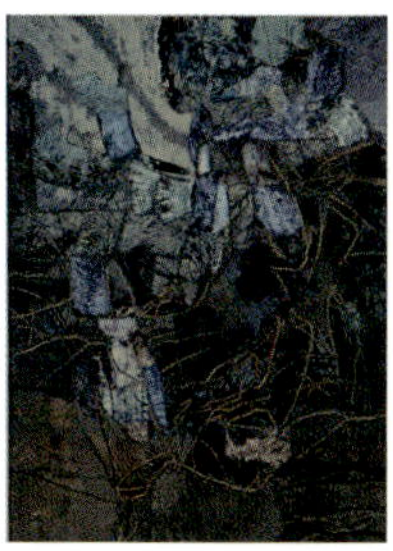

201. Sans titre - vers 1972
Collage d'héliogravures sur papier
H. 48 ; L. 33 cm
N.S.n.D
Hist. : Legs Michel Delporte en 2001
Inv. 2001-50-161

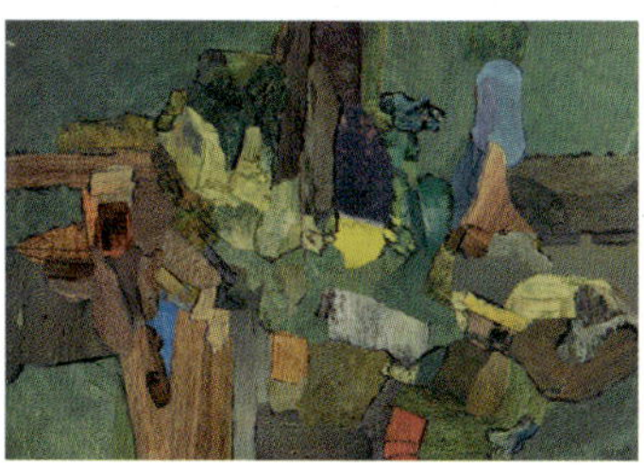

202. Sans titre - 1973
Collage d'héliogravures sur papier
H. 34 ; L. 48 cm
S.D.b.d : *Delporte / 73*
Hist. : Legs Michel Delporte en 2001
Inv. 2001-50-244

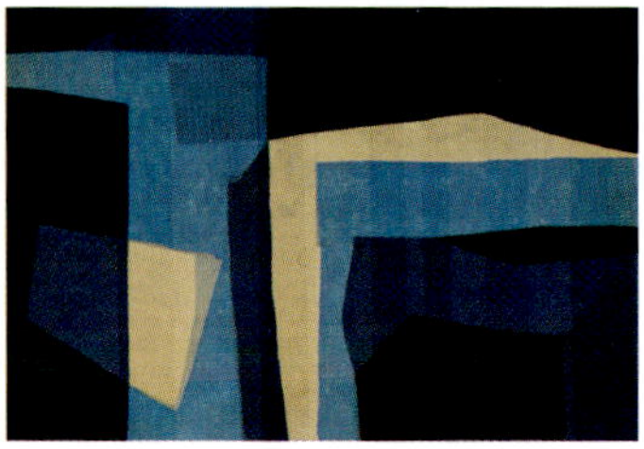

203. Sans titre - vers 1974
Collage de papiers intissés de différentes couleurs sur papier
H. 43 ; L. 63 cm
N.S.n.D
Hist. : Legs Michel Delporte en 2001
Inv. 2001-50-286

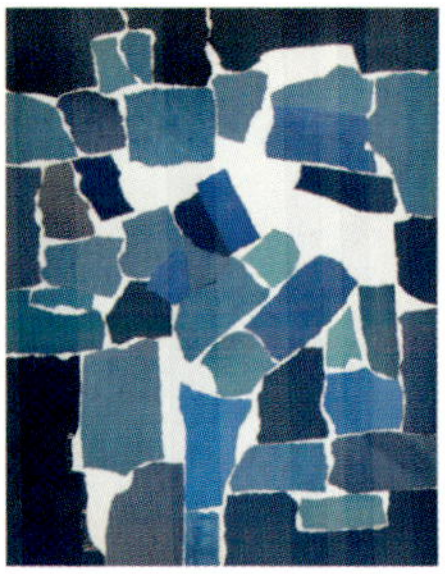

204. Sans titre - vers 1974
Collage d'héliogravures sur papier
H. 65 ; L. 50 cm
N.S.n.D
Hist. : Legs Michel Delporte en 2001
Inv. 2001-50-278

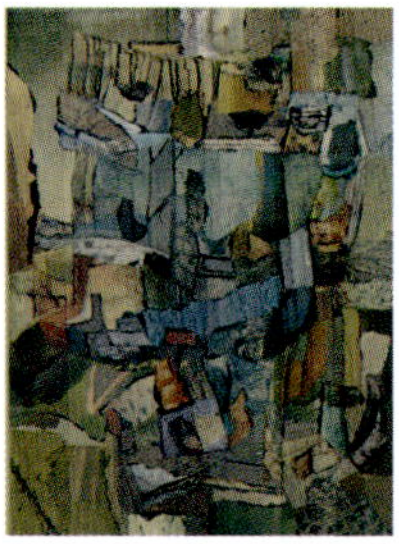

205. Rituel de la douceur - 1977
Collage d'héliogravures sur papier
H. 48 ; L. 34 cm (à vue)
S.D.b.g : *Delporte / 77*
T. au dos : *RITUEL DE LA DOUCEUR*
Hist. : Legs Michel Delporte en 2001
Inv. 2001-50-160

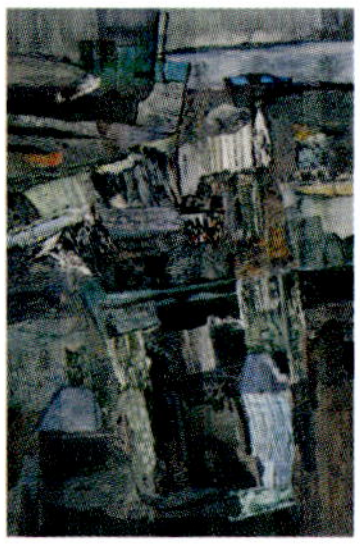

206. Sans titre - vers 1977
Collage d'héliogravures sur papier
H. 49 ; L. 34 cm
N.S.n.D
Hist. : Legs Michel Delporte en 2001
Inv. 2001-50-303

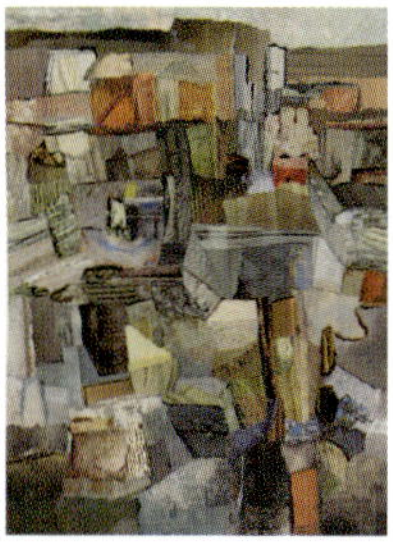

207. Sans titre - vers 1977
Collage d'héliogravures sur papier
H. 48 ; L. 34 cm
S.D.b.d sous le collage : *Delporte*
Hist. : Legs Michel Delporte en 2001
Inv. 2001-50-302

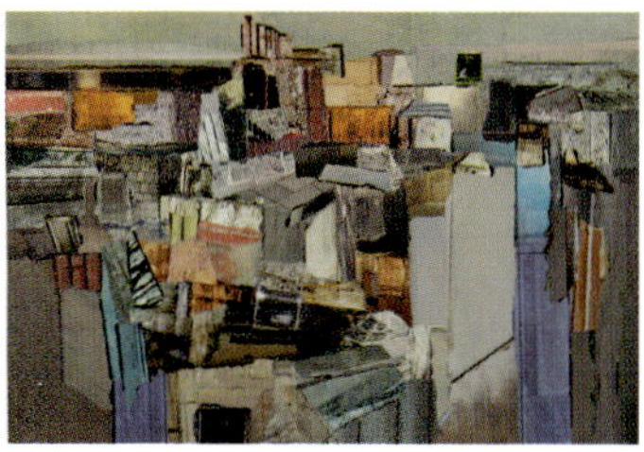

208. Sans titre - vers 1977
Collage d'héliogravures sur papier
H. 34 ; L. 49 cm
S.b.d sous le collage : *Michel Delporte*
Hist. : Legs Michel Delporte en 2001
Inv. 2001-50-127

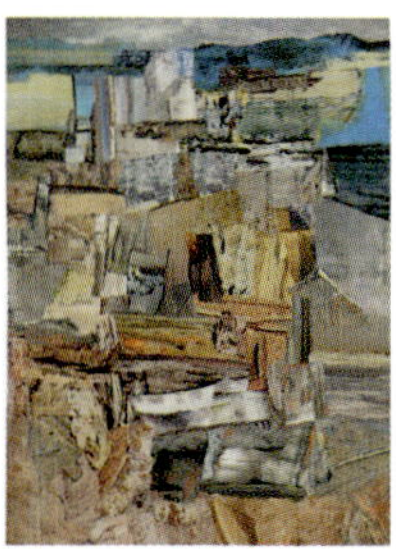

209. Sans titre - vers 1977
Collage d'héliogravures sur papier
H. 48 ; L. 34 cm
S.b.d sous le collage : *Michel Delporte*
Hist. : Legs Michel Delporte en 2001
Inv. 2001-50-59

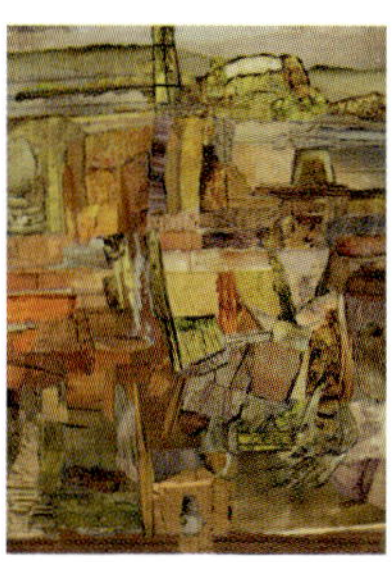

210. Sans titre - vers 1977
Collage d'héliogravures sur papier
H. 48 ; L. 34 cm
S.D.b.d sous le collage : *Delporte*
Hist. : Legs Michel Delporte en 2001
Inv. 2001-50-301

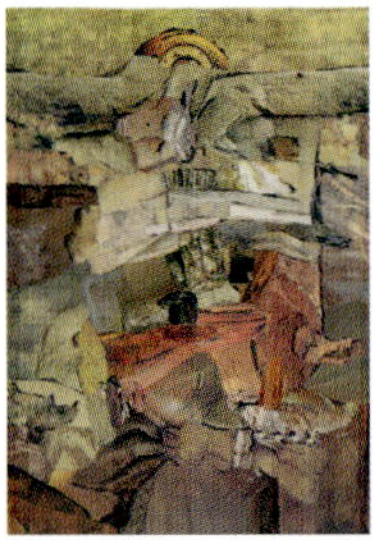

211. Sans titre - vers 1977
Collage d'héliogravures sur papier
H. 48 ; L. 34 cm
S.D.b.d sous le collage : *Delporte*
Hist. : Legs Michel Delporte en 2001
Inv. 2001-50-300

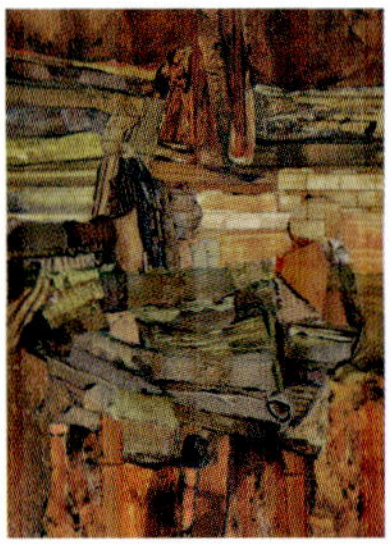

212. Sans titre - vers 1977
Collage d'héliogravures sur papier
H. 48,4 ; L. 33,8 cm
S.b.d sous le collage : *Michel Delporte*
Hist. : Legs Michel Delporte en 2001
Inv. 2001-50-124

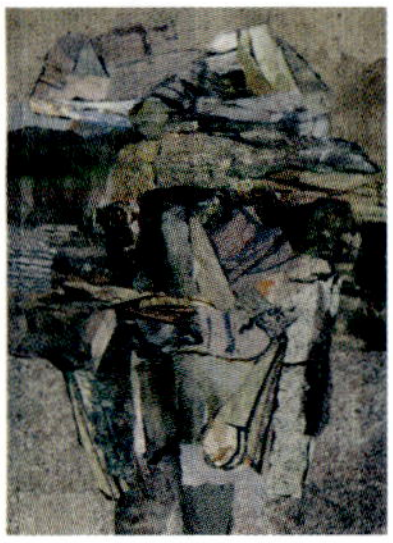

213. Sans titre - vers 1977
Collage d'héliogravures sur papier
H. 48 ; L. 34 cm
S.b.d sous le collage : *Michel Delporte*
Hist. : Legs Michel Delporte en 2001
Inv. 2001-50-125

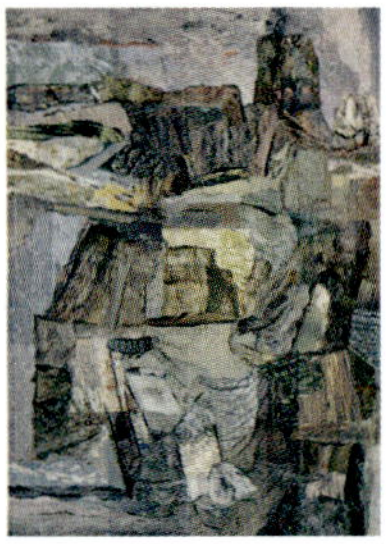

214. Sans titre - vers 1977
Collage d'héliogravures sur papier
H. 48 ; L. 34 cm
S.D.b.d sous le collage : *Delporte*
Hist. : Legs Michel Delporte en 2001
Inv. 2001-50-298

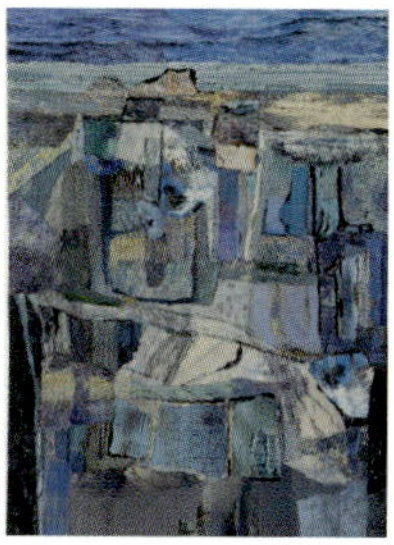

215. Sans titre - vers 1977
Collage d'héliogravures sur papier
H. 34 ; L. 49 cm
S.b.d sous le collage : *Michel Delporte*
Hist. : Legs Michel Delporte en 2001
Inv. 2001-50-126

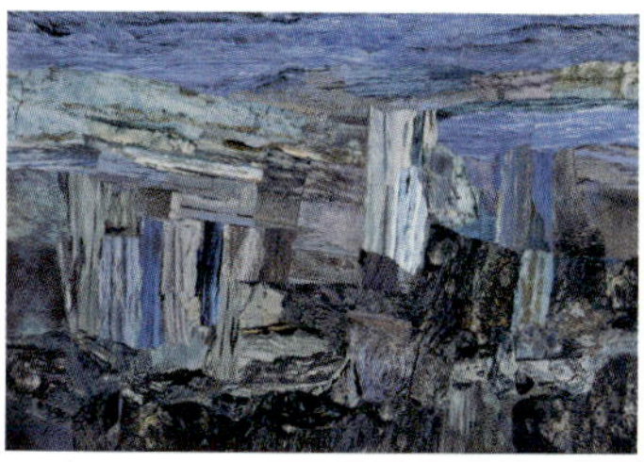

216. Sans titre - vers 1977
Collage d'héliogravures sur papier
H. 34 ; L. 48 cm
S.D.b.d sous le collage : *Delporte*
Hist. : Legs Michel Delporte en 2001
Inv. 2001-50-299

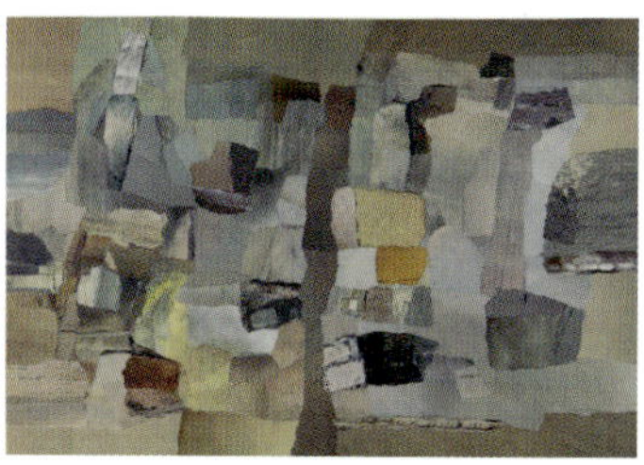

217. Sans titre - vers 1977
Collage d'héliogravures sur papier
H. 34,2 ; L. 48 cm
N.S.n.D
Hist. : Legs Michel Delporte en 2001
Inv. 2001-50-296

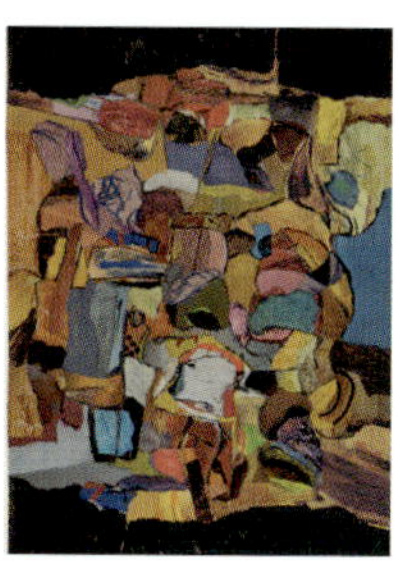

218. Sans titre - vers 1977
Collage d'héliogravures sur papier
H. 48,4 ; L. 34,4 cm
N.S.n.D
Hist. : Legs Michel Delporte en 2001
Inv. 2001-50-293

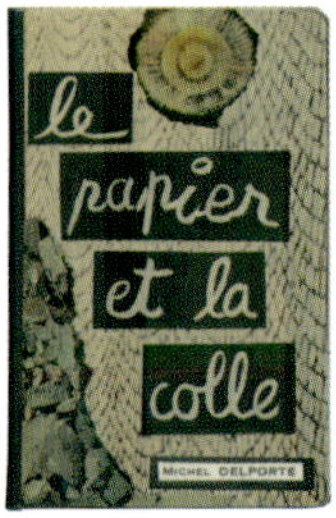

219. Carnet Le papier et la colle - 1979
Couverture d'un carnet de notes. Collage d'héliogravures sur carton
H. 14 ; L. 9 cm
T. sur la couverture : *le papier et la colle / MICHEL DELPORTE*
Hist. : Legs Michel Delporte en 2001
Inv. 2001-50-340

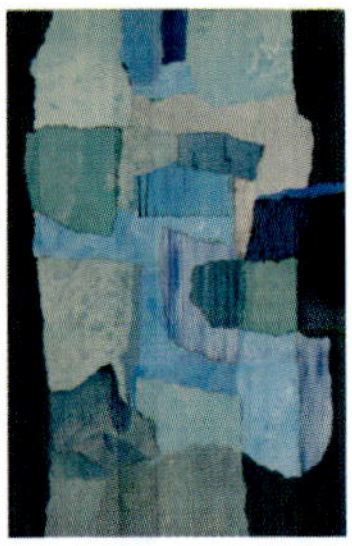

220. Sans titre - 1995
Collage d'héliogravures sur papier
H. 22 ; L. 14 cm
S.D.b.d sous le collage : *Michel Delporte 95*
Hist. : Legs Michel Delporte en 2001
Inv. 2001-50-122

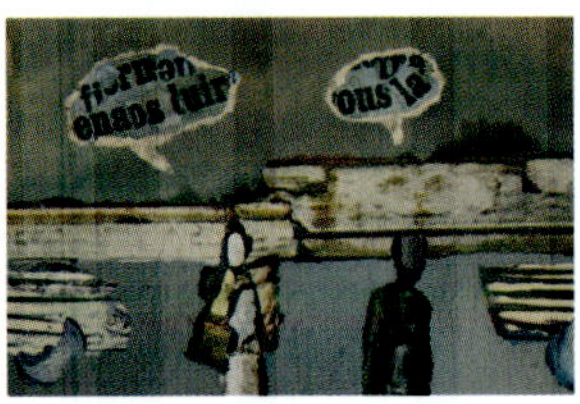

221. Scène de rue - 1995
Collage d'héliogravures sur papier
H. 14,8 ; L. 21,8 cm
S.D.b.d sous le collage : *Michel Delporte 95*
T. au dos : *SCENE DE RUE*
Hist. : Legs Michel Delporte en 2001
Inv. 2001-50-162

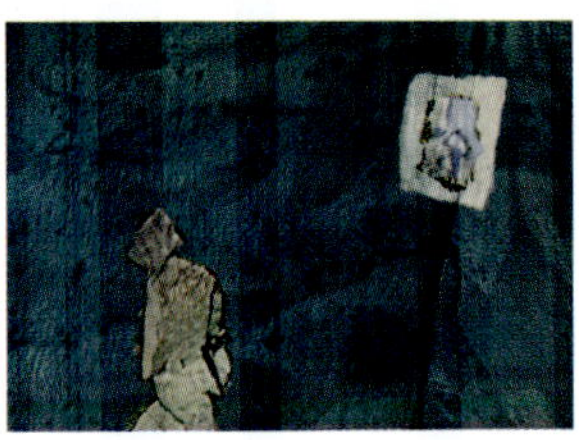

222. Accablé - 1995
Collage d'héliogravures sur papier
H. 16,5 ; L. 22,5 cm
S.D.b.d sous le collage : *Michel Delporte 95*
T. au dos : *Accablé*
Hist. : Legs Michel Delporte en 2001
Inv. 2001-50-111

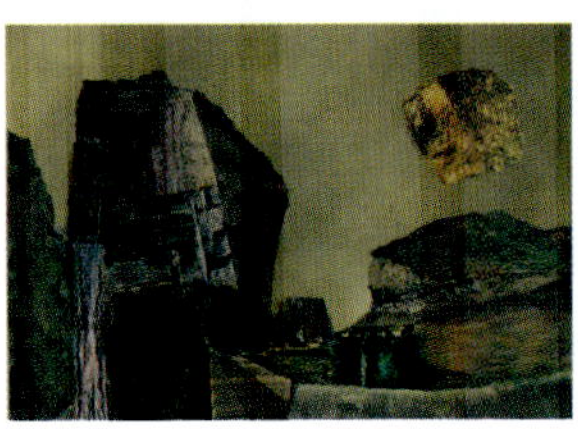

223. Le Bout du chemin - 1995
Collage d'héliogravures sur papier
H. 14,5 ; L. 20 cm
S.D.b.d sous le collage : *Michel Delporte 95*
T. au dos : *LE BOUT DU CHEMIN*
Hist. : Legs Michel Delporte en 2001
Inv. 2001-50-178

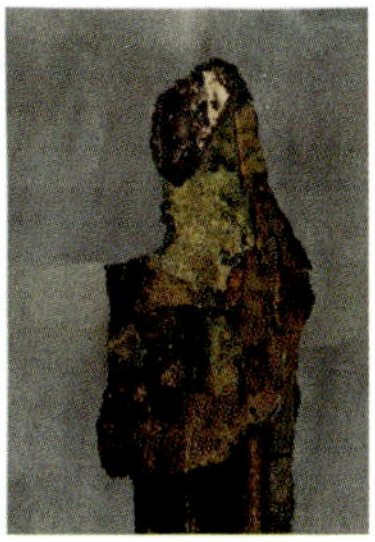

224. Pétrifiée - 1995
Collage d'héliogravures sur papier
H. 22 ; L. 15 cm
S.D.b.d sous le collage : *Michel Delporte 95*
T. au dos : *Pétrifiée*
Hist. : Legs Michel Delporte en 2001
Inv. 2001-50-108

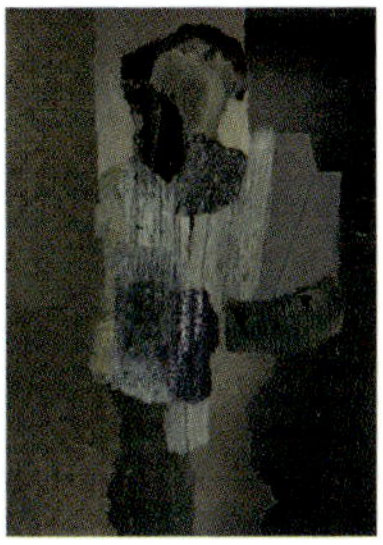

225. Apparition - 1995
Collage d'héliogravures sur papier
H. 21,8 ; L. 15 cm
S.D.b.d sous le collage : *Michel Delporte 95*
T. au dos : *APPARITION*
Hist. : Legs Michel Delporte en 2001
Inv. 2001-50-177

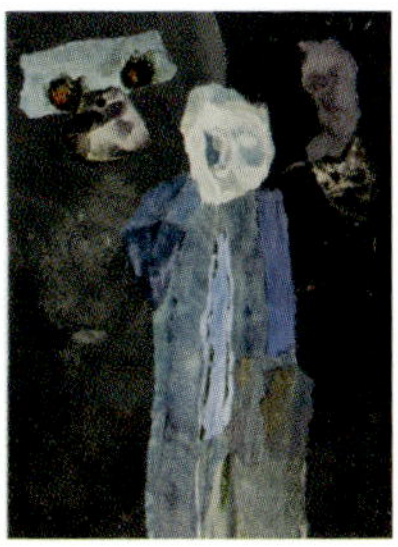

226. L'Enfant et les sortilèges
ou **Cauchemar - 1995**
Collage d'héliogravures sur papier
H. 22,1 ; L. 15,8 cm
S.b.d sous le collage : *Michel Delporte 95*
T. au dos : *L'ENFANT ET LES SORTILÈGES / CAUCHEMAR*
Hist. : Legs Michel Delporte en 2001
Inv. 2001-50-106

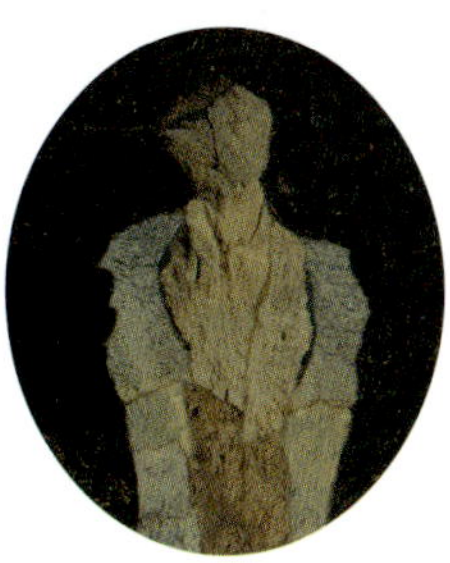

227. Sans titre - vers 1995
Collage d'héliogravures sur papier
H. 19 ; L. 15,5 cm (ovale)
N.S.n.D
Hist. : Legs Michel Delporte en 2001
Inv. 2001-50-130

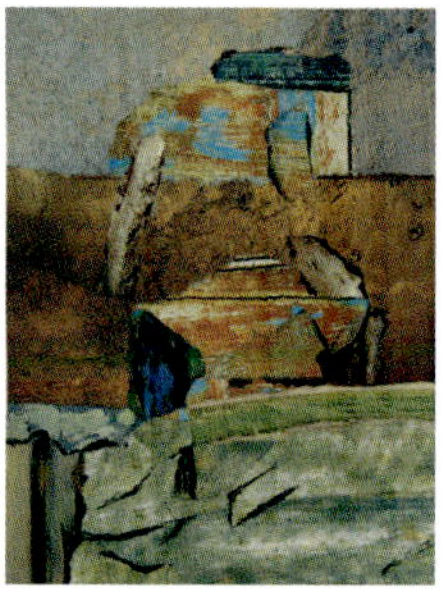

228. Peut-être une grille - 1996
Collage d'héliogravures sur papier
H. 23 ; L. 17 cm
S.D.b.d sous le collage : *Michel Delporte 96*
T. au dos : *Peut-être une grille*
Hist. : Legs Michel Delporte en 2001
Inv. 2001-50-109

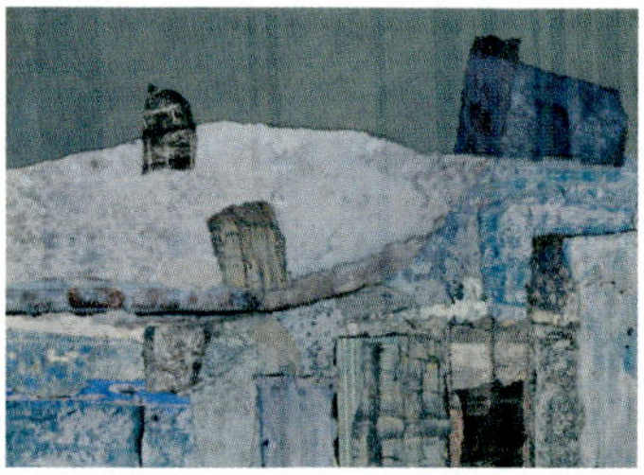

229. L'Approche de l'hiver - 1996
Collage d'héliogravures sur papier
H. 17 ; L. 23 cm
S.D.b.d sous le collage : *Michel Delporte 96*
T. au dos : *L'APPROCHE DE L'HIVER*
Hist. : Legs Michel Delporte en 2001
Inv. 2001-50-67

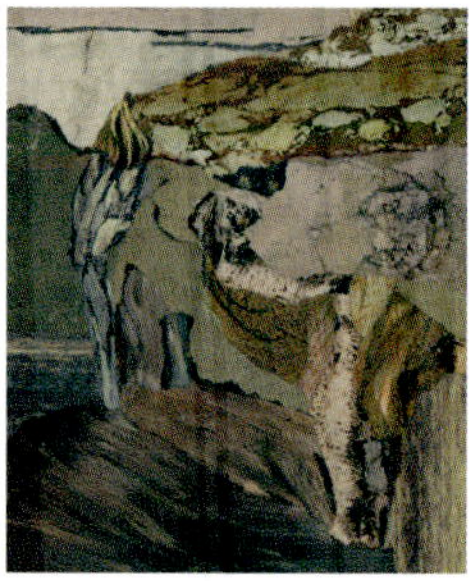

230. Poète confondu par la beauté du paysage - 1998
Collage d'héliogravures sur papier
H. 23 ; L. 18 cm
S.D.b.d sous le collage : *Michel Delporte 98*
T. au dos : *POÈTE CONFONDU PAR LA BEAUTÉ DU PAYSAGE*
Hist. : Legs Michel Delporte en 2001
Inv. 2001-50-179

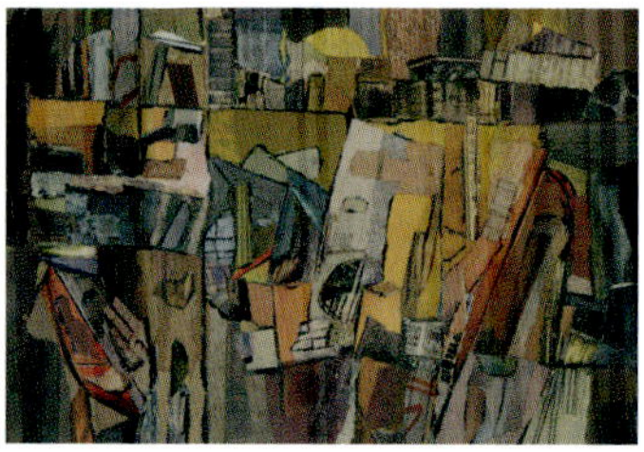

231. Chantier - 1998
Collage d'héliogravures sur papier
H. 34 ; L. 48 cm
S.D.b.d sous le collage : *Michel Delporte 98*
T. au dos : *CHANTIER*
Hist. : Legs Michel Delporte en 2001
Inv. 2001-50-163

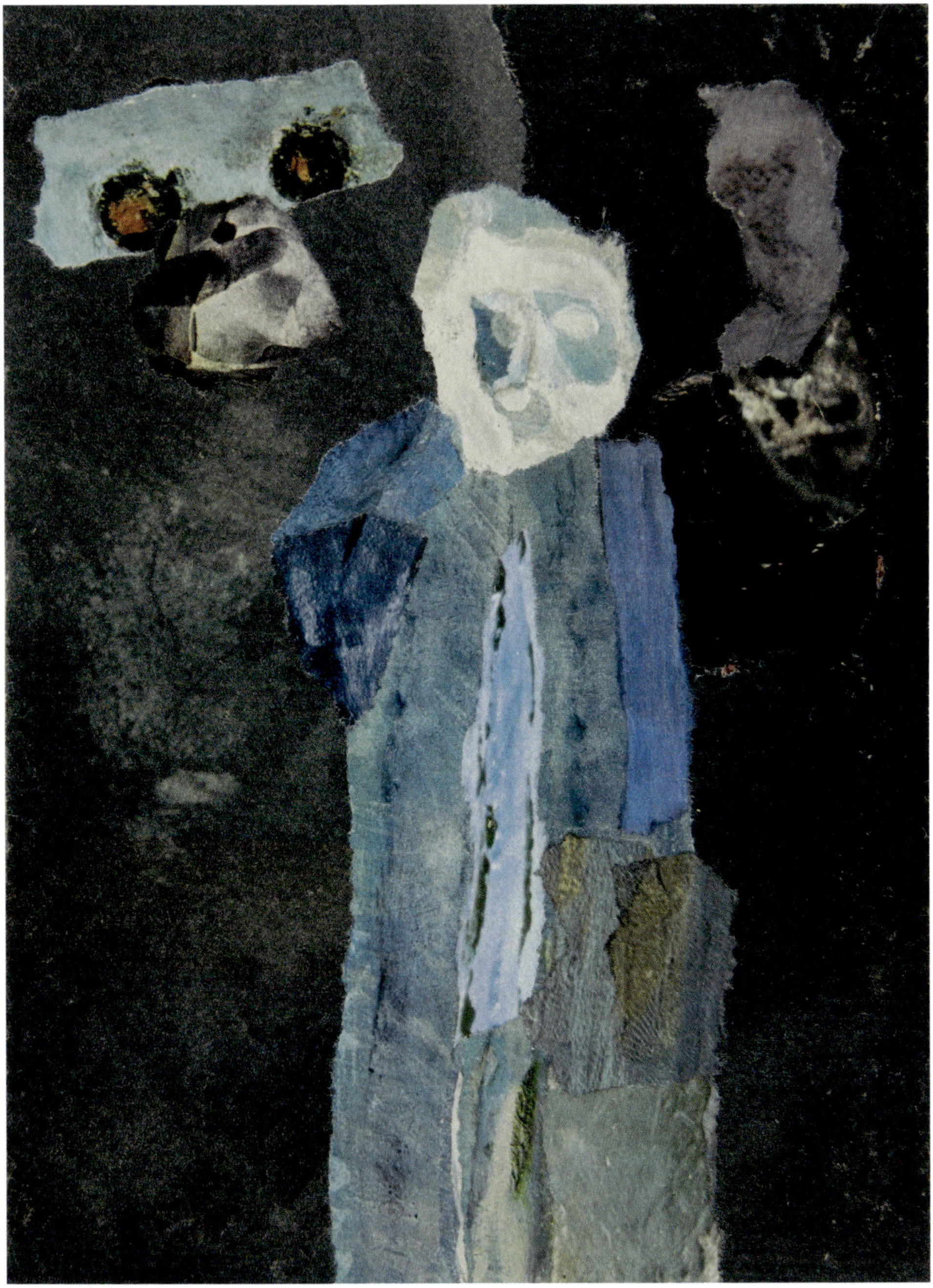

Fig. 43. *L'Enfant et les sortilèges* ou *Cauchemar*, 1995, cat. 226

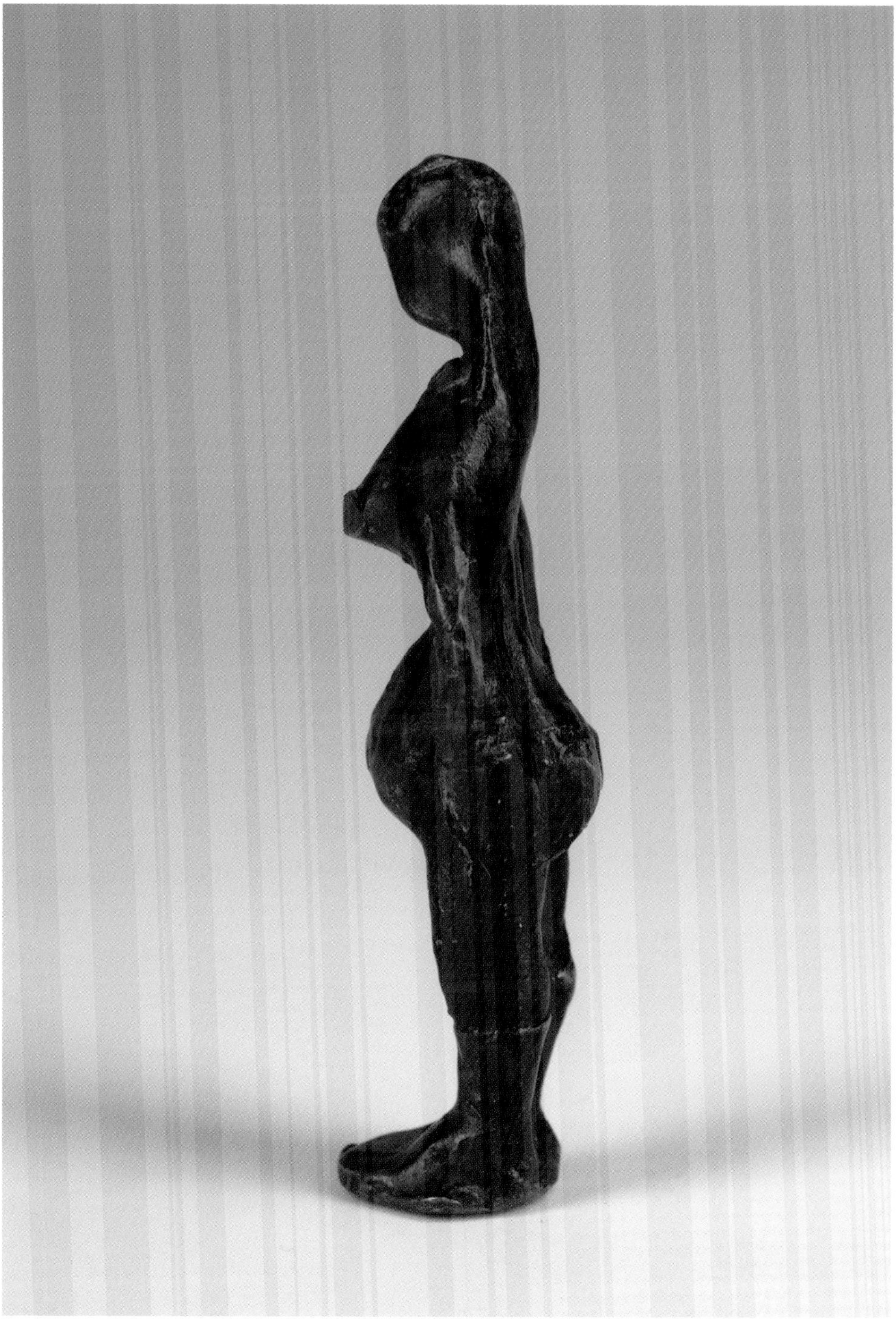

Fig. 44. *Femme*, 1956, cat. 232

SCULPTURE

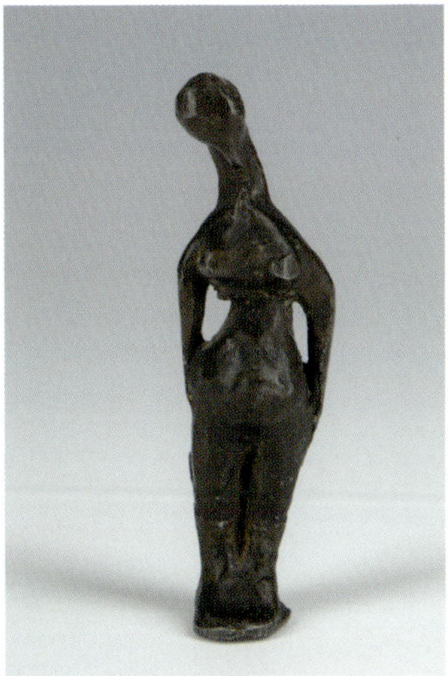

232. Femme - 1956
Alliage de plomb et d'étain
H. 9,3 ; L. 2,7 ; P. 2 cm
Hist. : Legs Michel Delporte en 2001
Inv. 2001-50-338

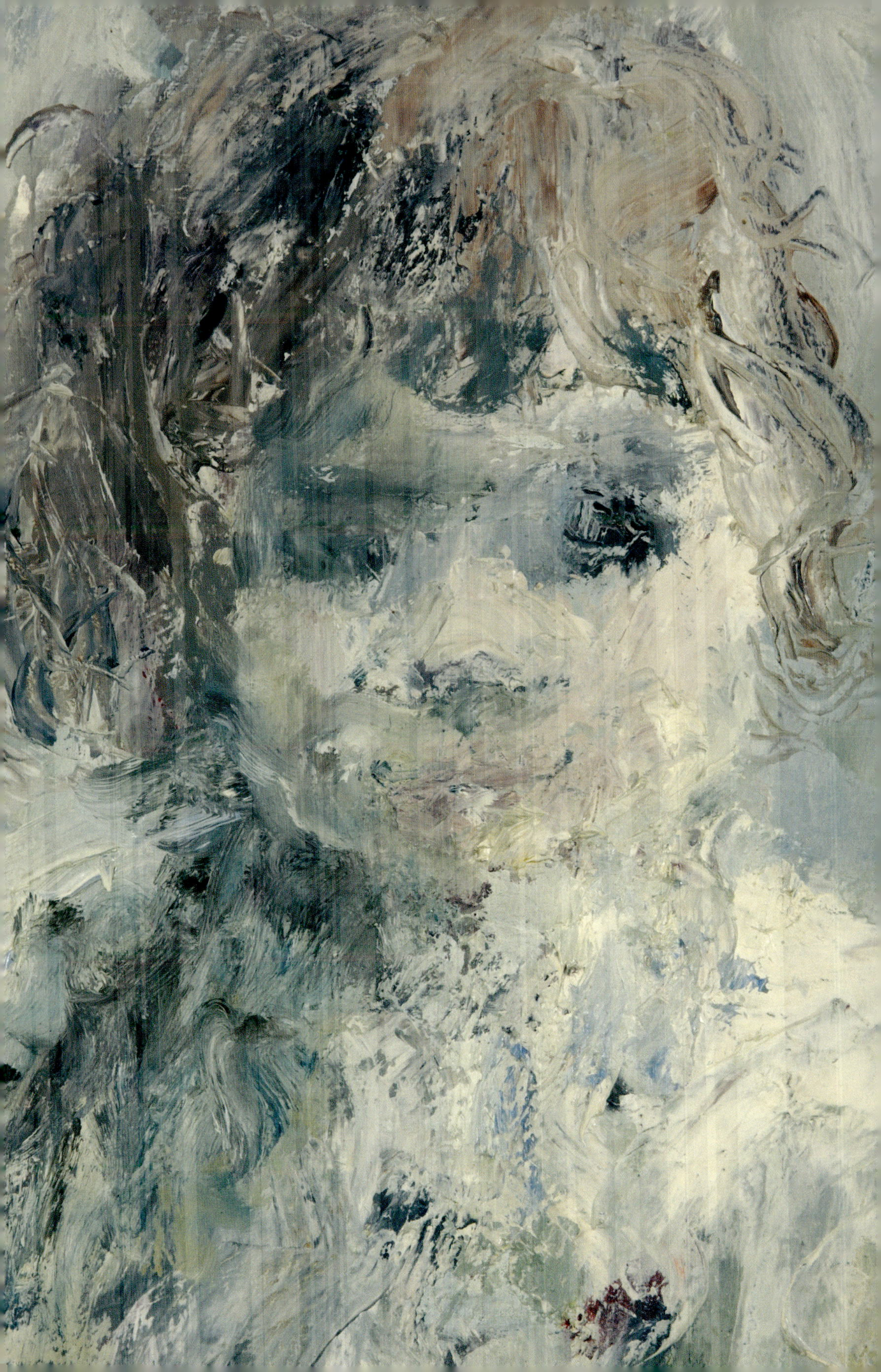

LES ŒUVRES DES AUTRES ARTISTES

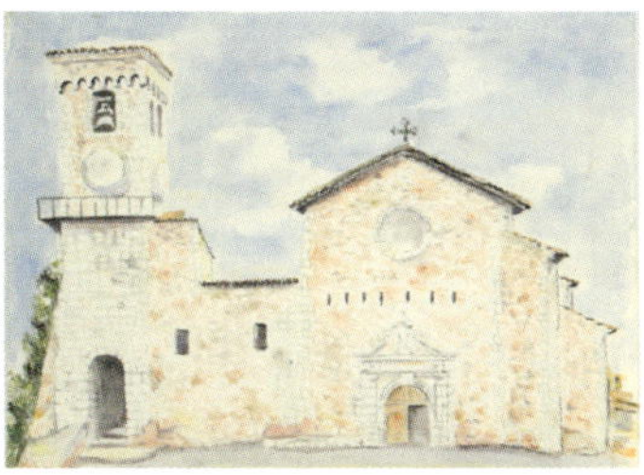

Anonymes
Voir aussi
Cat. 341 (2001-50-233)

233. Façade d'une église - n.d
Aquarelle sur papier
H. 24 ; L. 31,5 cm
N.S.n.D
Hist. : Legs Michel Delporte en 2001
Inv. 2001-50-197

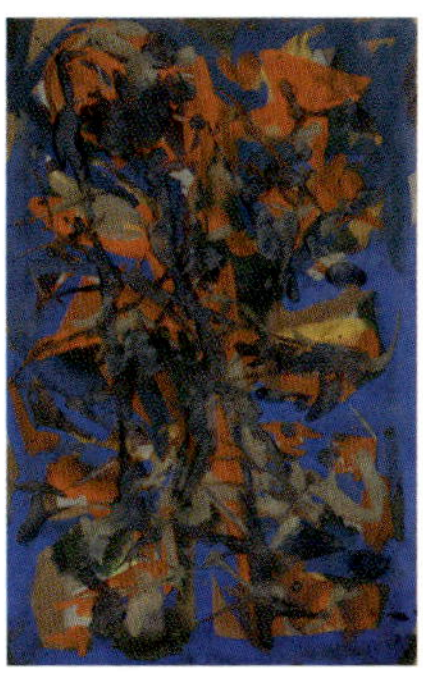

234. Sans titre - n.d
Gouache sur papier
H. 21,8 ; L. 13,5 cm
N.S.n.D
Hist. : Legs Michel Delporte en 2001
Inv. 2001-50-182

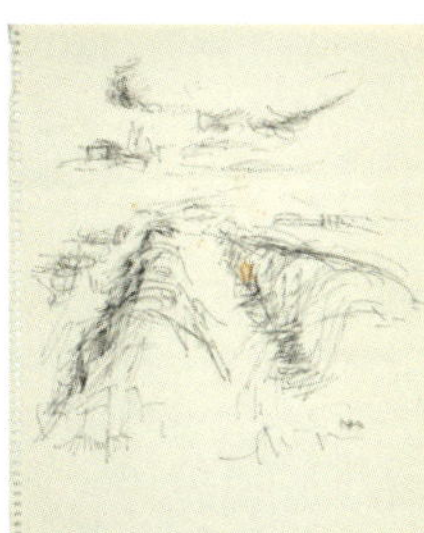

235. Sans titre - 1963
Encre noire à la plume sur page d'un carnet de croquis
H. 27 ; L. 21 cm
Monogrammé et D.b.d : *DH / 63*
Hist. : Legs Michel Delporte en 2001
Inv. 2001-50-200

Fig. 45. Ci-contre : Jean-Robert Debock, *Portrait de Caroline Debock* (détail), n.d, cat. 255

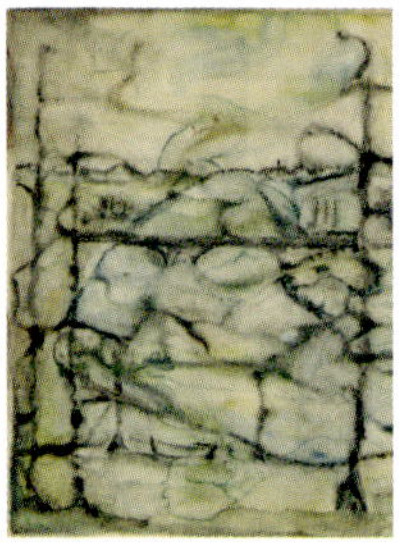

236. Sans titre - n.d
Aquarelle sur papier
H. 55 ; L. 41,2 cm (à vue)
Dédicacé et monogrammé b.d : *à Michel Delporte en toute amitié / MP (?)*
Hist. : Legs Michel Delporte en 2001
Inv. 2001-50-35

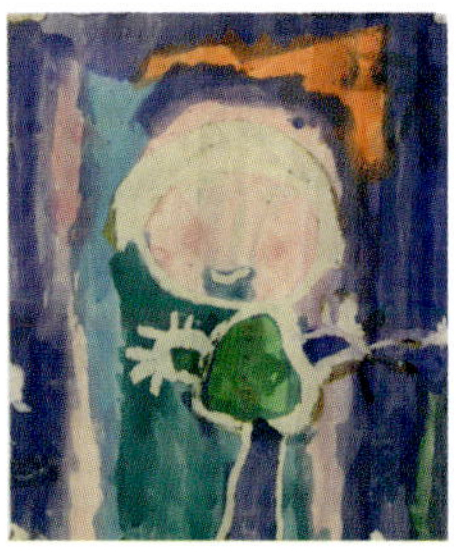

237. Dessin d'enfant - n.d
(Peut-être Caroline Debock,
filleule de Michel Delporte)
Gouache sur papier
H. 35,5 ; L. 28 cm
N.S.n.D
Hist. : Legs Michel Delporte en 2001
Inv. 2001-50-198

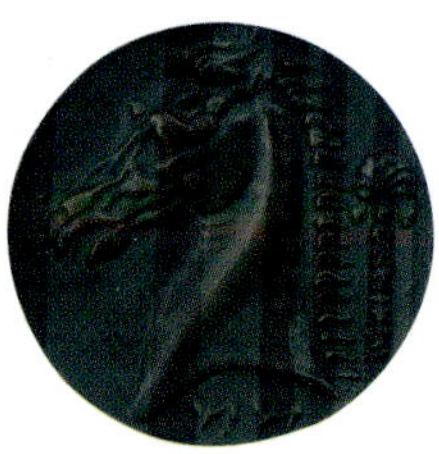

238. Cheval
Médaille uniface en bronze patine noire
Diam. 6,7 cm
Hist. : Legs Michel Delporte en 2001
Inv. 2001-50-334

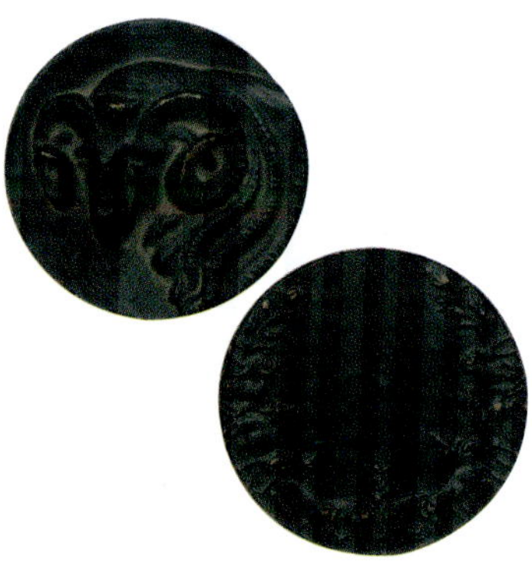

239. Bélier
Médaille biface en bronze patine noire
Diam. 5 cm
Hist. : Legs Michel Delporte en 2001
Inv. 2001-50-337

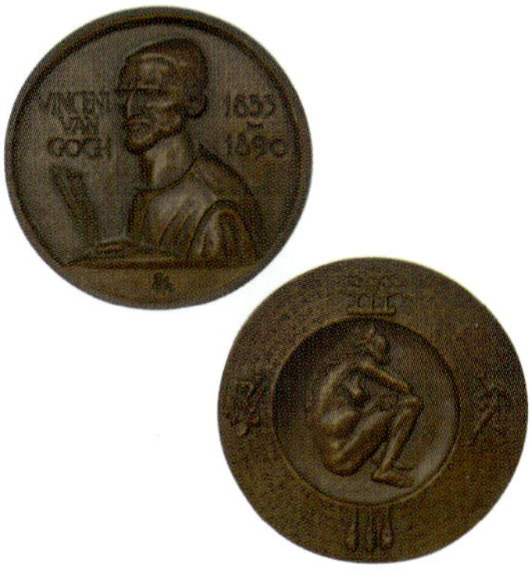

240. Vincent Van Gogh
Médaille biface en bronze patine dorée
Diam. 6,2 cm
Inscr. à l'avers, côté gauche : *VINCENT / VAN / GOGH*
Inscr. à l'avers, côté gauche : *1889 / 1890*
Inscr. au revers, en haut à gauche :
J'AI RENCONTRE UNE FEMME / ENCEINTE ABANDONNEE / PAR L'HOMME DONT ELLE / PORTAIT L'ENFANT / DANS SON CORPS
Inscr. au revers, en haut à droite :
JUSQU'A PRESENT LA SOLITUDE / NE M'A POURTANT PAS / BEAUCOUP GENE TELLE / MENT J'AI TROUVE IN / TERESSANT LE SOLEIL PLUS FORT / ET SON EFFET SUR LA NATURE
Inscr. au revers, en bas à droite :
LES CYPRES ME PREOCCUPENT / TOUJOURS JE VOUDRAIS EN / FAIRE UNE CHOSE COMME / LES TOILES DES TOUR / NESOLS PARCE QUE /
Inscr. au revers, en bas à gauche : *CELA M'ETONNE QU'ON NE LES AIT / PAS ENCORE FAIT COMME JE / LES VOIS. C'EST BEAU COMME / LIGNE ET COMME PROPORTIONS / COMME UNE OBELISQUE EGYPTIENNE*
Hist. : Legs Michel Delporte en 2001
Inv. 2001-50-335

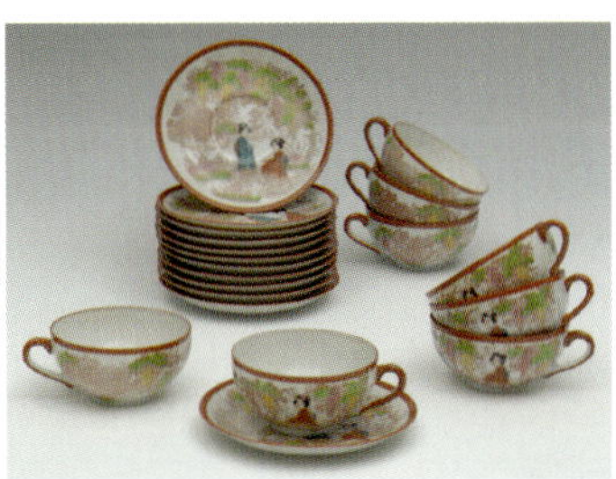

CHINE (XIX-XXE SIÈCLES)

241. Service à thé
Porcelaine
Tasses : H. 5 ; L. 8,8 ; P. 10,8 cm
Sous-tasses : H. 1,5 ; Diam. 13,2 cm
Hist. : Legs Michel Delporte en 2001
Inv. 2001-50-324

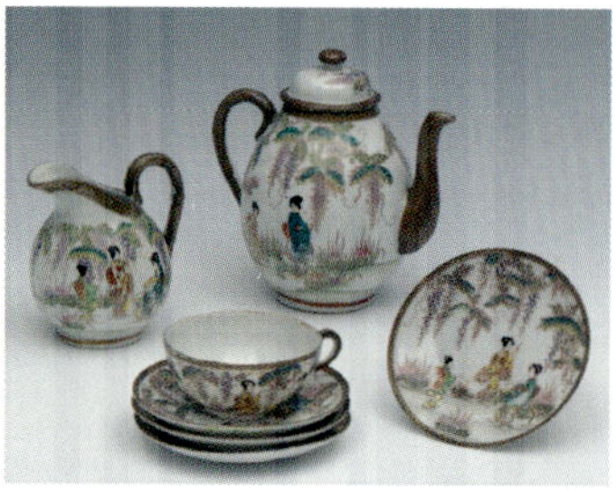

CHINE
(XIX-XXᴱ SIÈCLES)
242. Service à thé
Porcelaine
Tasses : H. 5 ; L. 10 ; P. 11,5 cm
Sous-tasses : H. 1,5 ; Diam. 13,5 cm
Théière : H. 20,5 ; L. 12,5 ; P. 19 cm
Pot à lait : H. 12 ; L. 10 ; P. 12 cm
Hist. : Legs Michel Delporte en 2001
Inv. 2001-50-325

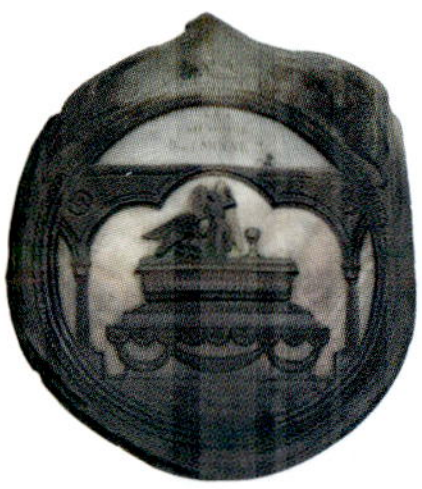

FRANCE ?
(XIX-XXᴱ SIÈCLES)
243. Deux anges
Coquille de nacre sculptée
H. 22,5 ; L. 20,5 ; P. 2 cm
Inscr. : *A LA / MEMOIRE / Daniel MINNE*
Hist. : Legs Michel Delporte en 2001
Inv. 2001-50-326

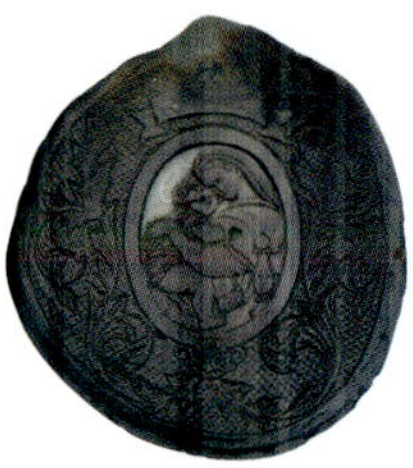

244. Portrait dans un médaillon
Coquille de nacre sculptée
H. 22,5 ; L. 20 ; P. 2 cm
Inscr. : *Souvenir*
Hist. : Legs Michel Delporte en 2001
Inv. 2001-50-327

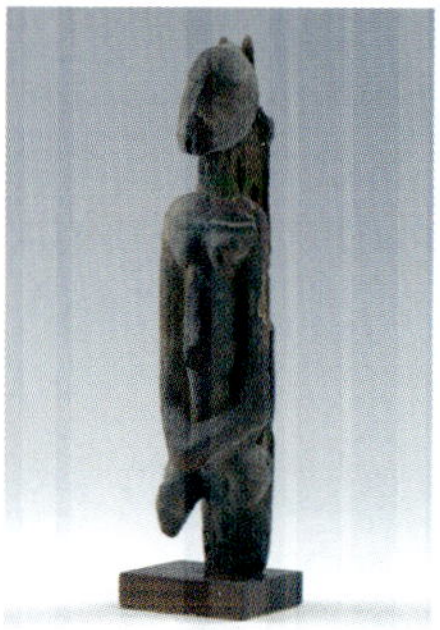

MALI
(XXᴱ SIÈCLE)
245. Élément de tabouret cérémonial - 20ᵉ siècle
Sculpture en bois Dogon
H. 24 ; L. 6 ; P. 5 cm
Hist. : Acquis par Michel Delporte à la galerie Renar à Roubaix ; legs Michel Delporte en 2001
Inv. 2001-50-339

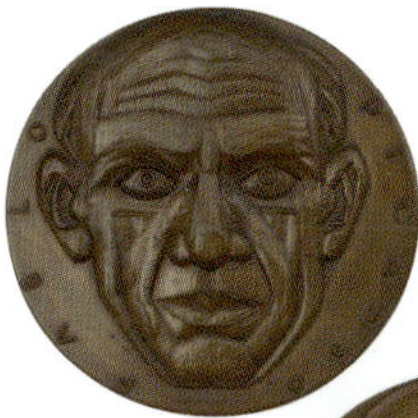

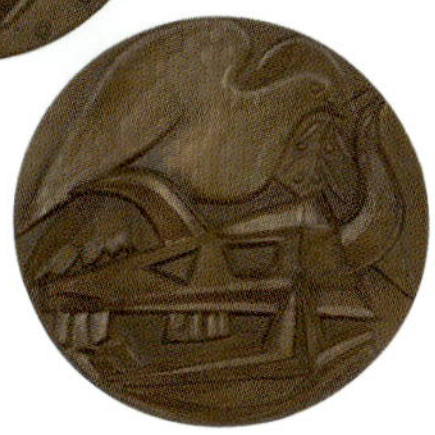

Bacchus (Lallement Jean-Charles, dit) (1914-1970)

246. Pablo Picasso - Colombe de la paix

Médaille biface en bronze patine dorée
Diam. 8 cm
Inscr. à l'avers : *PABLO / PICASSO*
Monogramme au revers : *JCL*
Hist. : Legs Michel Delporte en 2001
Inv. 2001-50-328

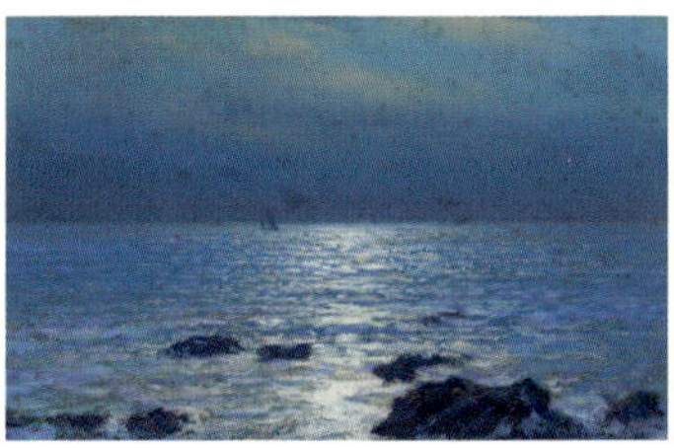

Chabanian Arsène (1864-1949)

247. Marine - n.d

Pastel sur carton
H. 22,3 ; L. 35,5 cm
S.D.b.d : *Chabanian*
Hist. : Legs Michel Delporte en 2001
Inv. 2001-50-20

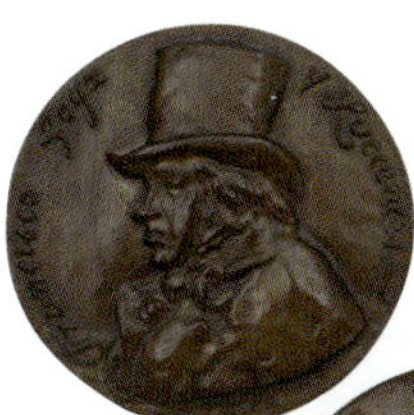

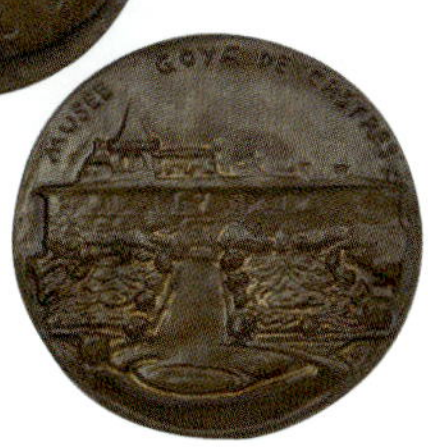

Corbin Raymond (1907-2002)

248. Francisco Goya y Lucientes - Musée Goya de Castres

Médaille biface en bronze patine dorée
Diam. 7 cm
Inscr. à l'avers : *Francisco / Goya / y / Lucientes*
Inscr. au revers : *MUSEE / GOYA / DE / CASTRES*
S.b.d. au revers : *CORBIN*
Hist. : Legs Michel Delporte en 2001
Inv. 2001-50-329

DEBOCK JEAN-ROBERT (NÉ EN 1928)

Voir aussi
Cat. 342 (2001-50-251)
Cat. 343 (2001-50-250)
Cat. 344 (2001-50-11)
Cat. 345 (2001-50-69)

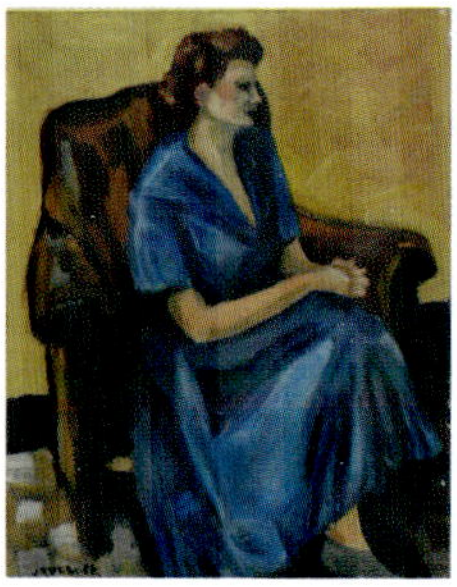

249. Portrait de Madame Delporte - 1950
Huile sur carton
H. 43,5 ; L. 33,2 cm
S.b.g : *J.R DEBOCK*
Inscr. au dos : *portrait de la mère de Michel 1950 / JR Debock*
Hist. : Legs Michel Delporte en 2001
Inv. 2001-50-8

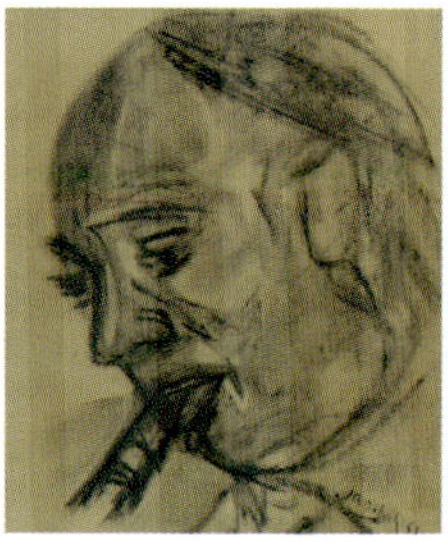

250. Homme au cigare - 1951
Fusain sur papier
H. 28,4 ; L. 23,7 cm
S.D.b.d : *J.R. Debock 51*
Hist. : Legs Michel Delporte en 2001
Inv. 2001-50-24

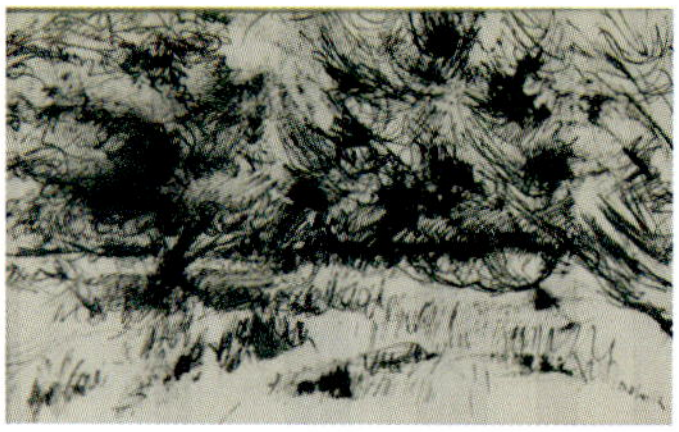

251. Paysage - vers 1962
Encre noire à la plume sur papier
H. 10 ; L. 16 cm
S.b.d : *Debock*
Hist. : Legs Michel Delporte en 2001
Inv. 2001-50-23

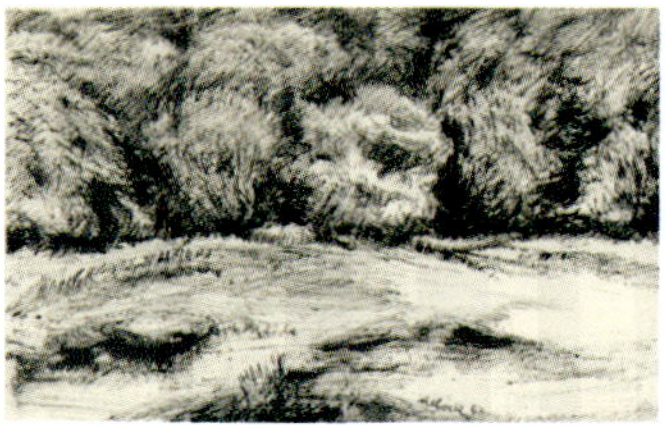

252. Paysage - 1962
Encre de Chine à la plume sur papier
H. 10 ; L. 16 cm
S.D.v.m : *debock 62*
Hist. : Legs Michel Delporte en 2001
Inv. 2001-50-187

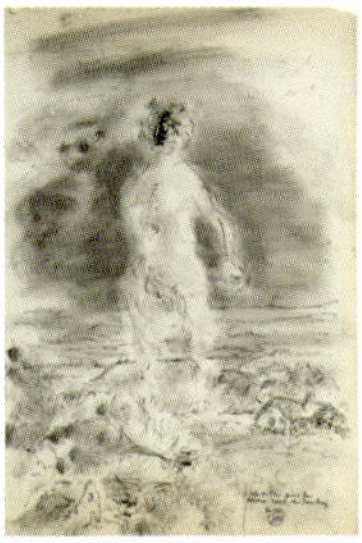

253. Illustration pour *La Terreur rose* de Jean Ray - 1965
Encre noire à la plume et lavis sur papier
H. 50 ; L. 33 cm
T.D. monogrammé bd : *illustration pour la terreur rose de Jean Ray Fév. 1965 / JRD*
Hist. : Legs Michel Delporte en 2001
Inv. 2001-50-249 recto

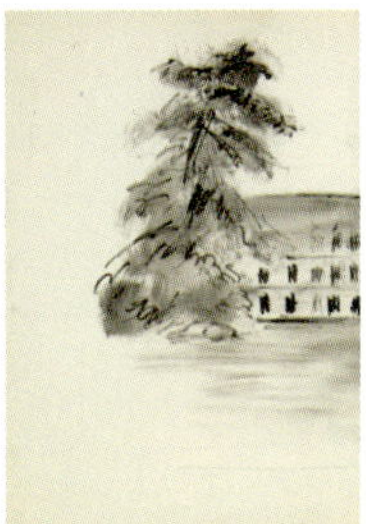

254. Paysage - 1965
Encre noire à la plume et lavis sur papier
H. 50 ; L. 33 cm
N.S.n.D
Hist. : Legs Michel Delporte en 2001
Inv. 2001-50-249 verso

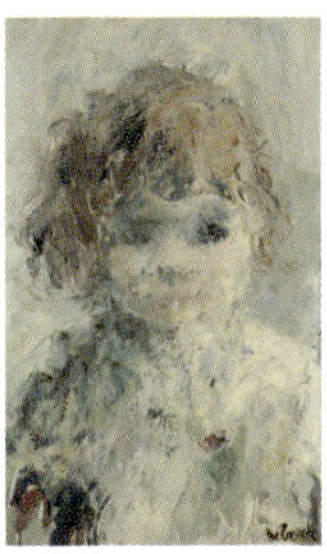

255. Portrait de Caroline Debock - n.d
(Filleule de Michel Delporte et fille de Jean-Robert Debock)
Huile sur toile
H. 46 ; L. 27 cm
S.b.d : *Debock*
Hist. : Legs Michel Delporte en 2001
Inv. 2001-50-15

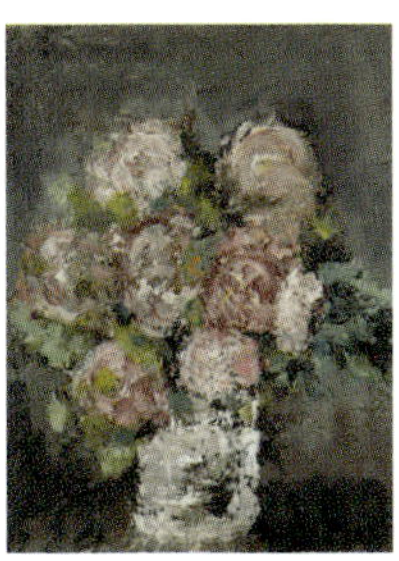

256. Roses fanées - 1960
Huile sur toile
H. 32 ; L. 23,5 cm
N.S.n.D
T.D. et monogrammé au dos sur la toile : *Roses fanées / Mars 60 / JRD*
Hist. : Legs Michel Delporte en 2001
Inv. 2001-50-70

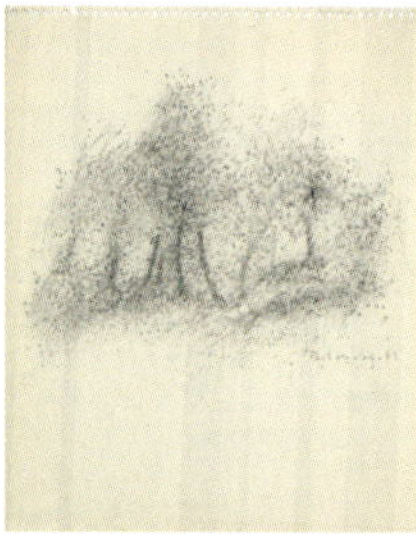

DELANNOY JEAN-PIERRE (XXE SIÈCLE)

257. Arbres - 1963
Crayon graphite sur page de carnet de croquis
H. 27 ; L. 21 cm
S.D.b.d : *Delannoy - 63*
Hist. : Legs Michel Delporte en 2001
Inv. 2001-50-184

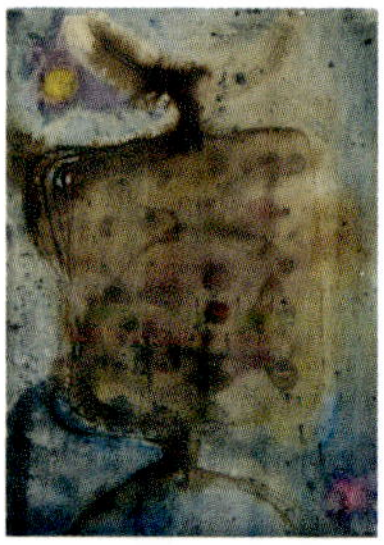

DERIVE J. (XXE SIÈCLE)

258. Sans titre - 1964
Encre et aquarelle sur papier
H. 26,5 ; L. 19 cm
S.D.b.d : *Derive J. 64*
Hist. : Legs Michel Delporte en 2001
Inv. 2001-50-183

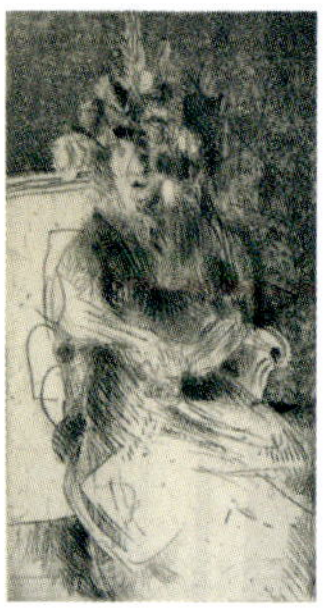

DODIN JACKY (JACQUES DIT) (1929-1990)

259. Femme assise - n.d
Eau forte sur papier
H. 12 ; L. 5,5 cm
S.b.d : *J. Dodin*
Tirage numéroté b.g : *12/20*
Hist. : Legs Michel Delporte en 2001
Inv. 2001-50-17

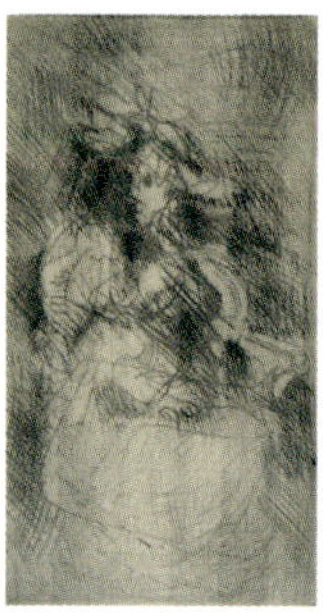

260. Femme assise - n.d
Eau forte sur papier
H. 12 ; L. 5,5 cm
S.b.d : *J. Dodin*
Tirage numéroté b.g : *12/20*
Hist. : Legs Michel Delporte en 2001
Inv. 2001-50-16

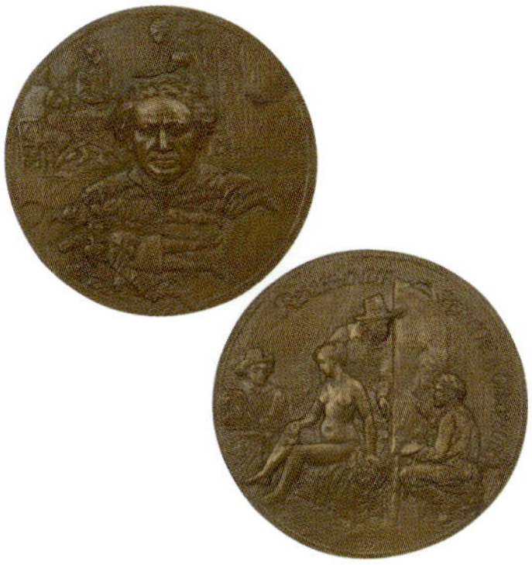

Dropsy Henri (1885-1969)

261. Rembrandt
Médaille biface en bronze patine dorée
Diam. 6,7 cm
Inscr. à l'avers : *Rembrandt / 1606 / 1669*
S.b.d à l'avers : *H. DROPSY*
Inscr. au revers : *REMBRANDT / PEINTRE et GRAVEUR*
Hist. : Legs Michel Delporte en 2001
Inv. 2001-50-332

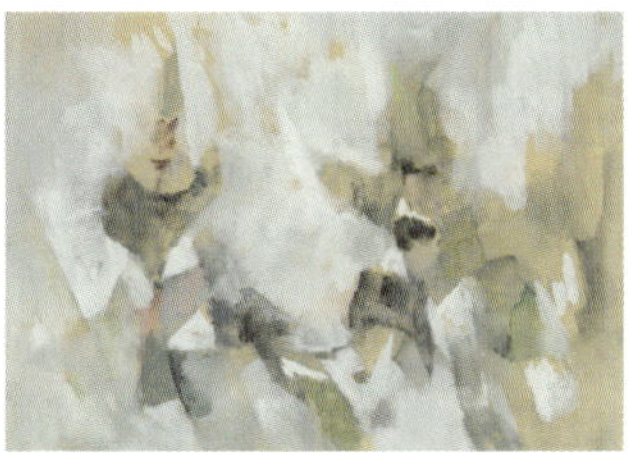

Droulers Robert (1920-1994)

262. Sans titre - 1961
Aquarelle et gouache sur papier
H. 28 ; L. 37,7 cm
S.D.b.d : *R. Droulers / 61*
Hist. : Legs Michel Delporte en 2001
Inv. 2001-50-26

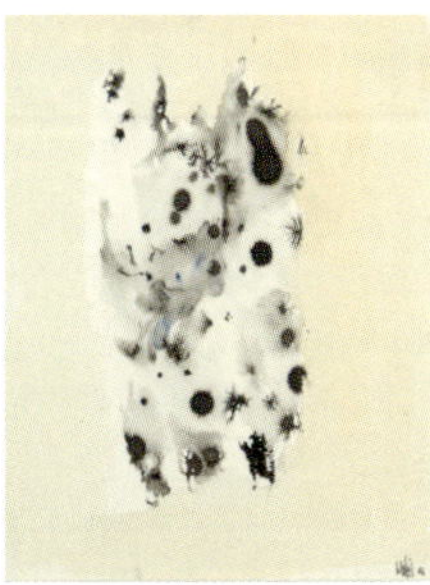

Dupuis Bernard (Né en 1936)

263. Sans titre - 1966
Lavis d'encre sur papier
H. 32 ; L. 24 cm
S.D.b.d : *b. Dupuis 66*
Hist. : Legs Michel Delporte en 2001
Inv. 2001-50-186

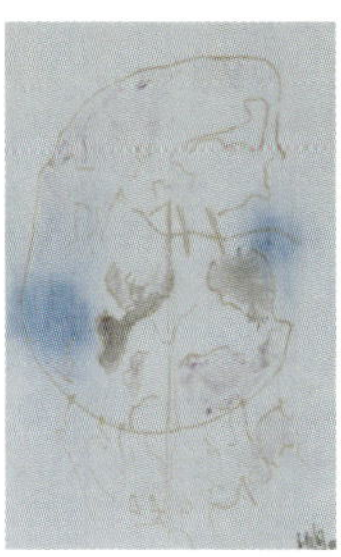

264. Triptyque. Sans titre - 1966
Aquarelle et lavis d'encre sur papier bleu
H. 20,7 ; L. 13,2 cm
S.D.b.d : *b. Dupuis 66*
Hist. : Legs Michel Delporte en 2001
Inv. 2001-50-31

265. Triptyque. Sans titre - 1966
Aquarelle et lavis d'encre sur papier bleu
H. 20,7 ; L. 13,2 cm
S.D.b.d : *b. Dupuis 66*
Hist. : Legs Michel Delporte en 2001
Inv. 2001-50-32

266. Triptyque. Sans titre - 1966
Aquarelle et lavis d'encre sur papier bleu
H. 20,7 ; L. 13,2 cm
S.D.b.d : *b. Dupuis 66*
Hist. : Legs Michel Delporte en 2001
Inv. 2001-50-33

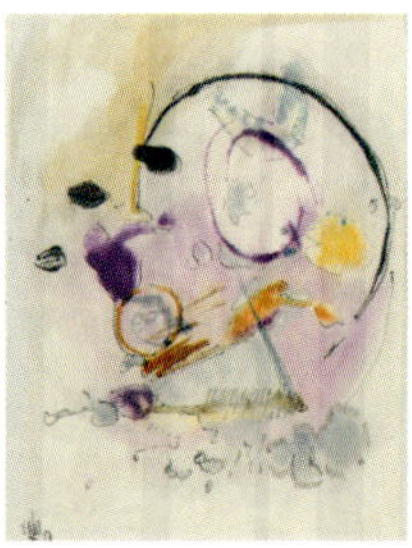

267. Sans titre - 1967
Encre noire, aquarelle et feutre sur papier
H. 27 ; L. 21 cm
S.D.b.g : *Dupuis / 67*
Hist. : Legs Michel Delporte en 2001
Inv. 2001-50-199

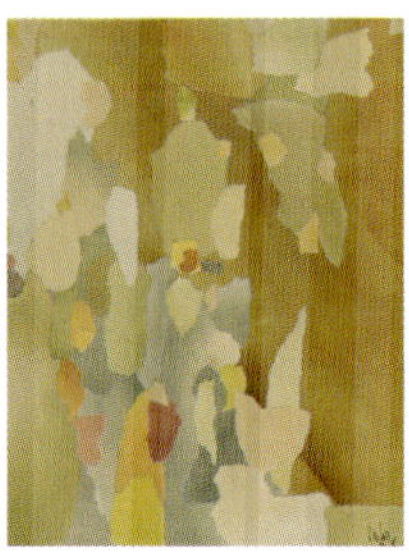

268. Sans titre - vers 1967
Collage d'héliogravures sur papier
H. 25,5 ; L. 19 cm
S.b.d : *b. Dupuis*
Hist. : Legs Michel Delporte en 2001
Inv. 2001-50-13

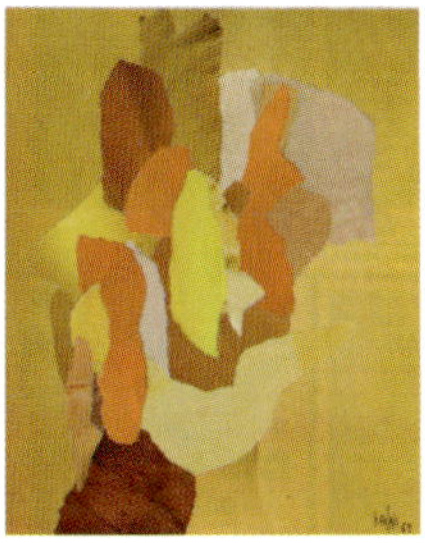

269. Sans titre - 1969
Collage d'héliogravures sur papier
H. 23,5 ; L. 18,3 cm
S.D.b.d : *b. Dupuis 69*
Hist. : Legs Michel Delporte en 2001
Inv. 2001-50-248

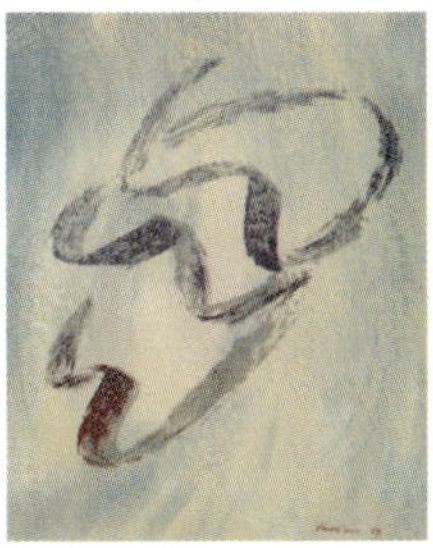

Fautrier Jean (1898-1964)

270. Annabelle nue - 1957
Lithographie sur papier
H. 31 ; L. 24,2 cm
S.D.b.d : *Fautrier 57*
T. au dos : *ANNABELLE NUE*
Hist. : Legs Michel Delporte en 2001
Inv. 2001-50-196

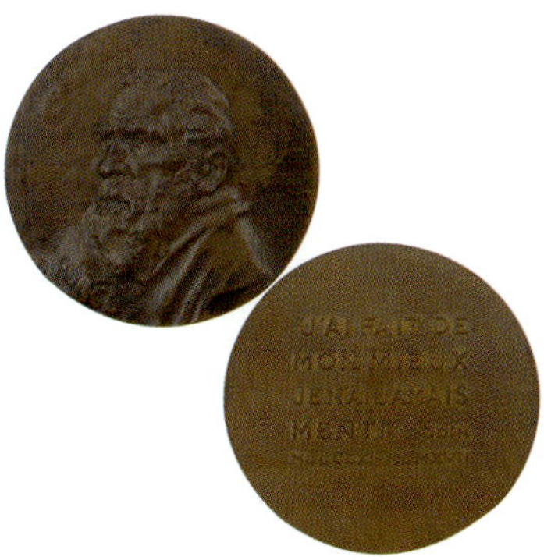

Grégoire René (1871-1945)

271. Rodin
Médaille biface en bronze patine dorée
Diam. 6,7 cm
S. à l'avers : *René Grégoire*
Inscr. au revers : *"J'AI FAIT DE / MON MIEUX / JE N'AI JAMAIS / MENTI" / RODIN / MDCCCXI - MCMXVII*
Hist. : Legs Michel Delporte en 2001
Inv. 2001-50-333

Hémery Paul (1921-2006)

Voir aussi les œuvres
Cat. 348 (2001-50-75)
Cat. 349 (998-37-1)

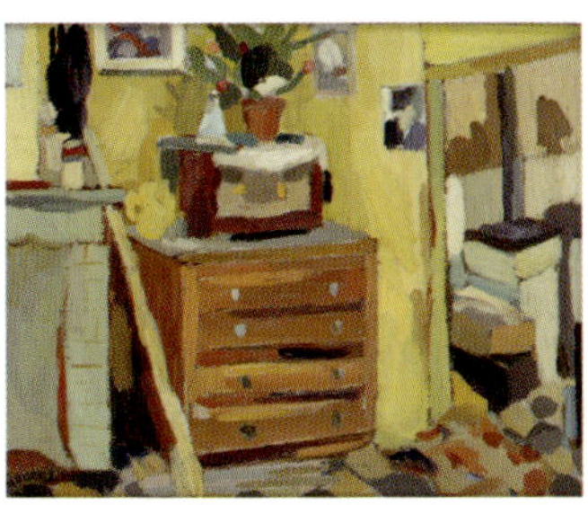

272. L'atelier d'Arthur, rue Casimir-Périer à Roubaix - 1952
Huile sur toile
H. 38 ; L. 46 cm
S.b.g : *HEMERY*
D.T. et contresigné au dos sur le châssis : *1952 / "L'Atelier d'Arthur" / HEMERY*
Hist. : Legs Michel Delporte en 2001
Inv. 2001-50-78

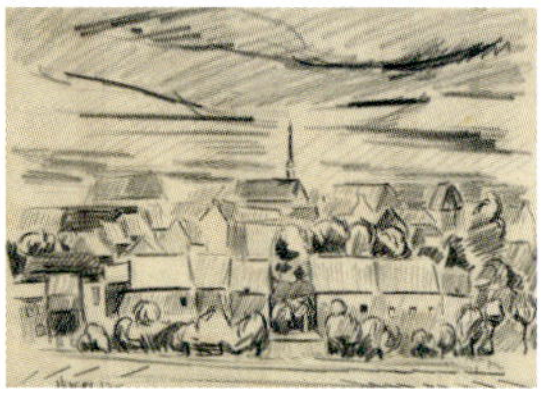

273. Vue d'un village - 1953
Fusain sur papier beige
H. 19,5 ; L. 26,7 cm
S.b.g : *HEMERY 53*
Hist. : Legs Michel Delporte en 2001
Inv. 2001-50-9

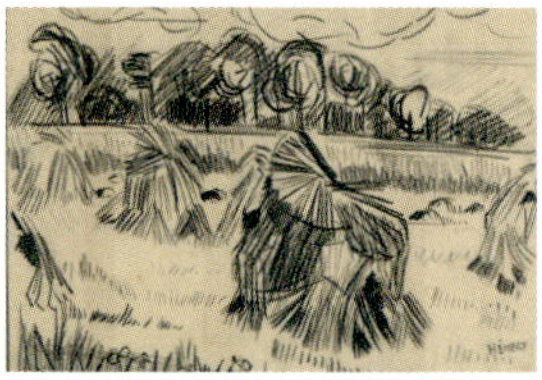

274. Ballots de paille - 1953
Fusain sur papier beige
H. 18,7 ; L. 26,5 cm
S.b.d : *HEMERY*
Hist. : Legs Michel Delporte en 2001
Inv. 2001-50-10

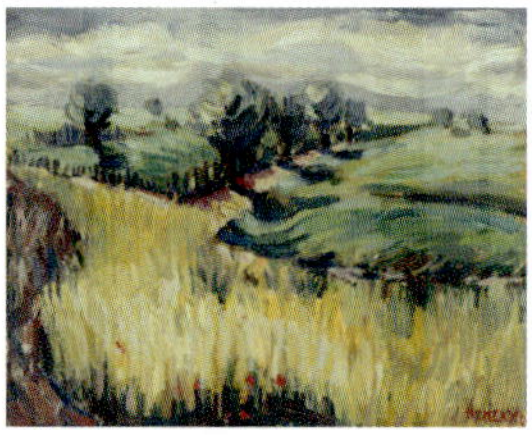

275. Paysage - 1954
Huile sur toile
H. 46 ; L. 54,5 cm
S.D.b.d : *HEMERY / 54*
Hist. : Legs Michel Delporte en 2001
Inv. 2001-50-72

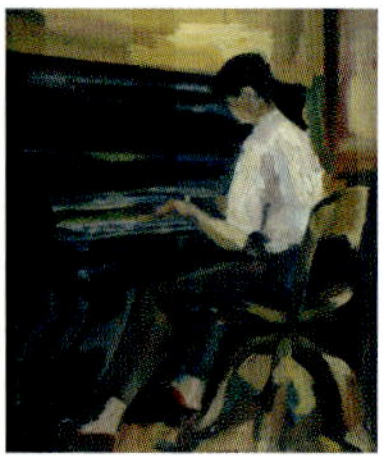

276. Homme jouant du piano - vers 1954
Huile sur toile
H. 27,5 ; L. 22 cm
N.S.n.D
Hist. : Legs Michel Delporte en 2001
Inv. 2001-50-76

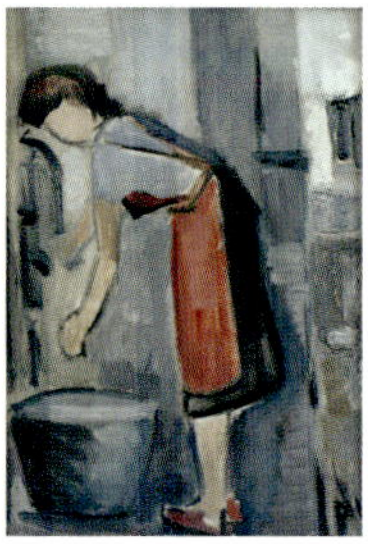

277. La Lessive - vers 1954
Huile sur toile
H. 35,5 ; L. 24,5 cm
Monogrammé b.d : *PH*
Hist. : Legs Michel Delporte en 2001
Inv. 2001-50-77

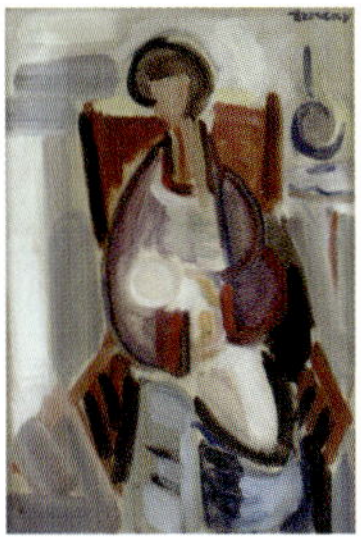

278. Femme assise dans un fauteuil rouge - vers 1954
Huile sur toile
H. 33 ; L. 22 cm
S.h.d : *HEMERY*
Hist. : Legs Michel Delporte en 2001
Inv. 2001-50-74

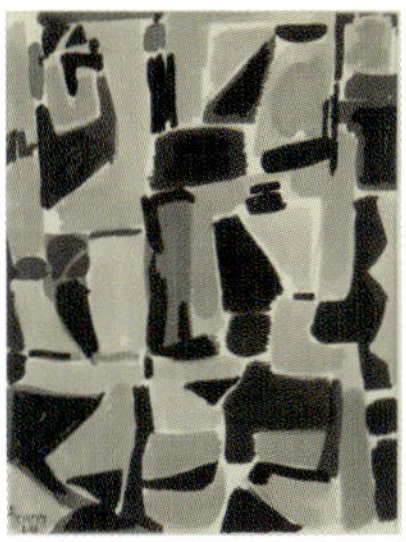

279 Sans titre - 1959
Encre et gouache sur papier
H. 35 ; L. 26 cm (à vue)
S.D.b.g : *Hémery / 2.59*
Hist. : Legs Michel Delporte en 2001
Inv. 2001-50-29

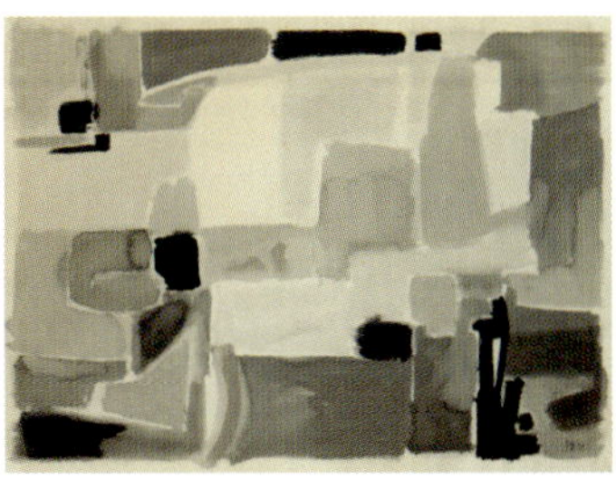

280. Sans titre - 1959
Encre sur papier
H. 49,5 ; L. 64,5 cm
Dédicacé b.g : *Michel*
Monogrammé et D.b.d : P.H 59
Hist. : Legs Michel Delporte en 2001
Inv. 2001-50-27

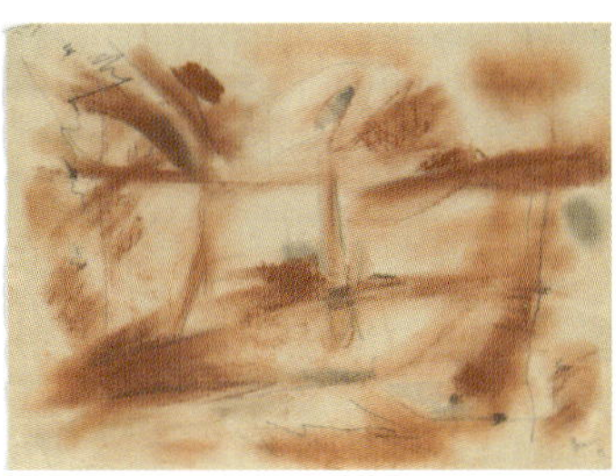

281. Sans titre - 1959
Sanguine et crayon sur papier
H. 26,5 ; L. 35,5 cm
S.D.b.d : *Hémery / 59*
Esquisses au crayon au dos
Hist. : Legs Michel Delporte en 2001
Inv. 2001-50-42

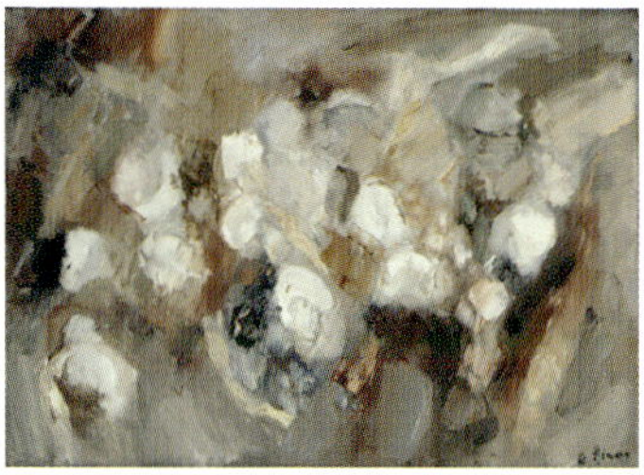

282. Sans titre - 1961
Huile sur toile
H. 54 ; L. 72,5 cm
D.S.b.d : *61 Hémery*
Hist. : Legs Michel Delporte en 2001
Inv. 2001-50-79

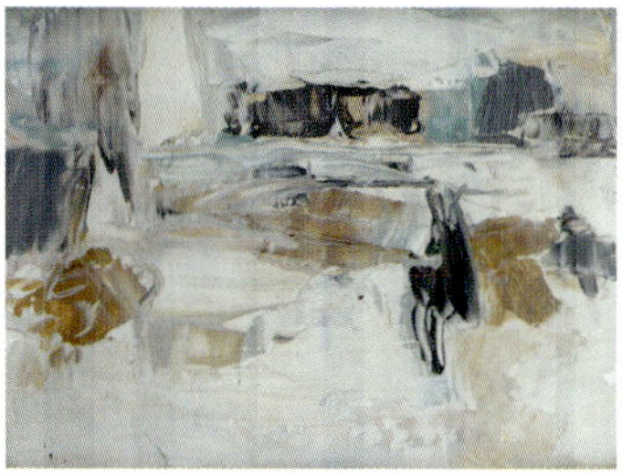

283. Paysage - 1961
Huile sur isorel
H. 19 ; L. 24 cm
N.S.n.D
D. et contresigné au dos sur la toile :
1961 / Hémery
Hist. : Legs Michel Delporte en 2001
Inv. 2001-50-18

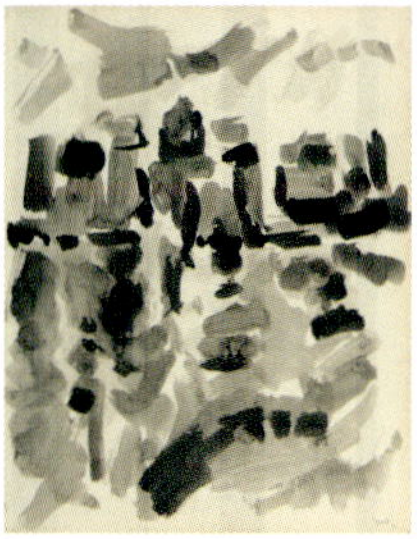

284. Lorsque le rêve était de fer for - 1962
Encre noire sur papier
H. 65,3 ; L. 49 cm
S.D.b.d : *HEMERY / 62*
Inscr. au dos : *Lorsque le rêve était de fer ; for (sic)*
Hist. : Legs Michel Delporte en 2001
Inv. 2001-50-265

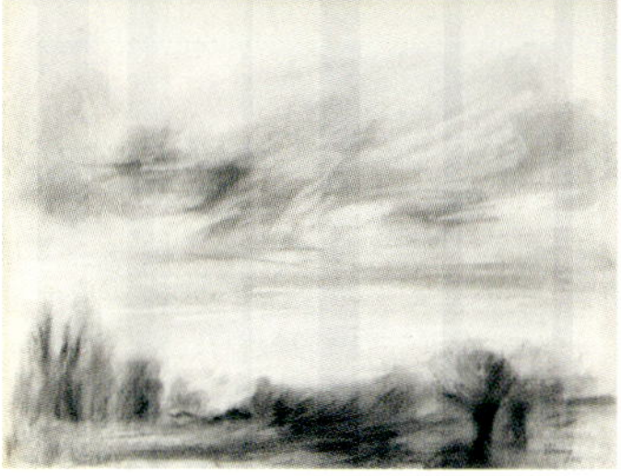

285. Paysage - 1963
Fusain sur papier Ingres
H. 50 ; L. 64 cm
S.D.b.d : *Hémery / 63*
Hist. : Legs Michel Delporte en 2001
Inv. 2001-50-268

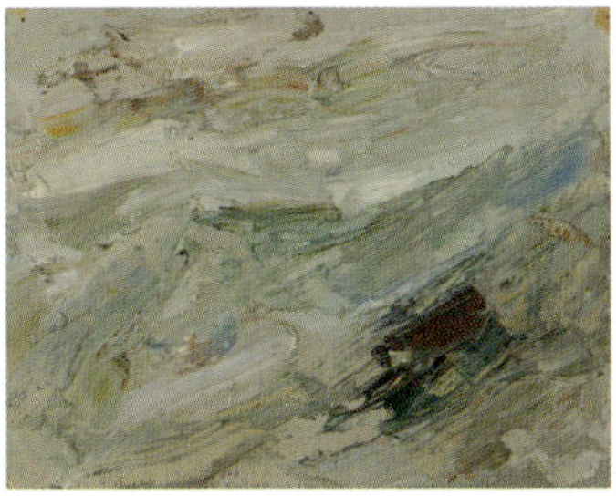

286. Carte de vœux 1963 - 1962-1963
Huile sur carton
H. 17,5 ; L. 21,3 cm
S.b.g : *Hémery*
Dédicacé et D.b.m : *Meilleurs vœux 63*
Hist. : Legs Michel Delporte en 2001
Inv. 2001-50-40

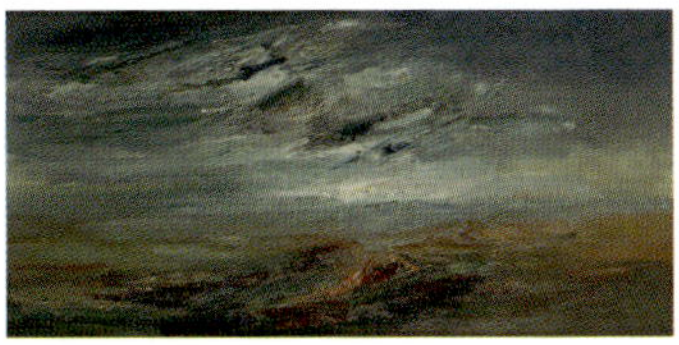

287. Paysage des Flandres - 1964
Huile sur toile
H. 60 ; L. 120 cm
S.b.g : *Hémery*
Contresigné, D. et T. au dos sur la toile :
Hémery / 5/64 / "Paysage" (Flandres)
Hist. : Legs Michel Delporte en 2001
Inv. 2001-50-71

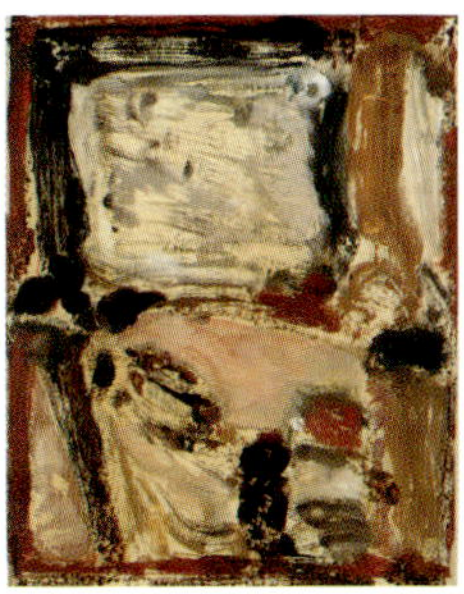

288. Nu assis - 1968
Monotype sur papier
H. 17,5 ; L. 12,5 cm
S.D.b.g : *Hémery 4 / 1968 (?)*
Hist. : Legs Michel Delporte en 2001
Inv. 2001-50-21

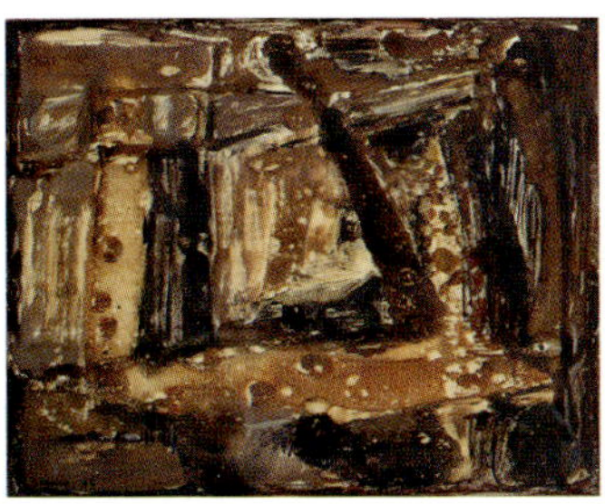

289. Sans titre - 1968
Monotype sur papier contrecollé
sur panneau d'isorel
H. 28,2 ; L. 36,2 cm
S.D.b.g : *Hémery / 68*
Hist. : Legs Michel Delporte en 2001
Inv. 2001-50-65

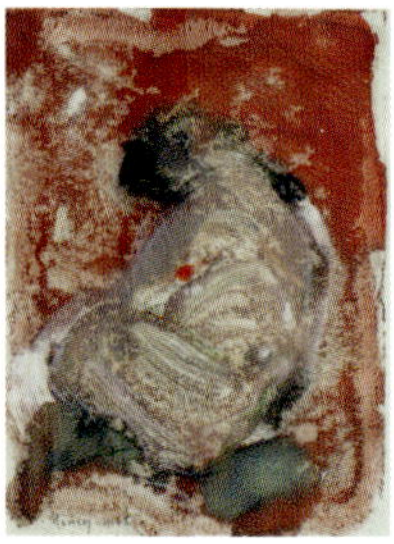

290. Sans titre - 1968
Monotype sur papier marouflé
sur panneau
H. 36,2 ; L. 28 cm
S.b.g : *Hémery*
S.D au dos : *Hémery 68*
Hist. : Legs Michel Delporte en 2001
Inv. 2001-50-30

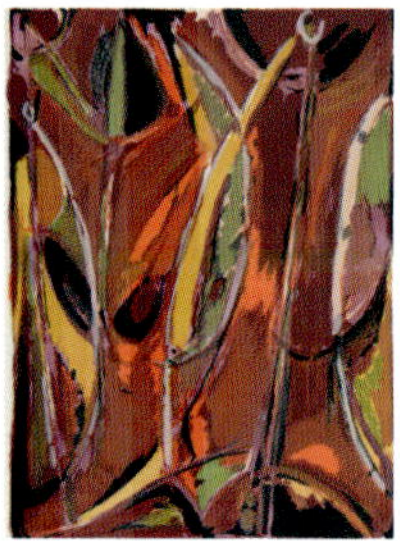

291. Sans titre - 1970
Sérigraphie sur papier
H. 64,5 ; L. 48 cm
Inscr. b.g : *Epreuve d'artiste - 1970*
Dédicacé et signé b.d : *à Michel, amicalement. Paul Hémery*
Hist. : Legs Michel Delporte en 2001
Inv. 2001-50-246

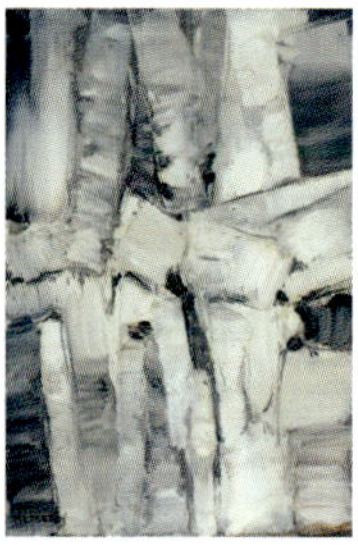

292. Sans titre - 1973
Huile sur toile
H. 54 ; L. 65 cm
S.b.g : *Hémery*
D. contresigné au dos sur la toile : *73 / Hémery*
Hist. : Legs Michel Delporte en 2001
Inv. 2001-50-73

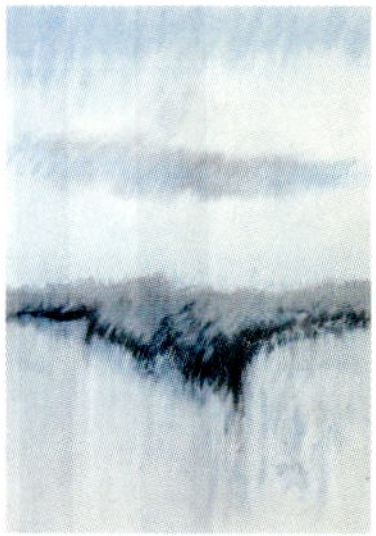

293. Sans titre - 1976
Sérigraphie sur papier
H. 43,5 ; L. 29,5 cm
S.D.b.g : *Hémery / 76*
Dédicacé et numéroté b.g : *A mon ami Michel 2/91*
S.b.d : *Hémery*
Hist. : Legs Michel Delporte en 2001
Inv. 2001-50-245

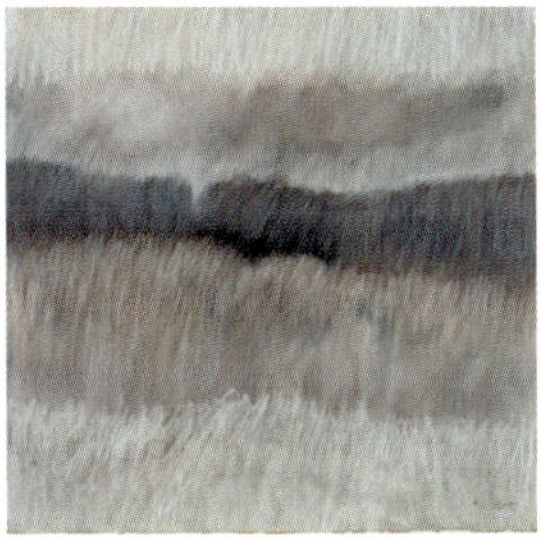

294. Éveil - vers 1984
Pastel sur papier
H. 74,5 ; L. 74,5 cm (à vue)
S.b.d : *Hémery*
Etiquette au dos : *Eveil 75 x 75*
Hist. : Legs Michel Delporte en 2001
Inv. 2001-50-54

295. Paysage - vers 1984
Pastel sur papier
H. 74,5 ; L. 108 cm
S.b.g : *Hémery*
Hist. : Legs Michel Delporte en 2001
Inv. 2001-50-39

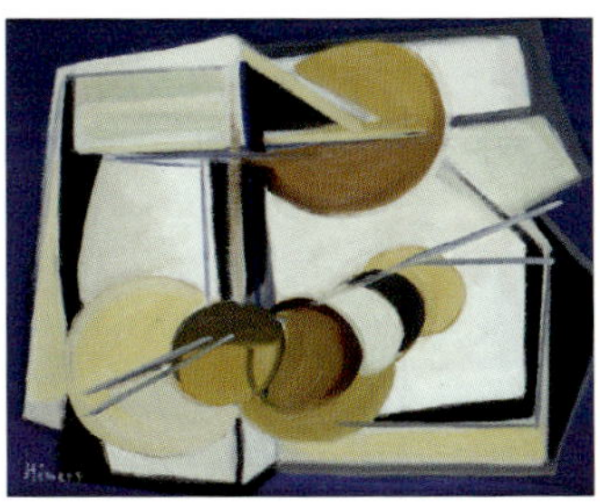

296. Boîte aux disques - 1993
Huile sur isorel
H. 33 ; L. 38,5 cm
S.b.g : *Hémery*
T.S.D et dédicacé au dos sur la toile : *Boîte aux disques/ Hémery 93 / A l'ami Michel / Paul et aussi avec la sympathie de* [... ?] *(de Paris Plage) (Pas-de-Calais)*
Hist. : Legs Michel Delporte en 2001
Inv. 2001-50-64

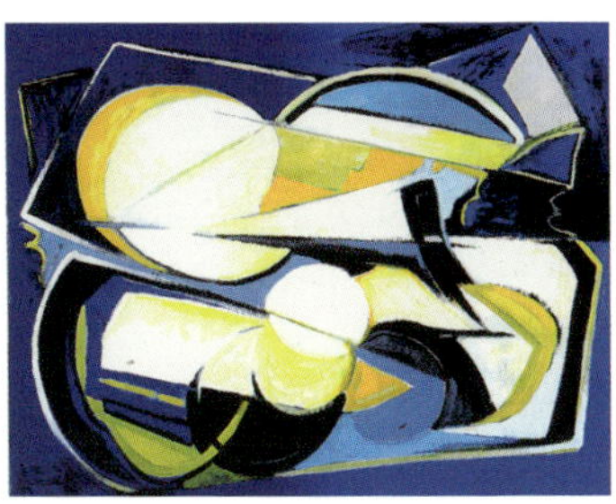

297. Vœux 1998 - 1995
Sérigraphie sur papier
H. 50 ; L. 65 cm
Inscr. b.g : *H.C*
Dédicacé et daté b.m : *Meilleux vœux 1998 et amitié, Paul*
S.D.b.d : *Hémery 95*
Hist. : Legs Michel Delporte en 2001
Inv. 2001-50-247

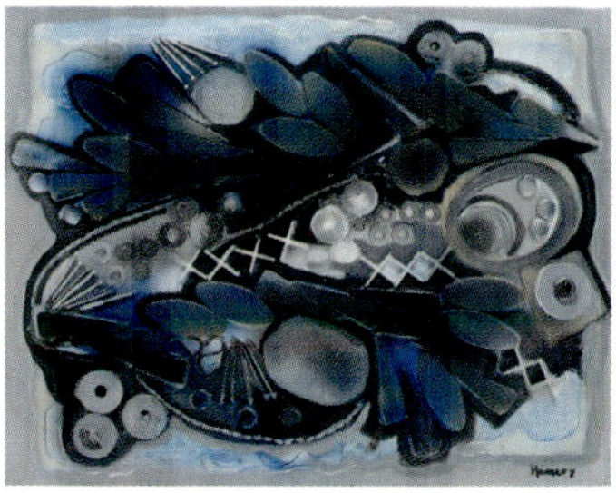

298. Aquatica - 1995
Collage de matériaux divers sur toile : rondelles, clous, croisillons et lamelles
H. 33 ; L. 41 cm
S.b.d : *Hémery*
Contresigné, D, T et dédicacé au dos sur la toile : *Hémery / 1995 / "Aquatica" / A l'ami Michel en toute sympathie / Paul*
Hist. : Legs Michel Delporte en 2001
Inv. 2001-50-12

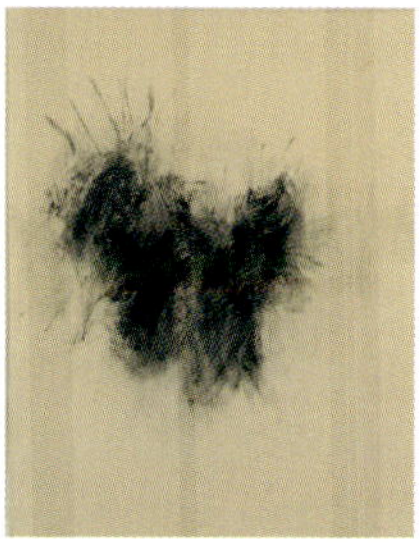

HENNEBELLE PIERRE (NÉ EN 1926)

299. Arbres - n.d.
Fusain sur papier
H. 61 ; L. 46,5 cm (à vue)
S.v.b.d : *Hennebelle*
Hist. : Legs Michel Delporte en 2001
Inv. 2001-50-38

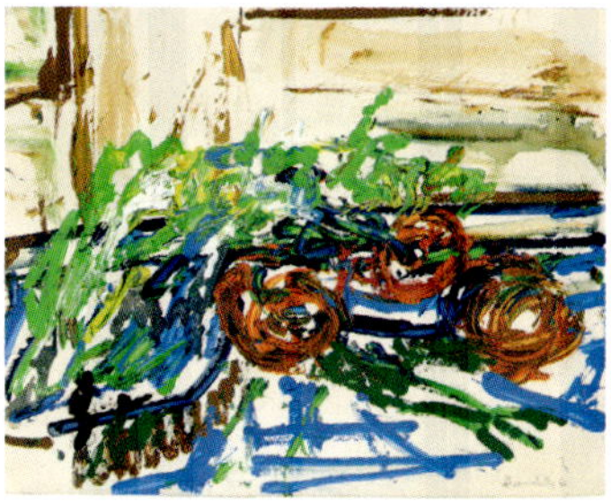

300. Sans titre - 1963
Huile sur papier
H. 22,5 ; L. 27,5 cm
S.D.b.d : *Hennebelle 63*
Hist. : Legs Michel Delporte en 2001
Inv. 2001-50-41

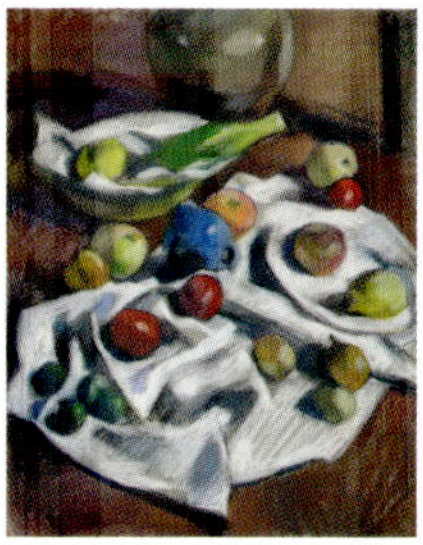

JACOB RENÉ (1905-1986)

301. Nature morte aux fruits et au torchon - n.d.
Pastels sur papier Canson
H. 64,5 ; L. 49,5 cm (à vue)
S. b.g : *Jacob*
Hist. : Legs Michel Delporte en 2001
Inv. 2001-50-34

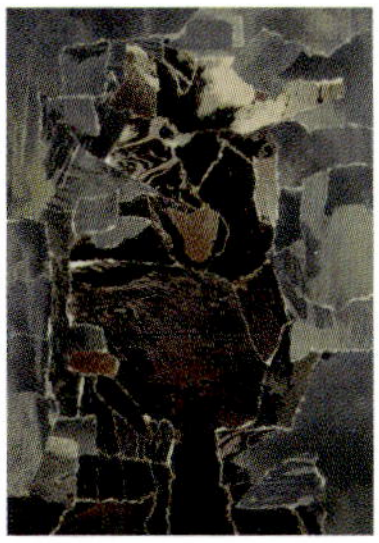

Koder Félix (1932-1992)

302. Sans titre - 1962
Collage d'héliogravures sur le verso d'une photographie publicitaire
H. 18,5 ; L. 12,5 cm
S.D.b.d sous le collage : *KODER 62*
Inscr. au dos : *21*
Hist. : Legs Michel Delporte en 2001
Inv. 2001-50-47

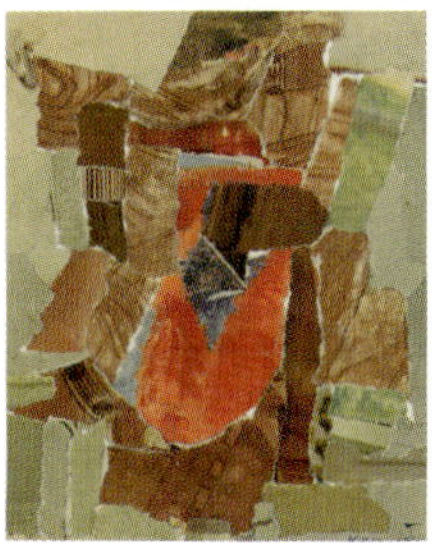

303. Sans titre - 1962
Collage d'héliogravures sur papier Canson
H. 19,5 ; L. 15,2 cm
S.D.b.d : *KODER 62*
Hist. : Legs Michel Delporte en 2001
Inv. 2001-50-51

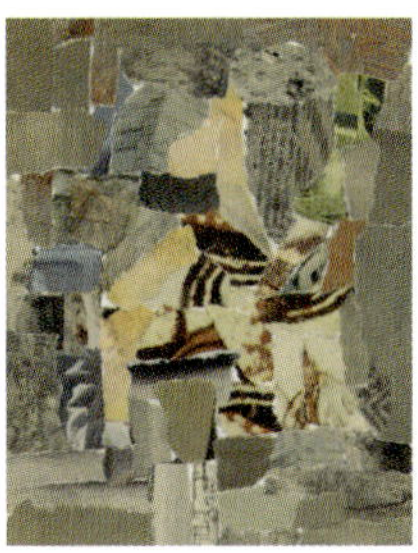

304. Sans titre - 1962
Collage d'héliogravures sur papier
H. 20 ; L. 15 cm
S.D.b.d sous le collage : *KODER 9.7.62*
Inscr. au dos : *8*
Hist. : Legs Michel Delporte en 2001
Inv. 2001-50-43

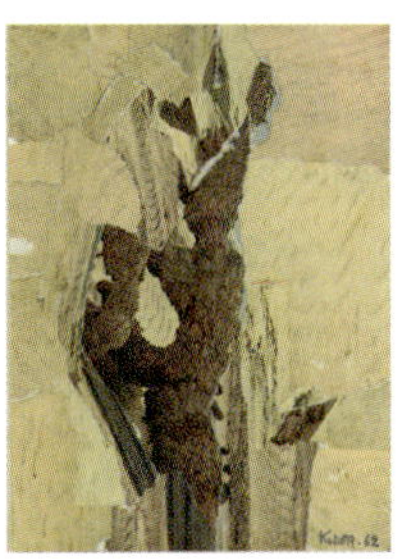

305. Sans titre - 1962
Collage d'héliogravures sur carton
H. 18,2 ; L. 13,2 cm
S.D.b.d : *KODER 62*
Hist. : Legs Michel Delporte en 2001
Inv. 2001-50-50

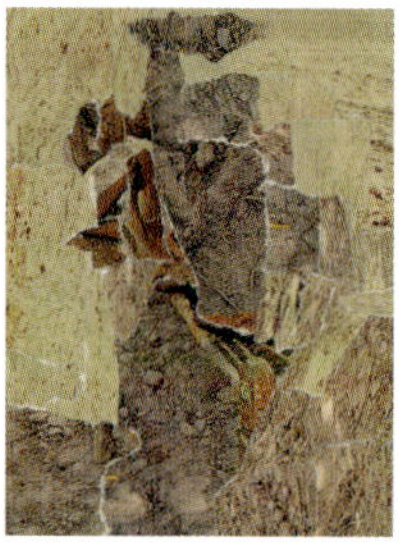

306. Sans titre - 1962
Collage d'héliogravures sur le verso d'une photographie publicitaire
H. 17 ; L. 12,5 cm
S.D.b.d sous le collage : *KODER 22.8.62*
Inscr. au dos : *22*
Hist. : Legs Michel Delporte en 2001
Inv. 2001-50-48

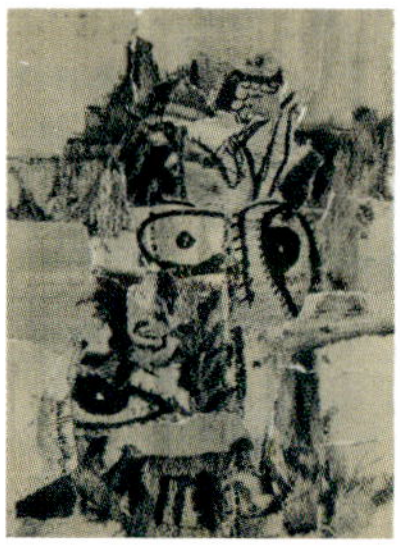

307. Sans titre - 1962
Collage d'héliogravures sur papier
H. 17,3 ; L. 12,5 cm
S.D.b.d sous le collage : *KODER 26.9.62*
Inscr. au dos : *41*
Hist. : Legs Michel Delporte en 2001
Inv. 2001-50-44

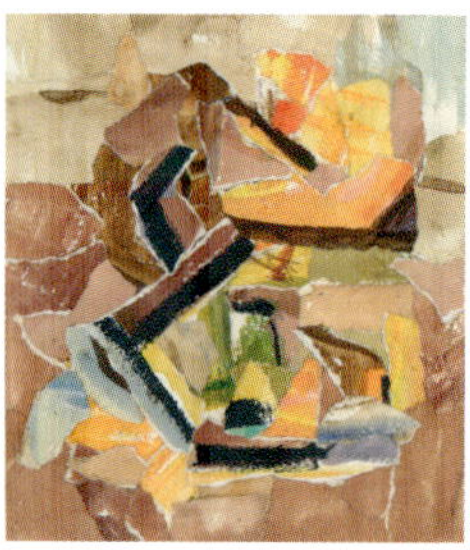

308. Sans titre - 1962
Collage d'héliogravures avec rehauts de gouache sur papier
H. 17,3 ; L. 15 cm
S.D.b.d sous le collage : *KODER Sept. 62*
Inscr. au dos : *29*
Hist. : Legs Michel Delporte en 2001
Inv. 2001-50-46

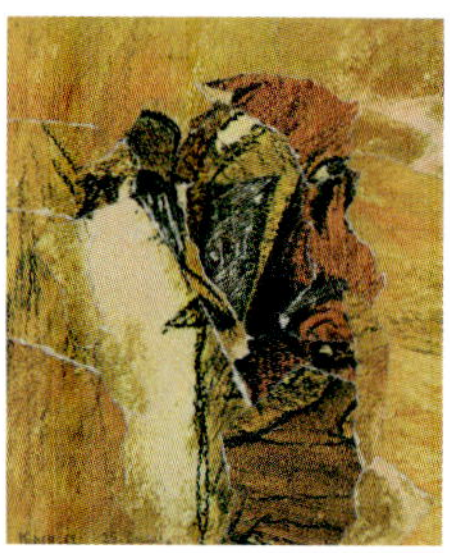

309. Sans titre - 1962
Collage d'héliogravures sur papier
H. 18,3 ; L. 15,3 cm
S.D.b.d sous le collage : *KODER 62 25 Décembre*
Inscr. au dos : *N° 110 / 24.12.62*
Hist. : Legs Michel Delporte en 2001
Inv. 2001-50-45

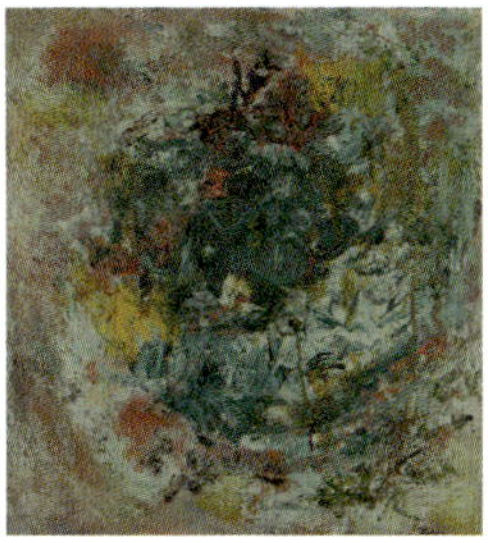

310. Naissance - 1962
Huile sur toile de jute
H. 82 ; L. 72,5 cm
S.b.d : *KODER /*
S.D. au dos v.d : *KODER / 30.12.62*
Étiquette ancienne collée sur le châssis
b.g : *82 x 73 / Naissance / 600 Francs*
Toile de jute réemployée, marquée : *CFR*
Hist. : Legs Michel Delporte en 2001
Inv. 2001-50-147

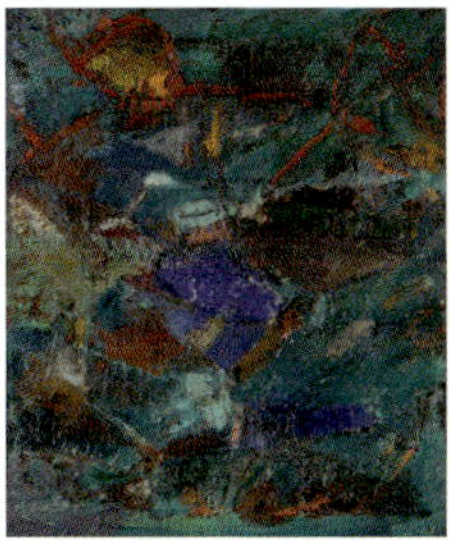

311. Sans titre - vers 1962
Huile sur toile
H. 50 ; L. 40 cm
N.S.n.D
Hist. : Legs Michel Delporte en 2001
Inv. 2001-50-66

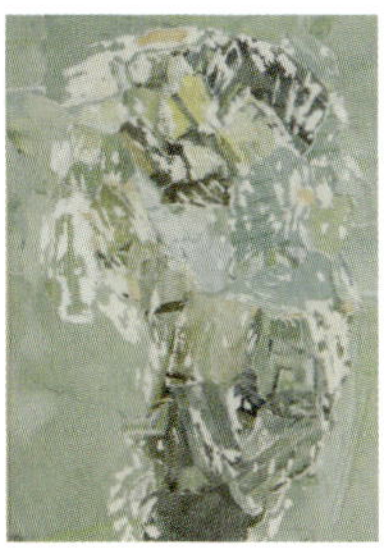

312. Sans titre - 1963
Collage d'héliogravures sur papier
H. 23 ; L. 16 cm (à vue)
S.D.b.d : *KODER. 2.1.63*
Hist. : Legs Michel Delporte en 2001
Inv. 2001-50-14

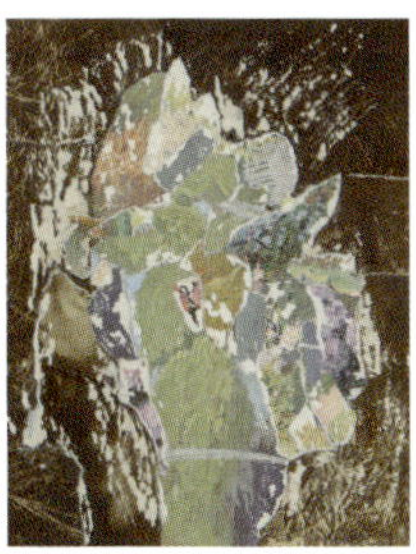

313. Sans titre - 1963
Collage d'héliogravure sur papier
H. 22,8 ; L. 17 cm
S.D.b.d : *KODER - 63*
S.D. au dos : *3 Janvier 1963 / Koder*
Hist. : Legs Michel Delporte en 2001
Inv. 2001-50-190

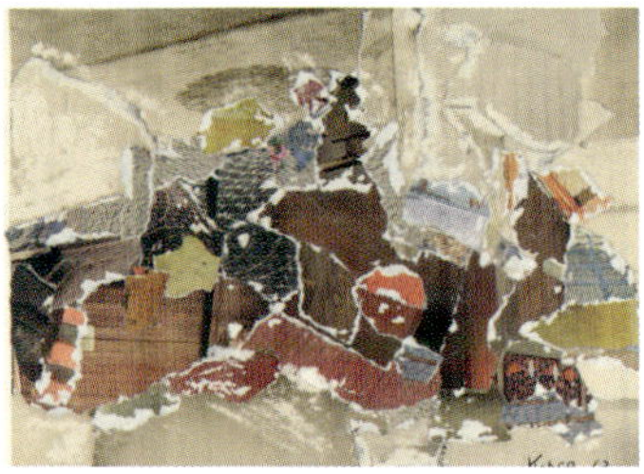

314. Sans titre - 1963
Collage d'héliogravures sur papier
H. 14,5 ; L. 19,6 cm
S.D.b.d : *KODER 63*
Inscr. au dos : *3 janvier 1963*
Hist. : Legs Michel Delporte en 2001
Inv. 2001-50-52

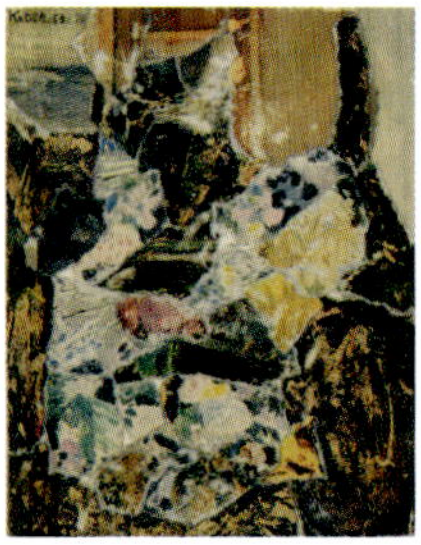

315. Sans titre - 1963
Collage d'héliogravures sur carton
H. 19,5 ; L. 15 cm
S.D.h.g : *KODER 63*
Hist. : Legs Michel Delporte en 2001
Inv. 2001-50-49

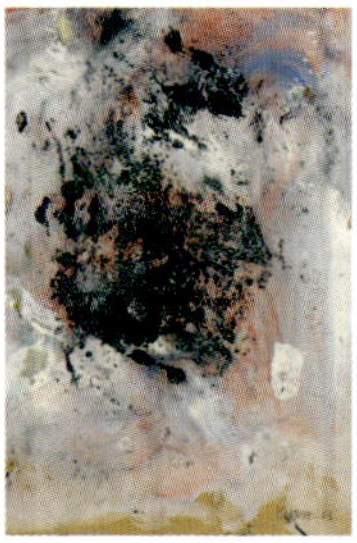

316. Sans titre - 1963
Gouache sur carton
H. 25,6 ; L. 18 cm
S.D.b.d : *KODER 63*
Hist. : Legs Michel Delporte en 2001
Inv. 2001-50-53

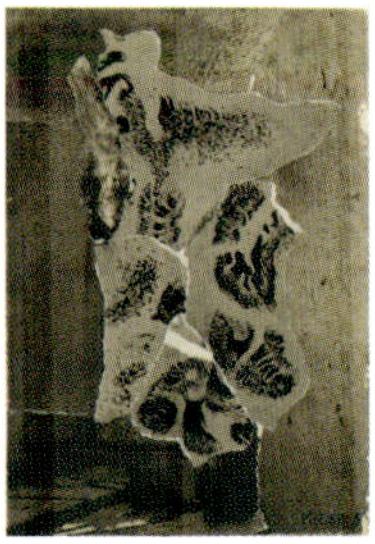

317. Sans titre - vers 1963
Collage d'héliogravures sur papier
H. 17,5 ; L. 12 cm
S.D.b.d : *KODER - 6?*
Inscr. au dos : *75*
Hist. : Legs Michel Delporte en 2001
Inv. 2001-50-185

LECLERCQ PIERRE (1928-2002)

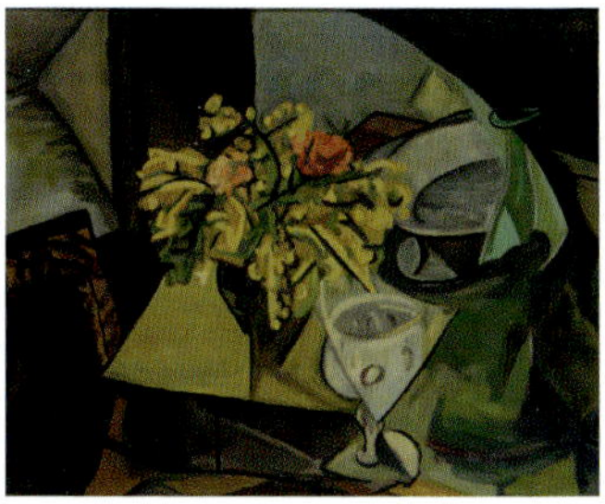

318. Nature morte aux mimosas - 1947
Huile sur toile
H. 54 ; L. 65 cm
S.b.g : *P. LECLERCQ*
T.S. au dos sur le châssis : *Nature morte - Pierre LECLERCQ / N° 2*
Hist. : Legs Michel Delporte en 2001
Inv. 2001-50-36

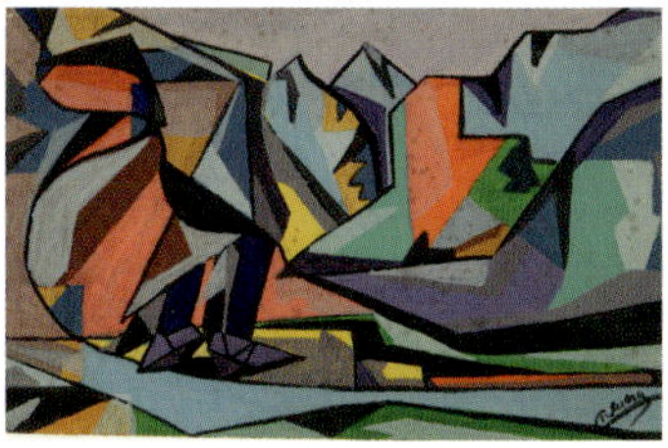

319. Paysage - n.d.
Gouache et encre noire sur papier collé sur une autre feuille de papier
H. 13,5 ; L. 20,4 cm
S.b.d : *P. Leclercq*
Hist. : Legs Michel Delporte en 2001
Inv. 2001-50-22

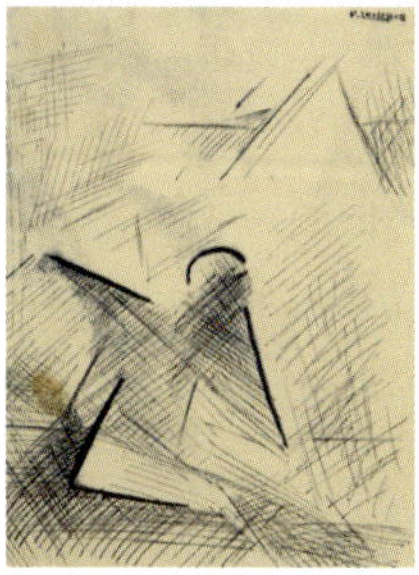

320. Sans titre - n.d.
Encre sur papier
H. 16 ; L. 12 cm
S.h.d : *P. LECLERCQ*
Hist. : Legs Michel Delporte en 2001
Inv. 2001-50-181

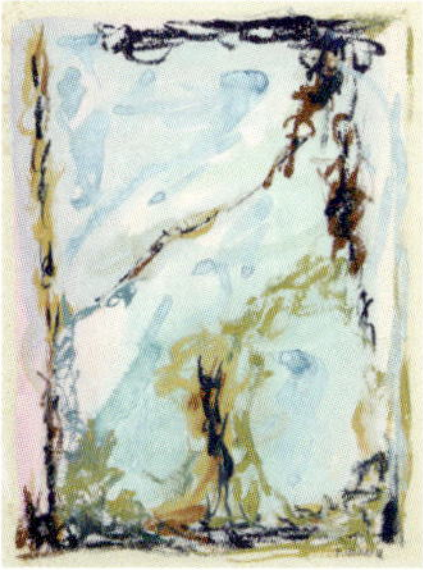

321. Sans titre - 1959
Aquarelle et gouache sur papier
H. 24 ; L. 14 cm
S.D.b.d : *P. LECLERCQ / 17.5.59*
Hist. : Legs Michel Delporte en 2001
Inv. 2001-50-204

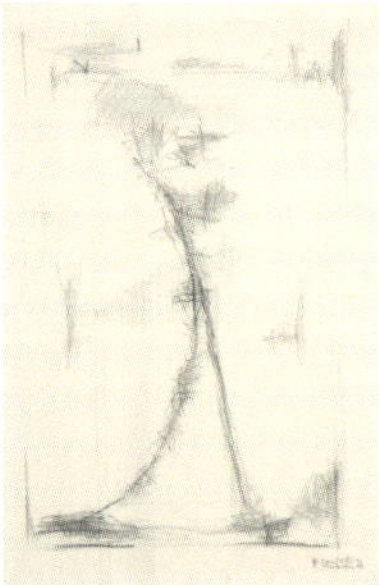

322. Sans titre - 1959
Crayon graphite sur papier
H. 24 ; L. 14 cm
S.D.b.d : *P. LECLERCQ / 18.5.59*
Hist. : Legs Michel Delporte en 2001
Inv. 2001-50-203

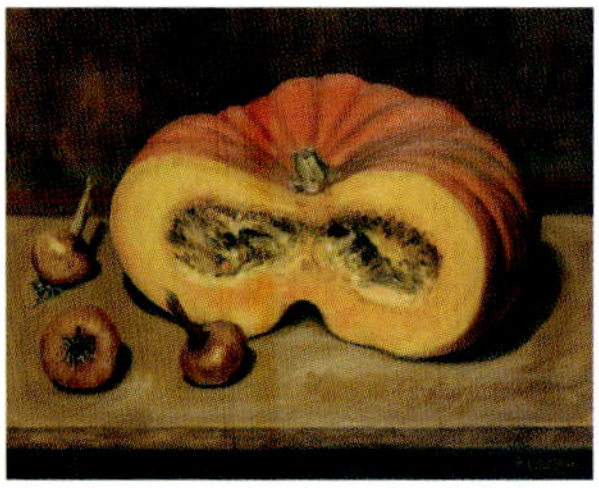

323. Nature morte à la citrouille - 1993
Huile sur toile
H. 38 ; L. 46 cm
S.b.d : *P. LECLERCQ*
S.D au dos : *P. Leclercq / 1/93*
Hist. : Legs Michel Delporte en 2001
Inv. 2001-50-28

LÉGER FERNAND, D'APRÈS (1881-1955)

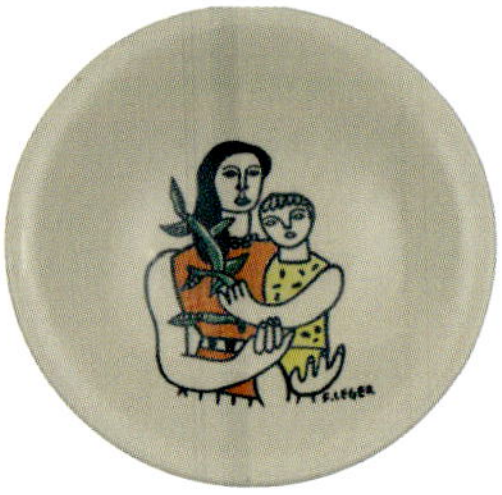

324. Maternité - vers 1955
Assiette. Faïence
Diam. 25,2 cm
S.b.d du motif : *F. LEGER*
Hist. : Legs Michel Delporte en 2001
Inv. 2001-50-81

LEROY EUGÈNE (1910-2000)

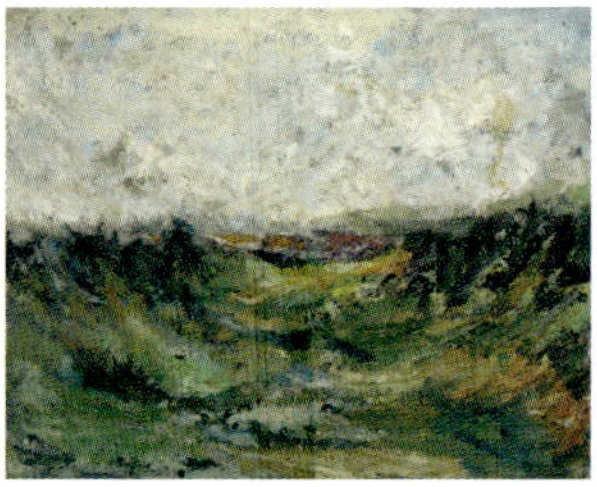

325. Paysage - n.d.
Huile sur toile
H. 81 ; L. 99,5 cm
N.S.n.D
Hist. : Legs Michel Delporte en 2001
Inv. 2001-50-87

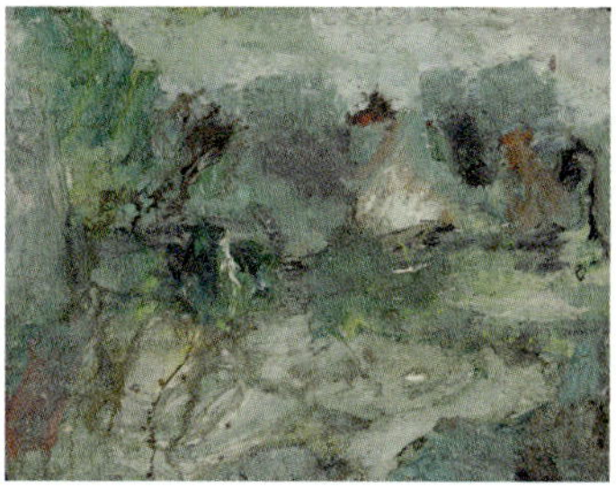

326. Paysage - n.d.
Huile sur toile
H. 44,5 ; L. 55,5 cm
N.S.n.D
Hist. : Legs Michel Delporte en 2001
Inv. 2001-50-86

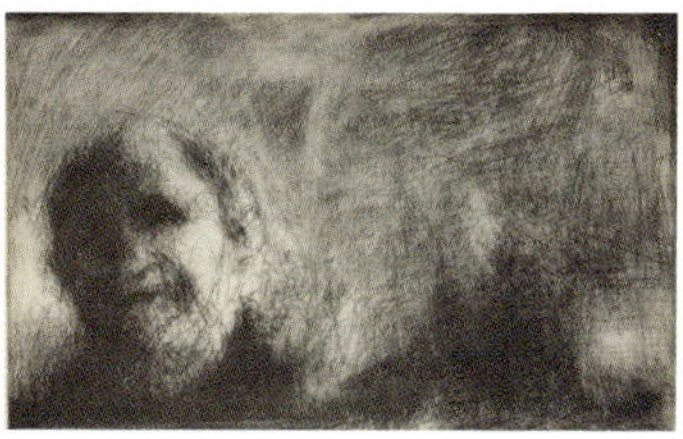

327. Autoportrait - 1965
Eau-forte sur papier
H. 15,5 ; L. 23,5 cm
S.D.b.d : *E. Leroy 65*
Tirage numéroté b.g : *1/30 (?)*
Hist. : Legs Michel Delporte en 2001
Inv. 2001-50-25

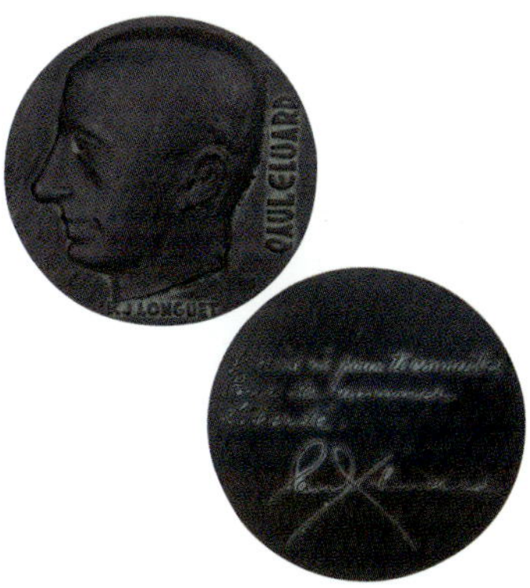

LONGUET KARL-JEAN (1904-1981)

328. Paul Éluard
Médaille biface en bronze patine noire
Diam. 7 cm
Inscr. à droite à l'avers : *PAUL ELUARD*
Inscr. en bas à l'avers : *KJ LONGUET*
Inscr. au revers : *Je suis né pour te connaître / Pour te nommer / Liberté / Paul Eluard*
Hist. : Legs Michel Delporte en 2001
Inv. 2001-50-330

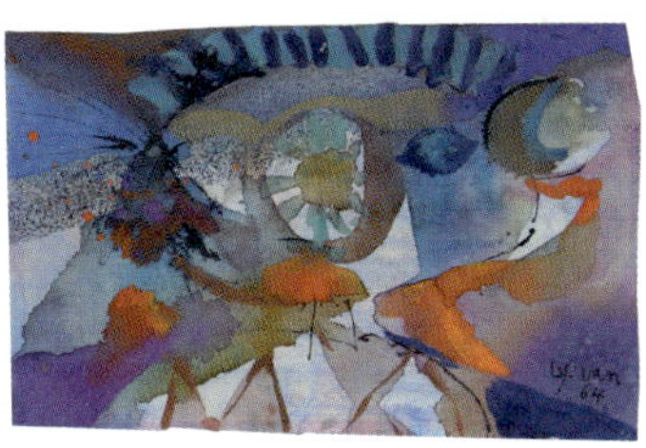

LY VAN (XXe SIÈCLE)

329. Sans titre - 1964
Encre et aquarelle sur papier
H. 16 ; L. 23,5 cm
S.D.b.d : *Ly-van / 64*
Hist. : Legs Michel Delporte en 2001
Inv. 2001-50-195

Picasso Pablo
(1881-1973)

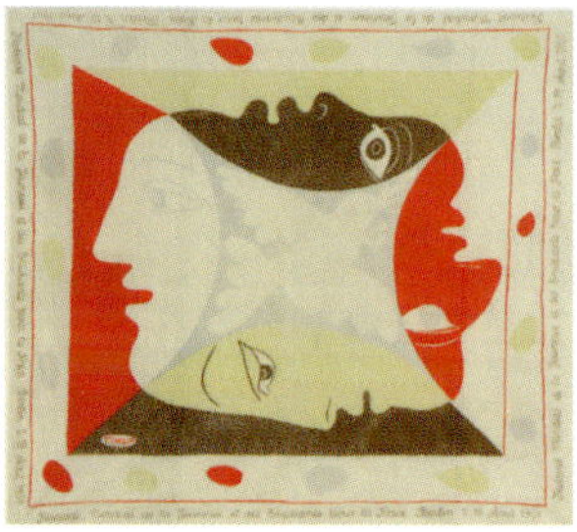

330. Foulard pour le festival mondial de la jeunesse - 1951
Coton sérigraphié
H. 77 ; L. 82 cm
S.b.g : *Picasso*
Inscr. imprimée sur la lisière : *Festival mondial de la Jeunesse et des Étudiants pour la Paix. Berlin 5. 19 août 1951*
(répété 4 fois)
Hist. : Legs Michel Delporte en 2001
Inv. 2001-50-80

Roulland Jean
(Né en 1931)

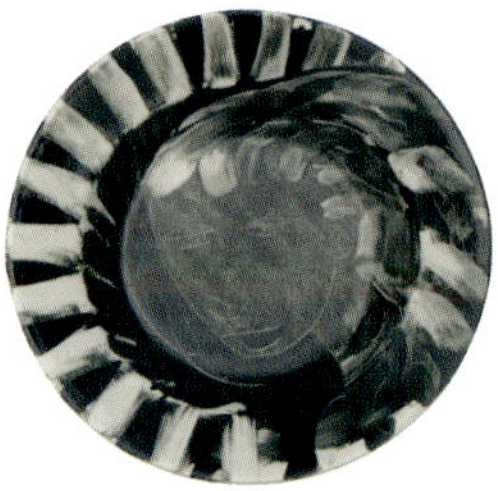

331. Visage féminin - 1957
Assiette. Faïence fine peinte
Diam. 31 cm
Signature gravée dans la peinture : *Roulland*
Hist. : Legs Michel Delporte en 2001
Inv. 2001-50-84

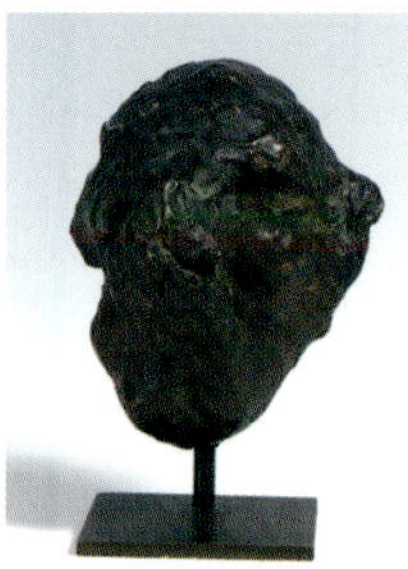

332. Masque - 1962
Bronze
H. 24 ; L. 12 ; P. 14 cm
N.S.n.D
Hist. : Legs Michel Delporte en 2001
Inv. 2001-50-83

Schein
(XXe siècle)

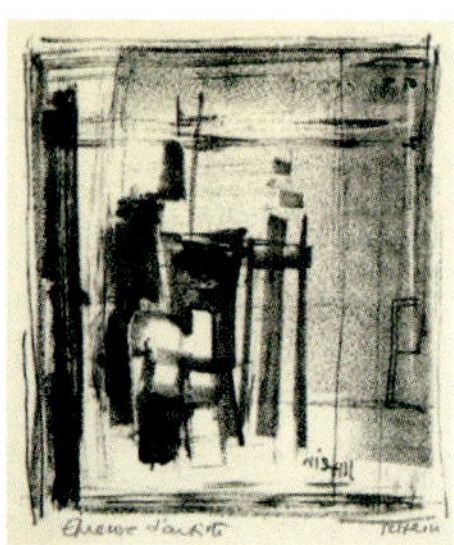

333. Sans titre - n.d.
Eau-forte sur papier
H. 14,2 ; L. 12 cm
S.b.d : *schein* (?)
Inscr. b.g : Epreuve d'artiste
S.b.d : *schein* (?)
Hist. : Legs Michel Delporte en 2001
Inv. 2001-50-180

Simon S.
(XXe siècle)

334. Robespierre

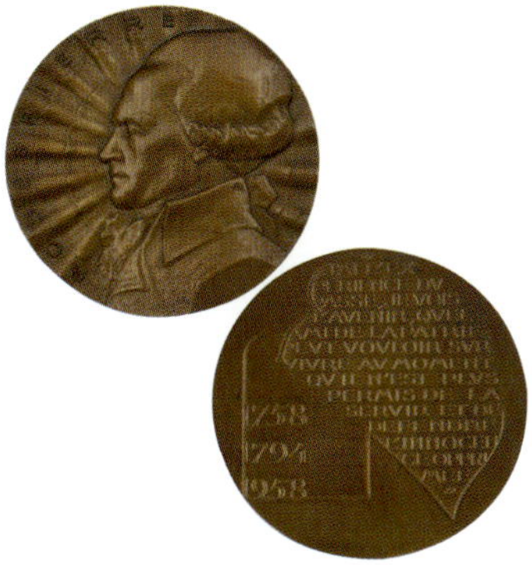

Médaille biface en bronze patine dorée
Diam. 6,8 cm
Inscr. à l'avers : *ROBESPIERRE*
S.v.g à l'avers : *S. SIMON*
Inscr. au revers : *1758 / 1794 / 1958*
Inscr. au revers dans une forme de bonnet phrygien : *"J'AI L'EX / PERIENCE DV / PASSE, JE VOIS / L'AVENIR, QVEL AMI DE LA PATRIE PEVT VOVLOIR SVR / VIVRE AV MOMENT / OV IL N'EST PLVS / PERMIS DE LA / SERVIR ET DE / DEFENDRE / L'INNOCEN / CE OPPRI / MEE / "*
Hist. : Legs Michel Delporte en 2001
Inv. 2001-50-331

Van Hecke Arthur
(1924-2003)

Voir aussi
Cat. 350 (2001-50-85)

335. Bouquet de fleurs - 1953

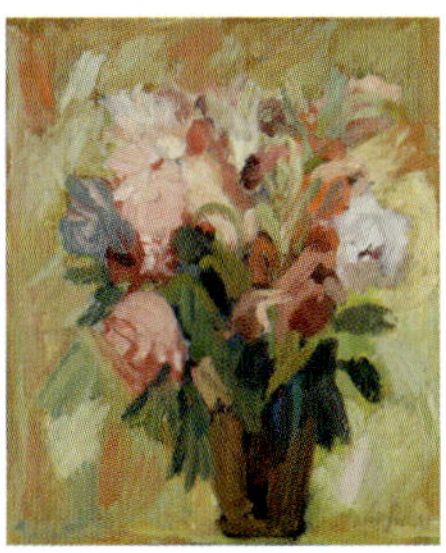

Huile sur toile
H. 65 ; L. 54 cm
S.D.b.d : *a. Van Hecke 53*
Hist. : Legs Michel Delporte en 2001
Inv. 2001-50-141

336. Marine - 1961-1962

Gouache et aquarelle sur papier
H. 65 ; L. 50,5 cm
S.b.d : *A. Van Hecke / Grav(elines)*
Hist. : Legs Michel Delporte en 2001
Inv. 2001-50-37

337. Vue d'un port - n.d.
Carte de vœux. Lithographie sur papier
H. 30 ; L. 25 cm
S.b.d : *Van Hecke*
Dédicacée à l'intérieur sur un papier imprimé au nom et adresse d'Arthur Van Hecke : *Salut Michel / Bonne année / pour toi et les tiens / Arthur*
Hist. : Legs Michel Delporte en 2001
Inv. 2001-50-189

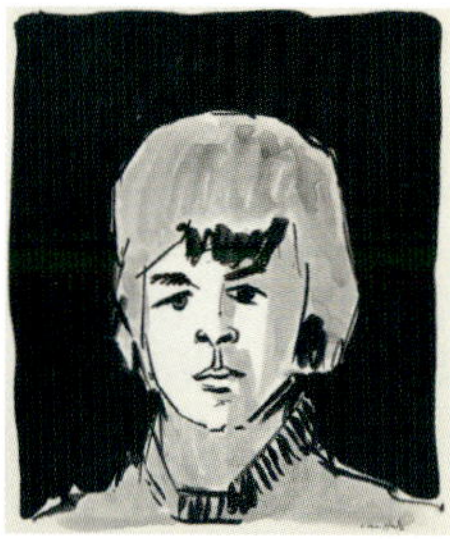

338. Jeune Garçon - n.d.
Carte de vœux. Lithographie sur papier
H. 30 ; L. 25 cm
S.b.d : *Van Hecke*
Dédicacée à l'intérieur sur un papier imprimé au nom et adresse d'Arthur Van Hecke : *Salut Ô Michel / Bonne et heureuse / année / embrasse les anciens / Arthur.*
Hist. : Legs Michel Delporte en 2001
Inv. 2001-50-188

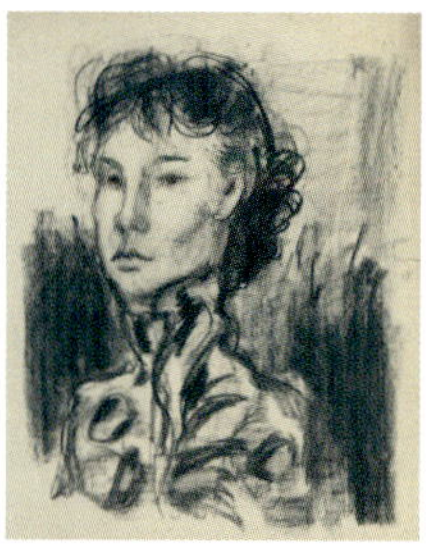

339. Portrait de femme - 1984
Fusain sur papier Ingres
H. 64 ; L. 49 cm
S.b.d : *Van Hecke*
Hist. : Legs Michel Delporte en 2001
Inv. 2001-50-266

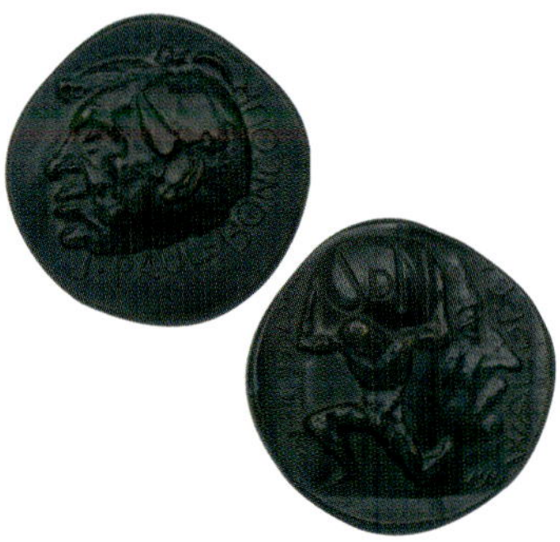

WALDEC
(XXE SIÈCLE)

340. J.-Paul Boncour - SDN
Médaille biface en bronze patine marron
Diam. 6 cm
Inscr. à l'avers : *J. PAUL BONCOUR*
Inscr. au revers : *SDN*
S. au revers : *WALDEC*
Hist. : Legs Michel Delporte en 2001
Inv. 2001-50-336

FIG. 46. Ci-contre : JEAN ROULLAND (né en 1931), *Visage féminin* (détail), 1957, cat. 331

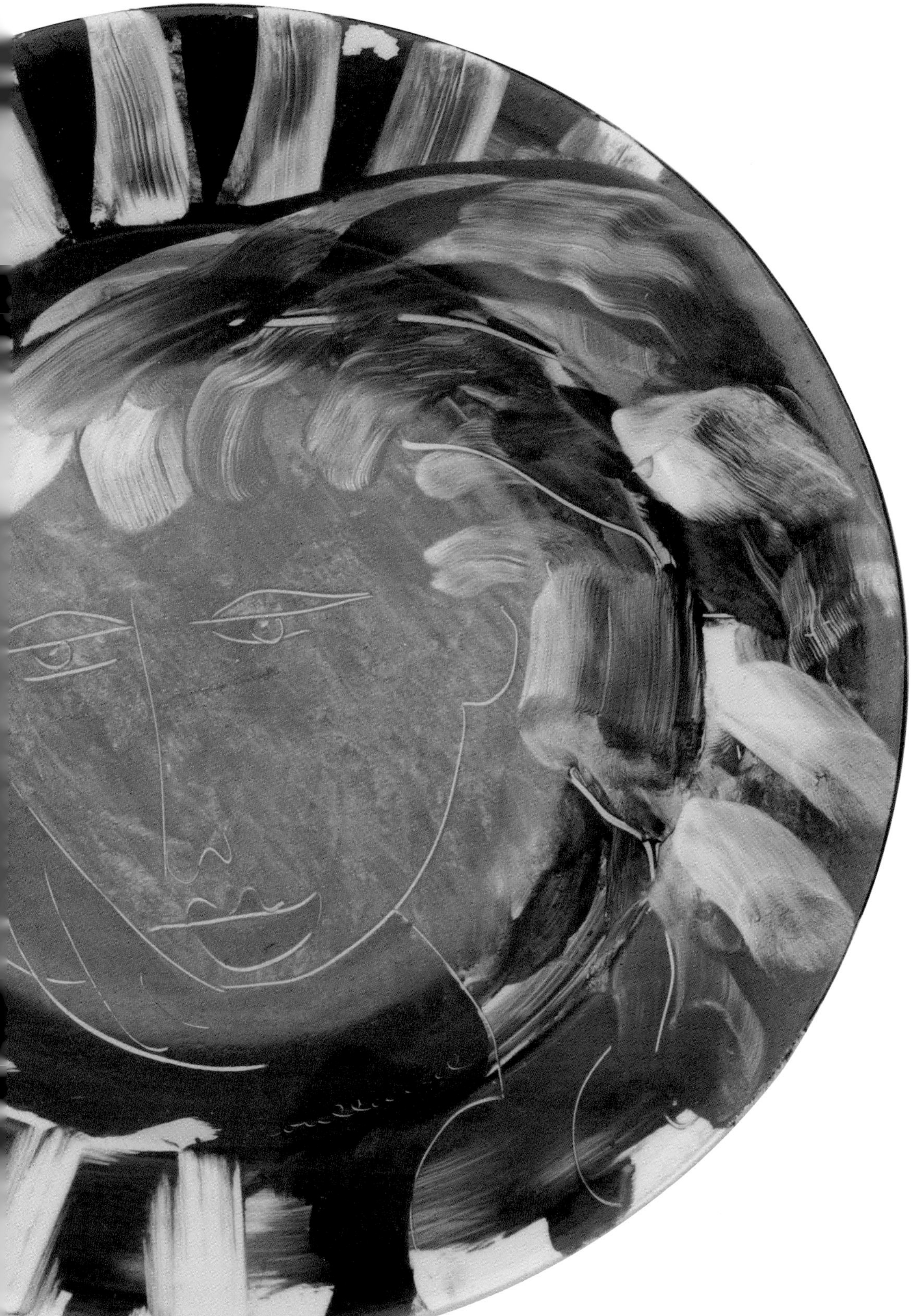

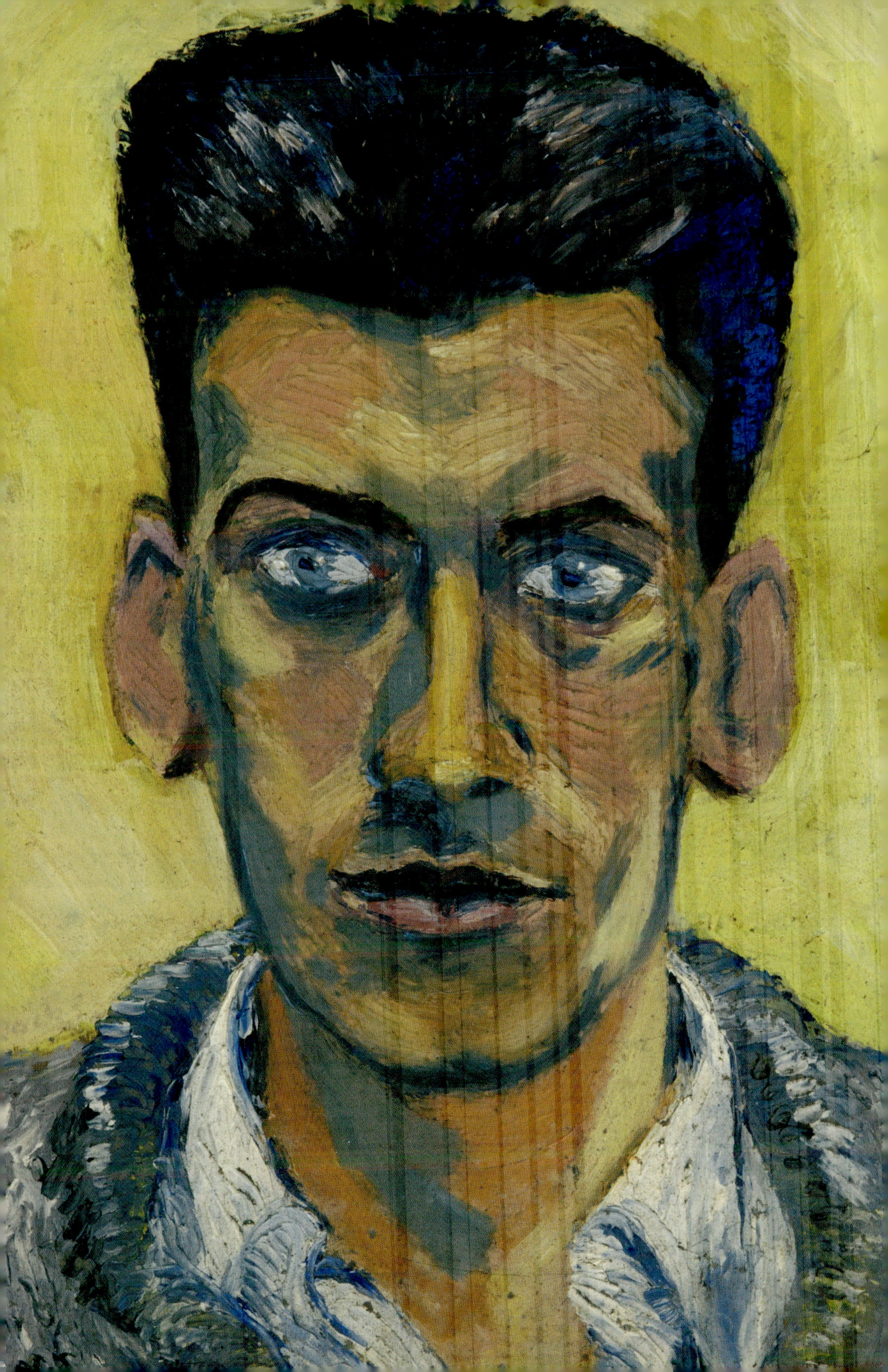

LES PORTRAITS DE MICHEL DELPORTE

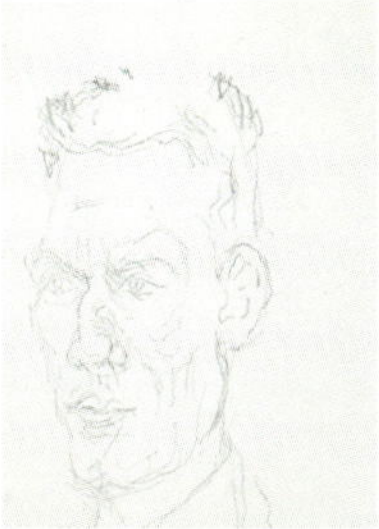

341. ANONYME
Portrait de Michel Delporte - n.d.
Crayon graphite sur papier
H. 33 ; L. 25 cm
N.S.n.D
Hist. : Legs Michel Delporte en 2001
Inv. 2001-50-233

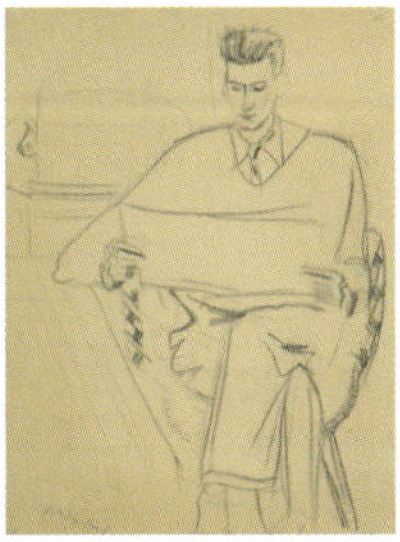

DEBOCK JEAN-ROBERT
(Né en 1928)
342. Portrait de Michel Delporte lisant assis dans un fauteuil - n.d.
Crayon graphite sur papier
H. 38,3 ; L. 28 cm
S.b.g : *J.R. Debock*
Hist. : Legs Michel Delporte en 2001
Inv. 2001-50-251

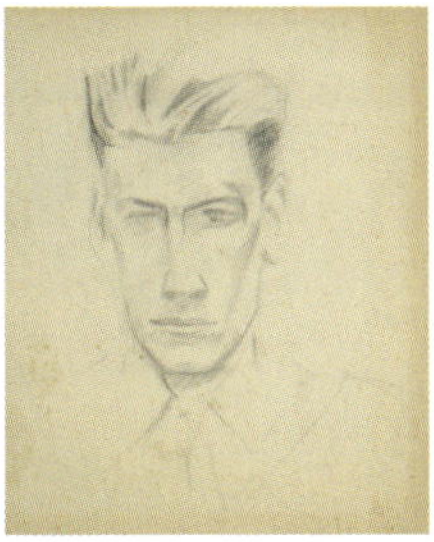

343. Portrait de Michel Delporte - vers 1950
Crayon graphite sur papier
H. 42 ; L. 33 cm
Monogramme b.d. presque effacé : *JRD*
Hist. : Legs Michel Delporte en 2001
Inv. 2001-50-250

Fig. 47. Ci-contre : JEAN-ROBERT DEBOCK (né en 1928), *Portrait de Michel Delporte* (détail), vers 1950, cat. 345

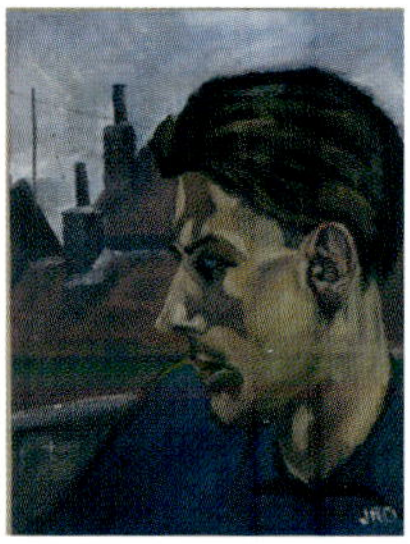

344. Portrait de Michel Delporte - vers 1950
Huile sur toile
H. 60,5 ; L. 46 cm
Monogrammé b.d : *JRD*
Hist. : Legs Michel Delporte en 2001
Inv. 2001-50-11

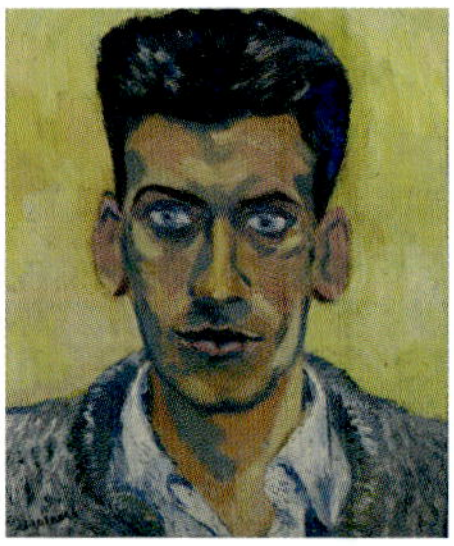

345. Portrait de Michel Delporte - vers 1950
Huile sur panneau de bois
H. 55 ; L. 46 cm
S.b.g : *J.R DEBOCK*
Hist. : Legs Michel Delporte en 2001
Inv. 2001-50-69

FLORIN ANDRÉ (NÉ EN 1928)

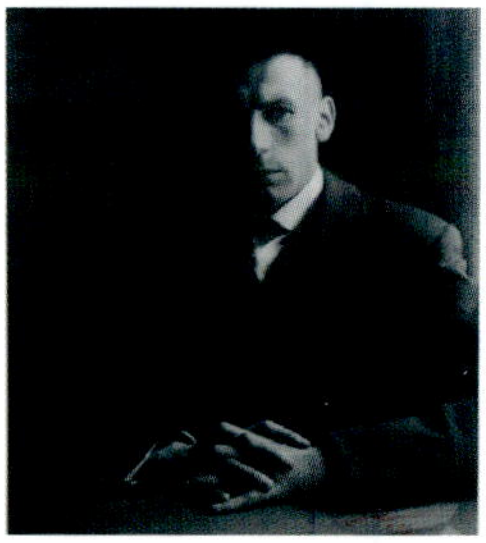

346. Portrait de Michel Delporte - vers 1950
Photographie argentique noir et blanc. Épreuve papier
H. 30 ; L. 20 cm
S., numéroté b.d : *A. Florin / 2/10*
Hist. : Achat du musée en 2008
Inv. 2008-26-2

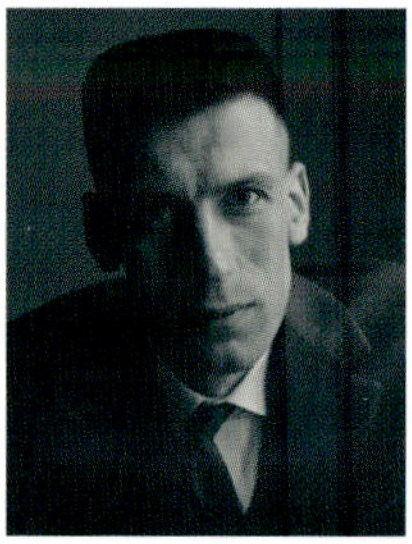

347. Portrait de Michel Delporte - vers 1960
Photographie argentique noir et blanc. Épreuve papier
H. 39,8 ; L. 29,8 cm
N.S.n.D
Hist. : Legs Michel Delporte en 2001
Inv. 2001-50-305

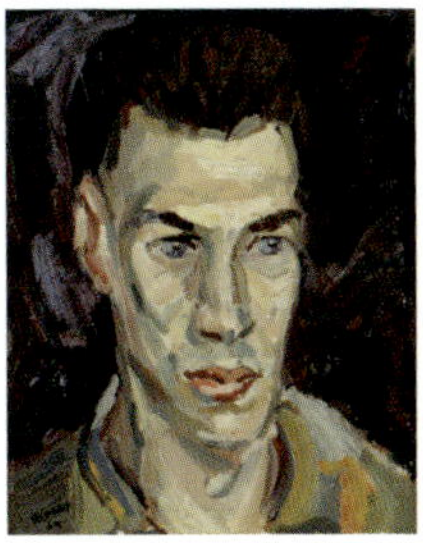

HÉMERY PAUL
(1921-2006)

348. L'Ami Michel *ou* Portrait de Michel Delporte - 1954
Huile sur toile
H. 35 ; L. 27 cm
S.b.g : *HEMERY / 54*
Inscr. au dos : Hémery 1954 "L'ami Michel"
Hist. : Legs Michel Delporte en 2001
Inv. 2001-50-75

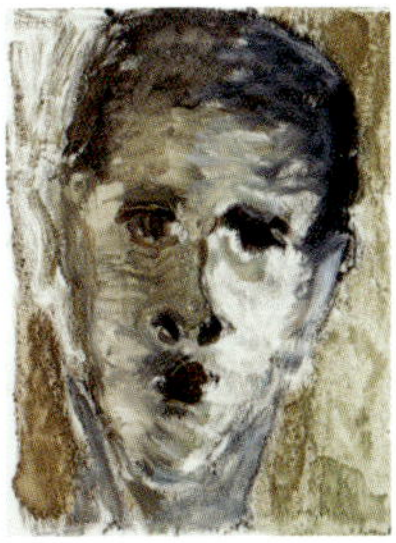

349. Portrait de Michel Delporte - 1968
Monotype sur papier
H. 55 ; L. 40 cm
S.D.b.g : *Hémery 68*
Hist. : Don des amis du musée en 1998
Inv. 998-37-1

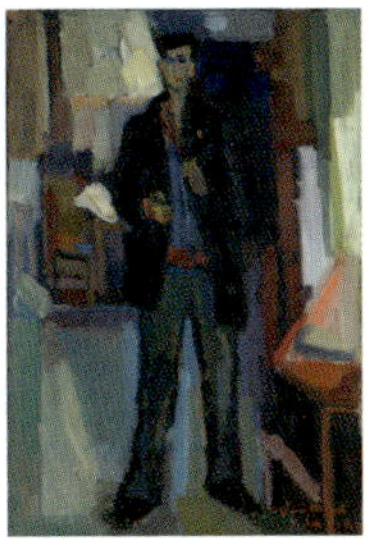

VAN HECKE ARTHUR
(1924-2003)

350. L'Ami Michel - 1953
Huile sur toile
H. 80,5 ; L. 53,5 cm
Dédicacé, S.D.b.d : *L'ami Michel / a. Van Hecke 53*
Hist. : Legs Michel Delporte en 2001
Inv. 2001-50-85

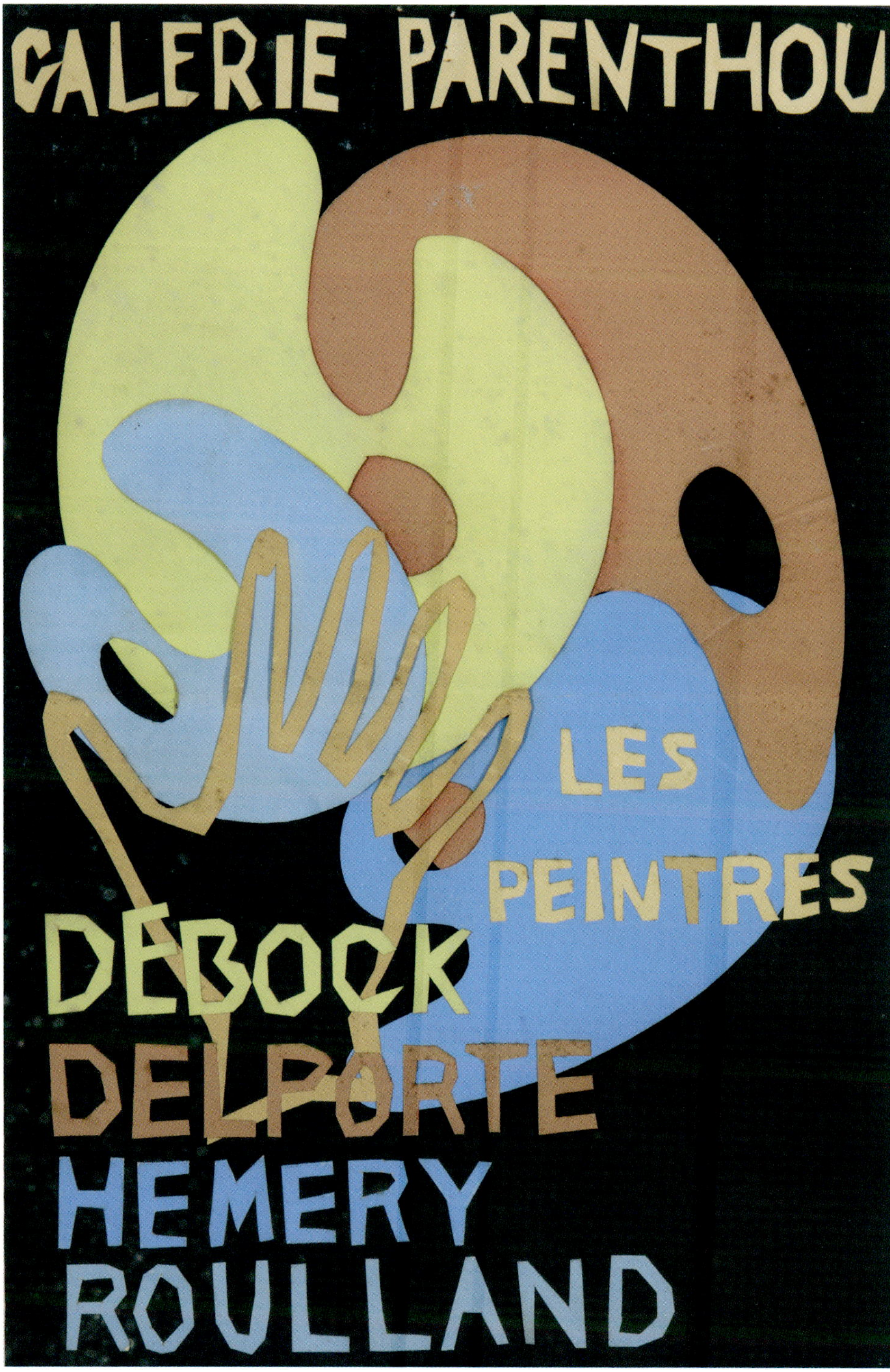

Fig. 48. Affiche de l'exposition Debock, Delporte, Hémery et Roulland,
Roubaix, galerie Parenthou, 1953, cat. 353

AFFICHES

Expositions personnelles de Michel Delporte

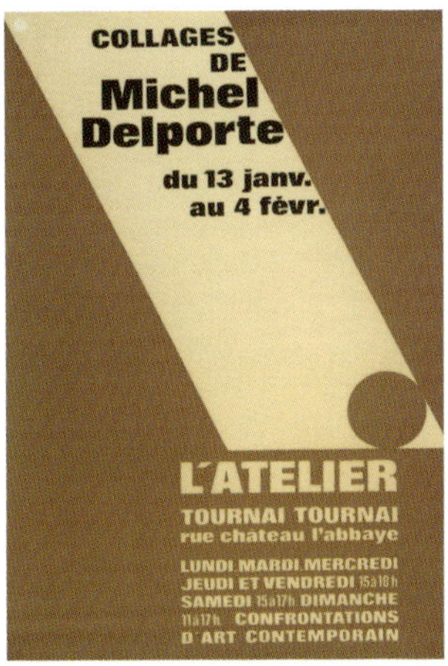

351. Affiche de l'exposition
***Collages de Michel Delporte* -**
Tournai, L'Atelier, 13 janvier -
4 février 1968 - 1968
Impression sur papier
H. 48 ; L. 32 cm
Hist. : Legs Michel Delporte en 2001
Inv. 2001-50-310

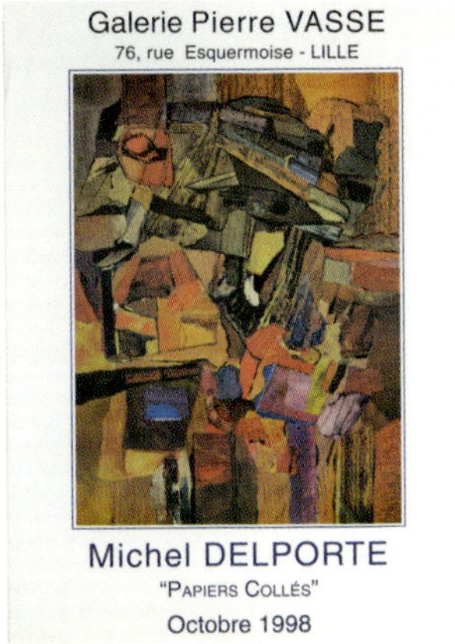

352. Affiche de l'exposition
***Michel Delporte. Papiers collés* -**
Lille, galerie Vasse,
Octobre 1998 - 1998
Impression sur papier
H. 64 ; L. 45 cm
Hist. : Legs Michel Delporte en 2001
Inv. 2001-50-314

AFFICHES

Expositions collectives

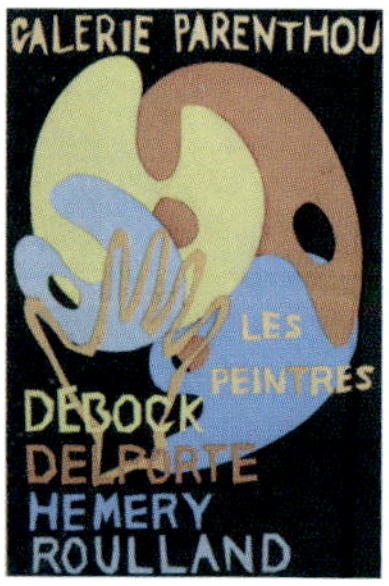

353. Affiche de l'exposition *Debock, Delporte, Hémery et Roulland* - Roubaix, galerie Parenthou - 1953
Papiers de couleurs découpés et collés sur papier
H. 50 ; L. 32 cm
Hist. : Don de l'auteur en 1999
Inv. 2001-50-55

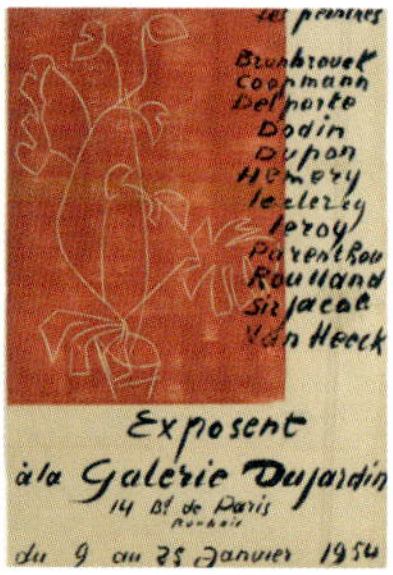

354. Affiche de l'exposition du Groupe de Roubaix - Roubaix, galerie Dujardin - 1954
Sérigraphie sur papier
H. 48,5 ; L. 31,3 cm
Hist. : Legs Michel Delporte en 2001
Inv. 2001-50-58

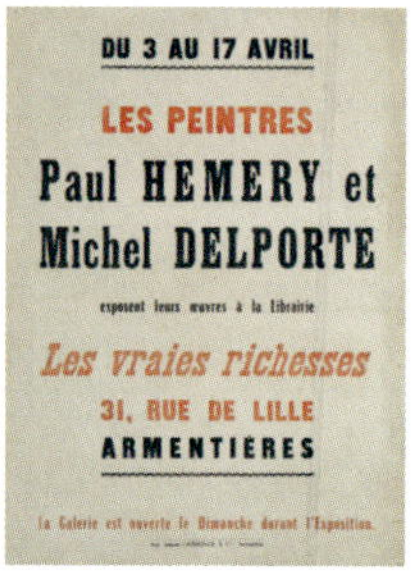

355. Affiche de l'exposition *Paul Hémery et Michel Delporte* - Armentières, librairie Les vraies richesses - 1954
Héliogravure sur papier
H. 46,3 ; L. 32,3 cm
Imp. Jacques LAPOUILLE & Cie - Armentières
Hist. : Legs Michel Delporte en 2001
Inv. 2001-50-57

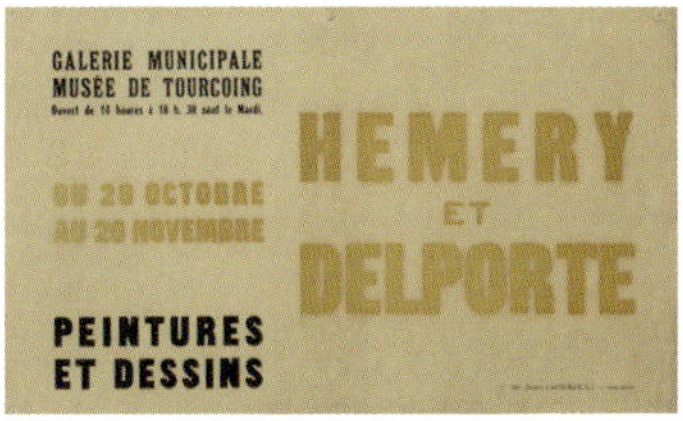

356. Affiche de l'exposition des peintures et des dessins de *Hémery et Delporte*, Tourcoing, musée - 1955
Héliogravure sur papier
H. 31,5 ; L. 50 cm
Imp. Jacques LAPOUILLE & Cie - Armentières
Hist. : Don de l'auteur en 1998
Inv. 2001-50-60

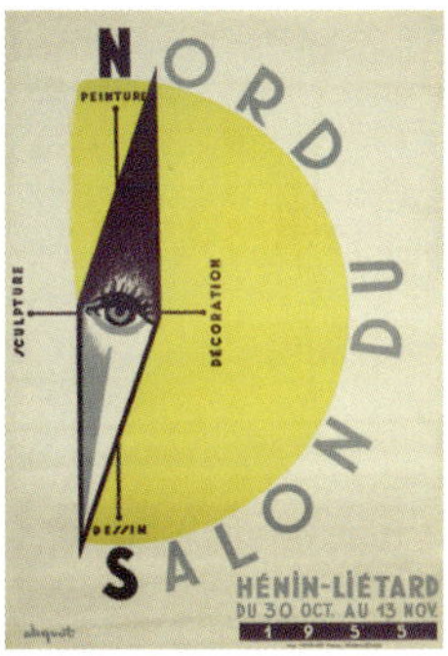

357. ALIQUOT
Affiche du *Salon du Nord* - Hénin-Liétard, 30 octobre - 13 novembre 1955 - 1955
Impression sur papier
H. 53,5 ; L. 36,5 cm
Hist. : Legs Michel Delporte en 2001
Inv. 2001-50-311

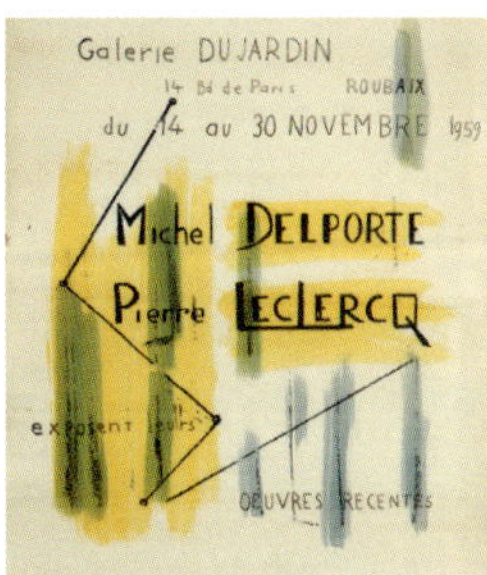

358. Affiche de l'exposition *Michel Delporte et Pierre Leclercq* - Roubaix, galerie Dujardin - 1959
Sérigraphie sur papier
H. 45 ; L. 37 cm
N.S.n.D
Hist. : Legs Michel Delporte en 2001
Inv. 2001-50-56

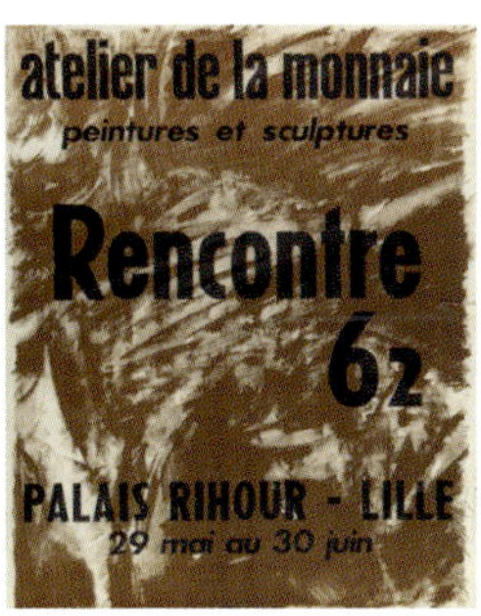

359. Affiche de l'exposition *Atelier de la monnaie. Rencontre 62* - Lille, Palais Rihour, 29 mai - 30 juin 1962 - 1962
Impression sur papier
H. 67,5 ; L. 52 cm
Hist. : Legs Michel Delporte en 2001
Inv. 2001-50-315

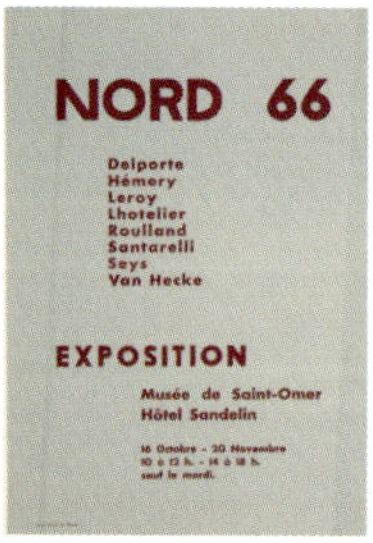

360. Affiche de l'exposition *Nord 66*. Delporte, Hémery, Leroy, Lhotelier, Roulland, Santarelli, Seys, Van Hecke - musée de Saint-Omer, Hôtel Sandelin, 16 octobre - 20 novembre 1966 - 1966
Impression sur papier
H. 47; L. 32 cm
Hist. : Legs Michel Delporte en 2001
Inv. 2001-50-309

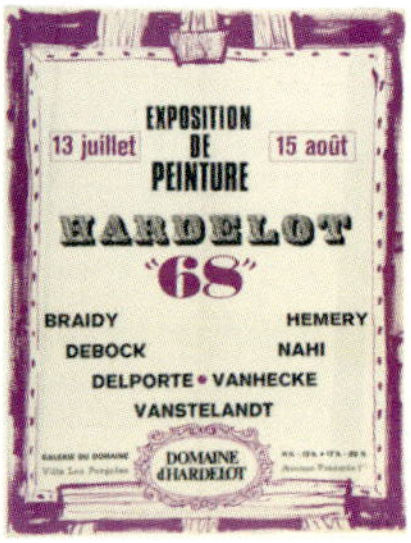

361. Affiche de l'exposition *Hardelot 68*. Braidy. Debock. Delporte. Vanstelandt. Van Hecke. Nahi. Hémery - Hardelot, galerie du Domaine, 13 juillet - 15 août 1968 - 1968
Impression sur papier
H. 63 ; L. 47,5 cm
Hist. : Legs Michel Delporte en 2001
Inv. 2001-50-316

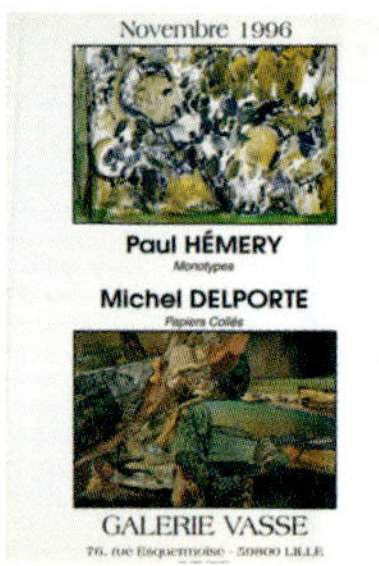

362. Affiche de l'exposition *Paul Hémery. Monotypes. Michel Delporte. Papiers collés* - Lille, galerie Vasse, Novembre 1996 - 1996
Impression sur papier
H. 64 ; L. 45 cm
Hist. : Legs Michel Delporte en 2001
Inv. 2001-50-317

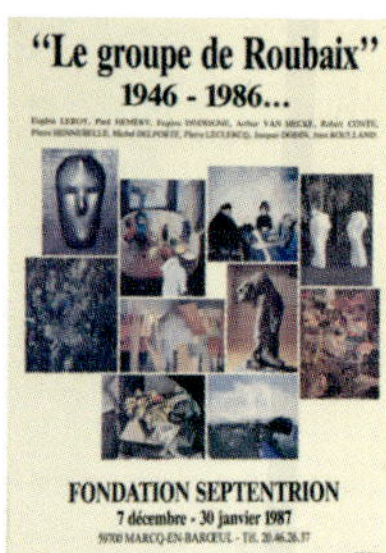

363. Affiche de l'exposition *Le Groupe de Roubaix 1946-1986...* - Marcq-en-Barœul, galerie Septentrion, 7 décembre - 30 janvier 1987 - 1987
Impression sur papier
H. 70 ; L. 50 cm
Hist. : Legs Michel Delporte en 2001
Inv. 2001-50-318

AFFICHES

Expositions d'autres artistes
du Groupe de Roubaix

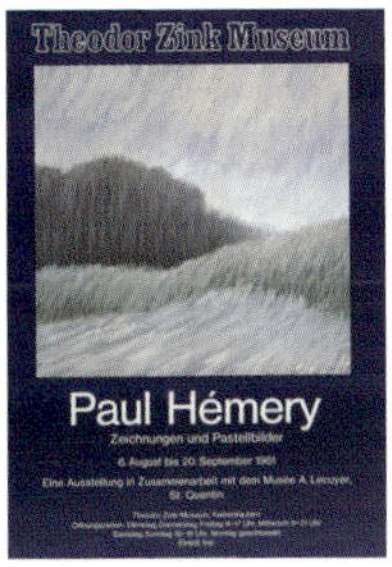

364. Affiche de l'exposition *Paul Hémery. Zeichnungen und Pastellbilder* - Kaiserslautern et Saint-Quentin - 6 août - 20 septembre 1981 - 1981
Impression sur papier
H. 60 ; L. 41 cm
Hist. : Legs Michel Delporte en 2001
Inv. 2001-50-312

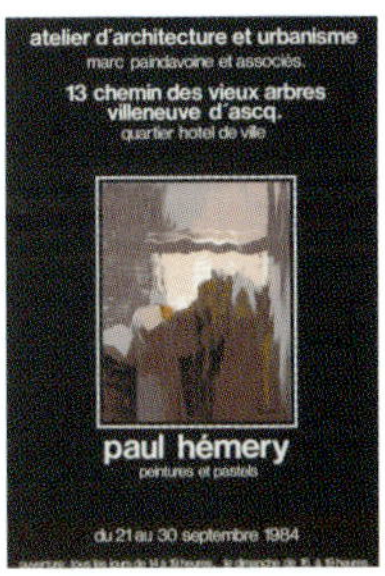

365. Affiche de l'exposition *Peintures et pastels de Paul Hémery* - Villeneuve d'Ascq, Atelier d'architecture et d'urbanisme, 21 - 30 septembre 1984 - 1984
Impression sur papier
H. 43 ; L. 30cm
H. 43 ; L. 30 cm
Hist. : Legs Michel Delporte en 2001
Inv. 2001-50-306

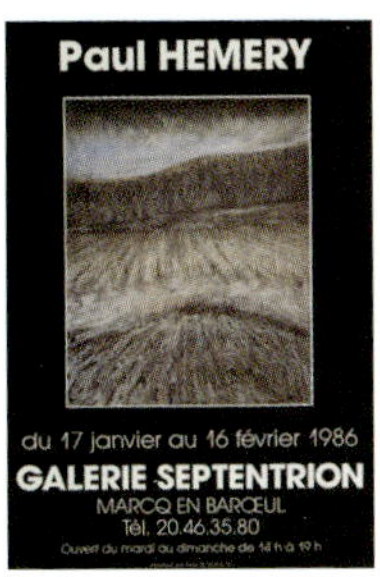

366. Affiche de l'exposition *Paul Hémery* - Marcq-en-Barœul, galerie Septentrion, 17 janvier - 16 février 1986 - 1986
Impression sur papier
H. 60 ; L. 40 cm
Hist. : Legs Michel Delporte en 2001
Inv. 2001-50-313

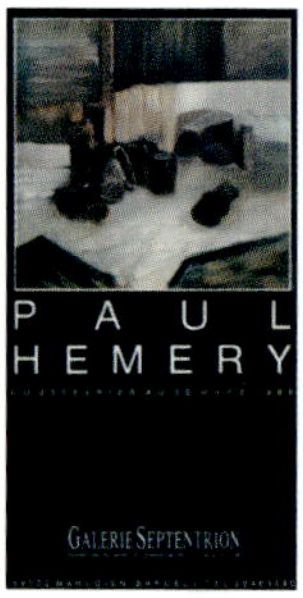

367. Affiche de l'exposition *Paul Hémery* - Marcq-en-Barœul, galerie Septentrion, 25 février - 30 mars 1989 - 1989
Impression sur papier
H. 62 ; L. 31 cm
Hist. : Legs Michel Delporte en 2001
Inv. 2001-50-308

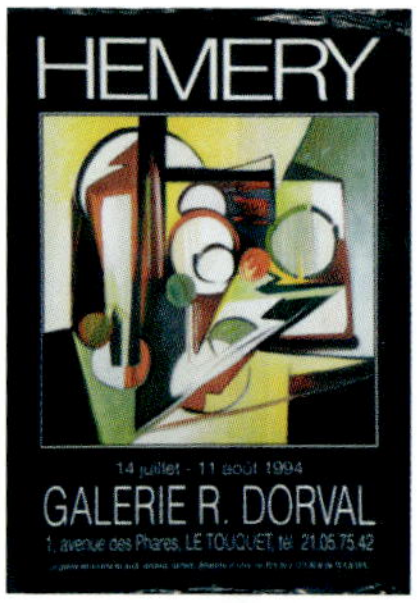

368. Affiche de l'exposition *Hémery* - Le Touquet, galerie Dorval, 14 juillet - 11 août 1994 - 1994
Impression sur papier
H. 77 ; L. 54 cm
Hist. : Legs Michel Delporte en 2001
Inv. 2001-50-319

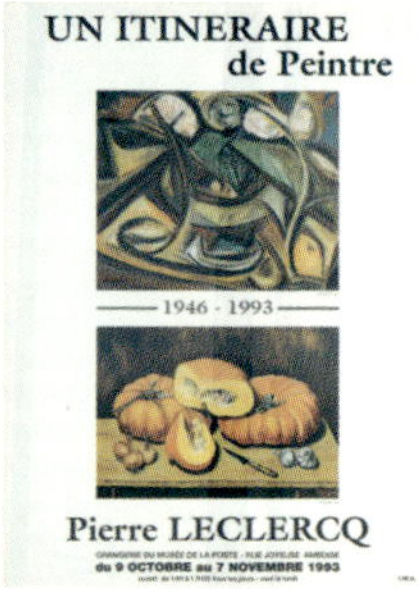

369. Affiche de l'exposition *Un itinéraire de Peintre. 1946-1993. Pierre Leclercq* - Amboise, 7 octobre - 7 novembre 1993 - 1993
Impression sur papier
H. 44 ; L. 31,5 cm
Hist. : Legs Michel Delporte en 2001
Inv. 2001-50-307

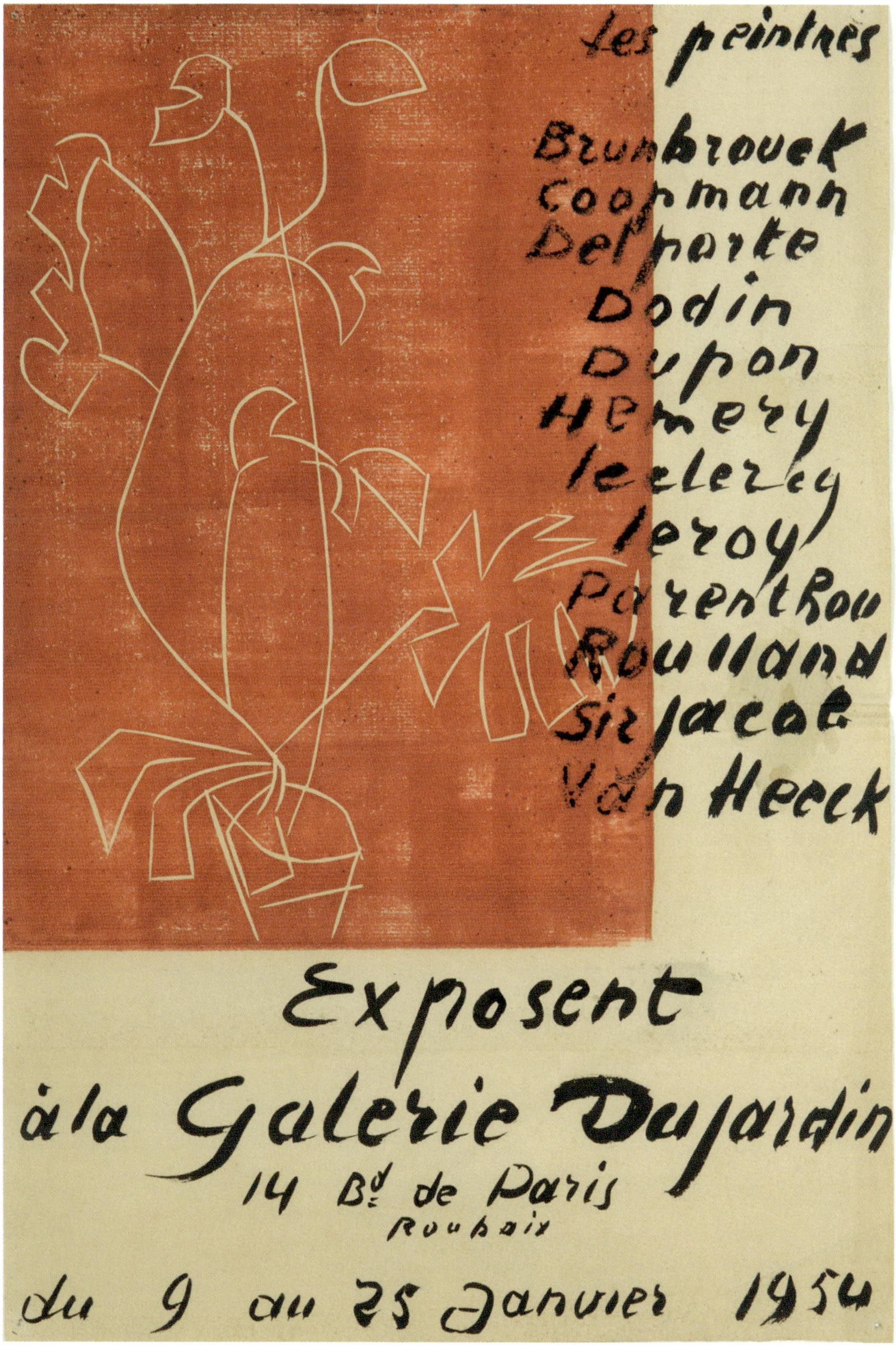

Fig. 49. Affiche de l'exposition du Groupe de Roubaix, Roubaix, galerie Dujardin, 1954, cat. 354

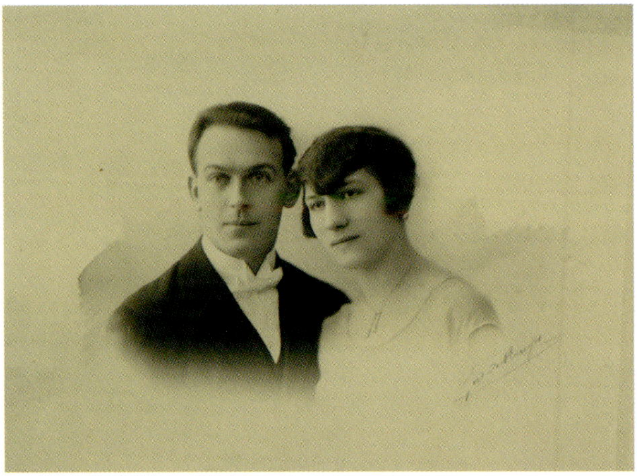

1.

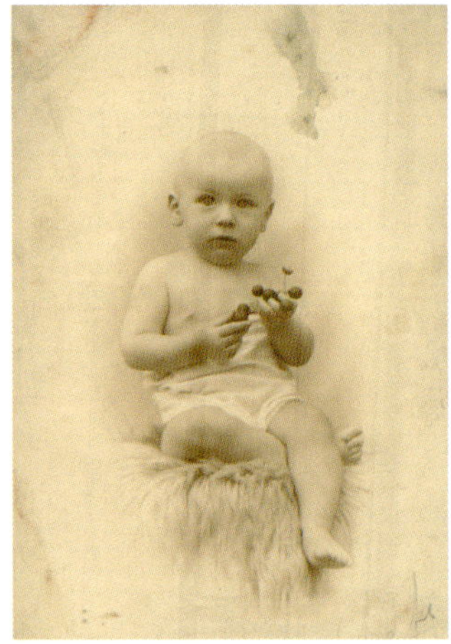

2.

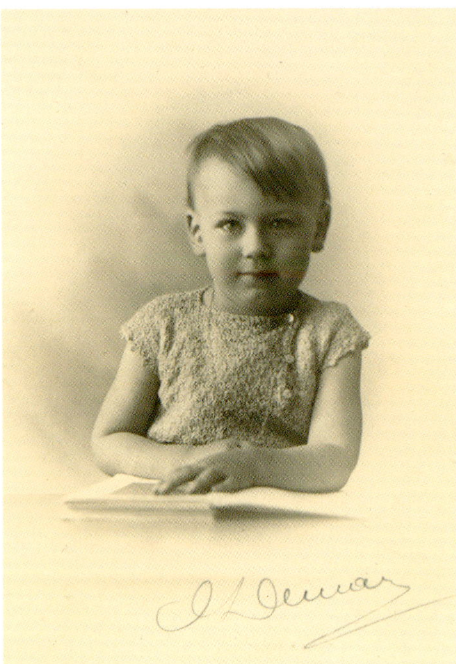

3.

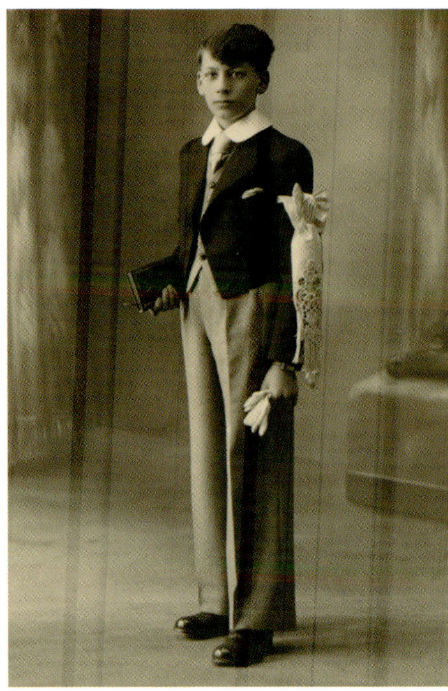

4.

1. Les parents de Michel Delporte,
Henri-Louis Delporte et Lucie Jeanne Lorez, vers 1925.
2. Michel Delporte bébé, 1928.
3. Michel Delporte enfant, vers 1932 ?
4. Michel Delporte en communiant, vers 1937 ?

BIOGRAPHIE

Bruno Gaudichon

Michel Delporte, peintre, créateur de papiers collés et dessinateur français. Né le 25 décembre 1927 à Roubaix et décédé le 19 février 2001 à Roubaix.

Après ses études secondaires à Roubaix, Michel Delporte suit à l'École des beaux-arts de Lille les cours préparatoires au concours de l'École d'architecture auquel finalement il renonce. Il étudie alors la philosophie à la faculté de Lille où son intérêt pour l'esthétique le conduit tout naturellement à la création artistique. Il s'essaie à la peinture en 1951. À ses débuts, dans une démarche socratique et dans l'esprit de son engagement au Parti communiste français, il est proche des « Peintres témoins de leurs temps » et affirme sa volonté de créer en peinture une esthétique marxiste. Ses premières œuvres sont figuratives, avec notamment de nombreux paysages dont le motif est pris dans le Doubs, des portraits et la série des *Mangeurs* que l'artiste réalise en 1955. Cette première période, parfois marquée par le cubisme de Jacques Villon ou d'André Lhote, s'arrête en 1956 à l'occasion d'une profonde crise philosophique et politique pendant laquelle Michel Delporte abandonne presque complètement la peinture. Grâce à la découverte de l'univers poétique de Paul Klee, il revient à la création et, à partir de 1957, adopte la technique du papier collé qui s'impose peu à peu dans son travail. Son œuvre de peintre, savamment élaboré en profonds glacis, joue entre figuration et abstraction.

Figure essentielle du Groupe de Roubaix qui ouvre, dans les années 1950, le Nord de la France à l'art contemporain, Michel Delporte s'inscrit de façon très personnelle dans l'esthétique harmonique de la Jeune peinture de tradition française à laquelle il apporte sa technique personnelle des papiers collés qu'il utilise paradoxalement comme un langage d'apparence picturale.

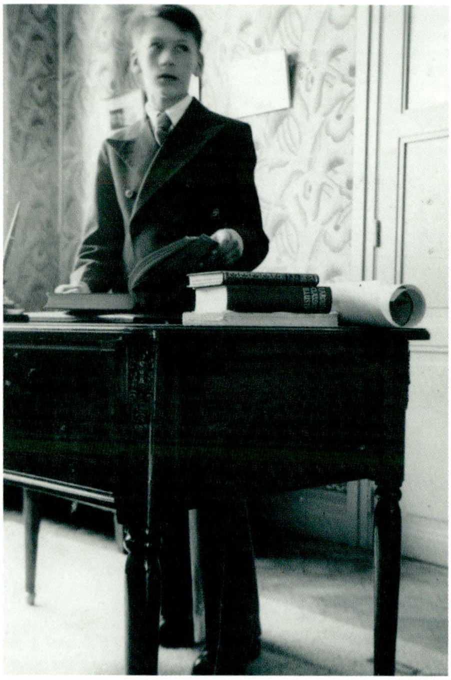

5.

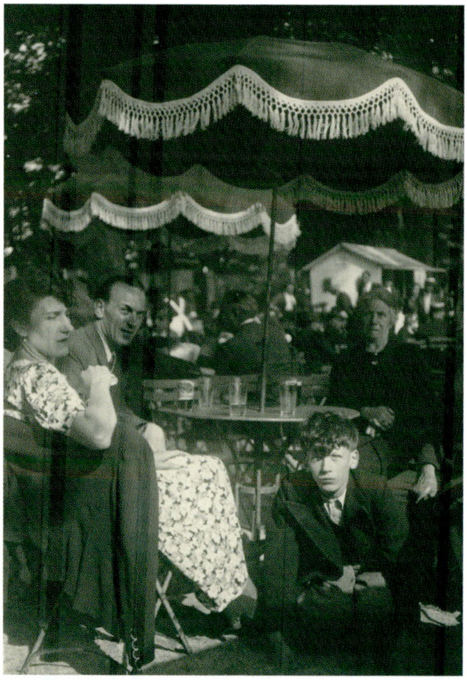

6.

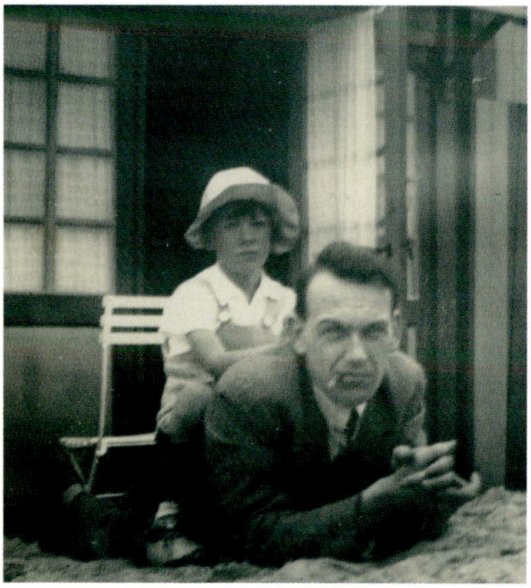

7.

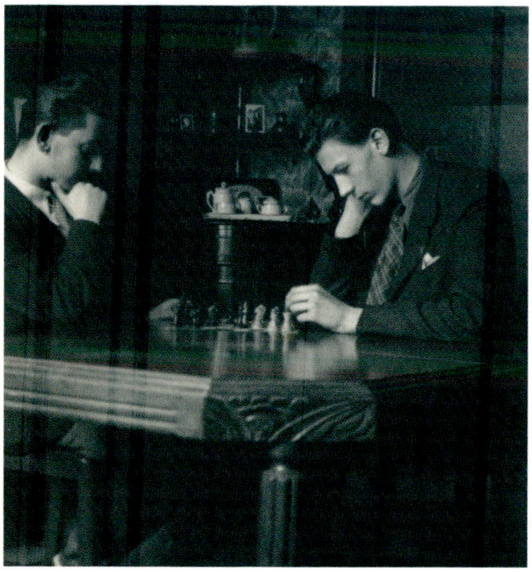

8.

5. Michel Delporte jeune adolescent, vers 1939 ?
6. Michel Delporte et ses parents, vers 1939 ?
7. Michel Delporte et son père, vers 1935.
8. Michel Delporte et un camarade jouant aux échecs, vers 1945.

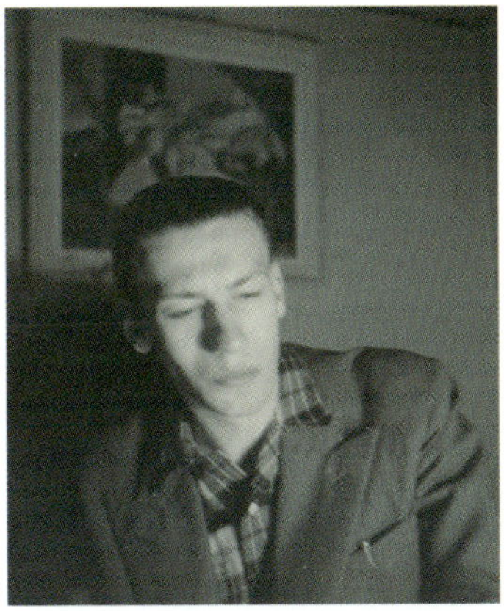

9.

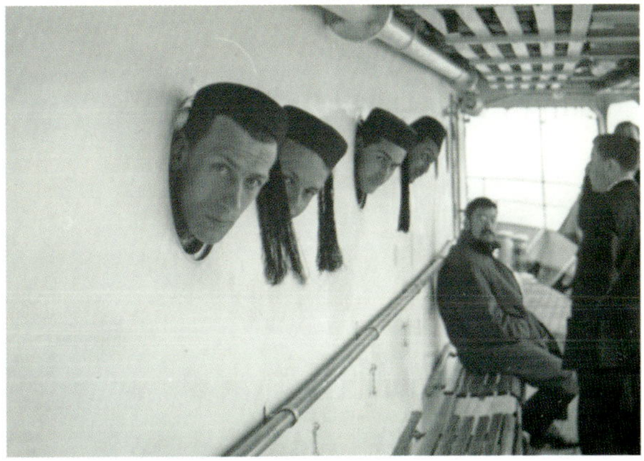

10.

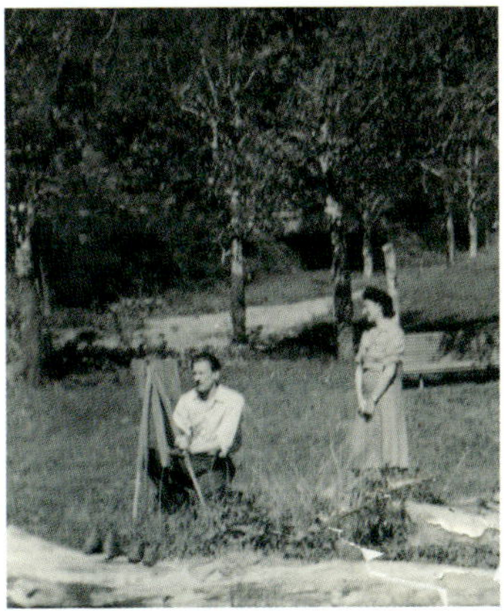

11.

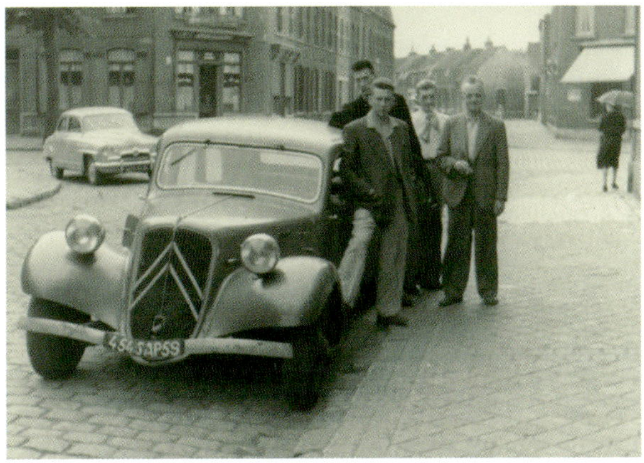

12.

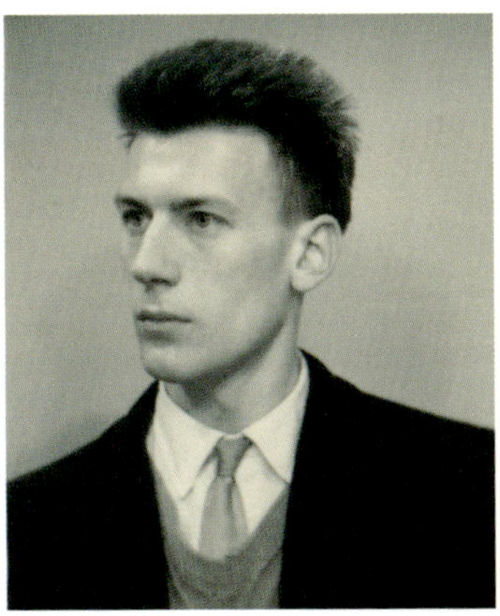

13.

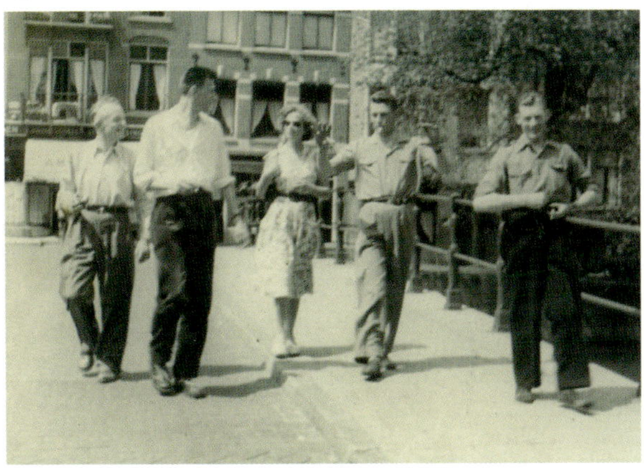

14.

9. Michel Delporte devant *Nature morte aux mimosas* de Pierre Leclercq, vers 1947.
10. Michel Delporte et ses amis à bord d'un bateau, 1953 ?
11. Michel Delporte et sa mère, sur le motif dans la vallée de la Loue, 1951.
12. Michel Delporte et ses amis, à Roubaix, avant le départ pour les Pays-Bas, 1953.
13. Michel Delporte, vers 1950.
14. Michel Delporte, ses amis roubaisiens et Pétronille, à Amsterdam, 1953.

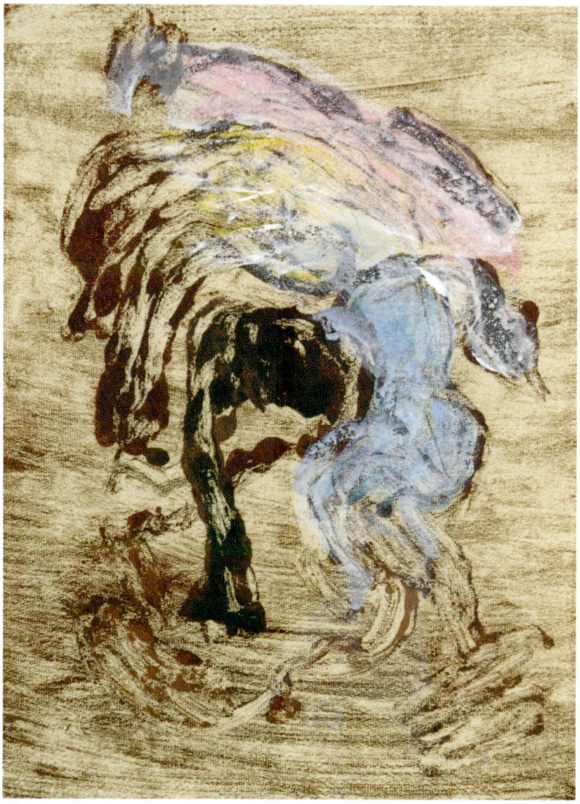

15.

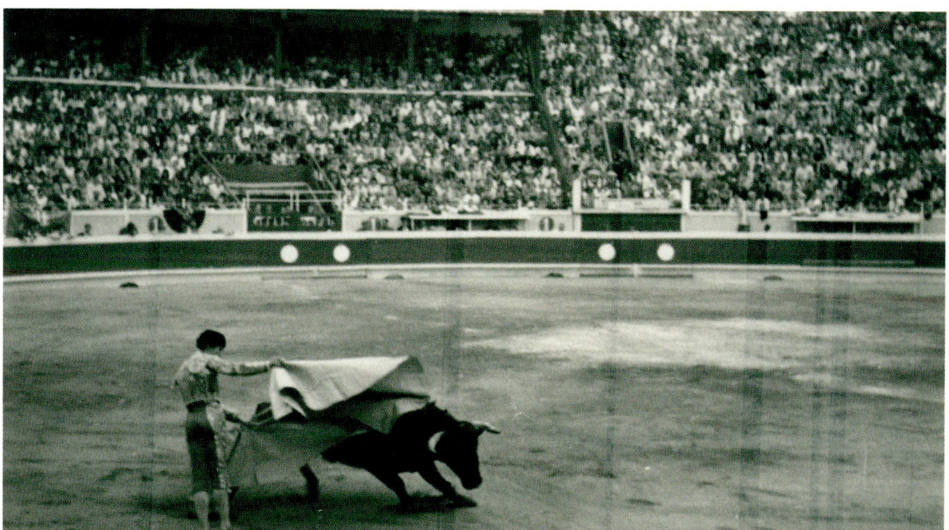

16.

15. Michel Delporte, *Sans titre*, vers 1965, cat. 90.
16. Corrida, photographie de Michel Delporte, vers 1960.
17. Michel Delporte en toreador, vers 1960.

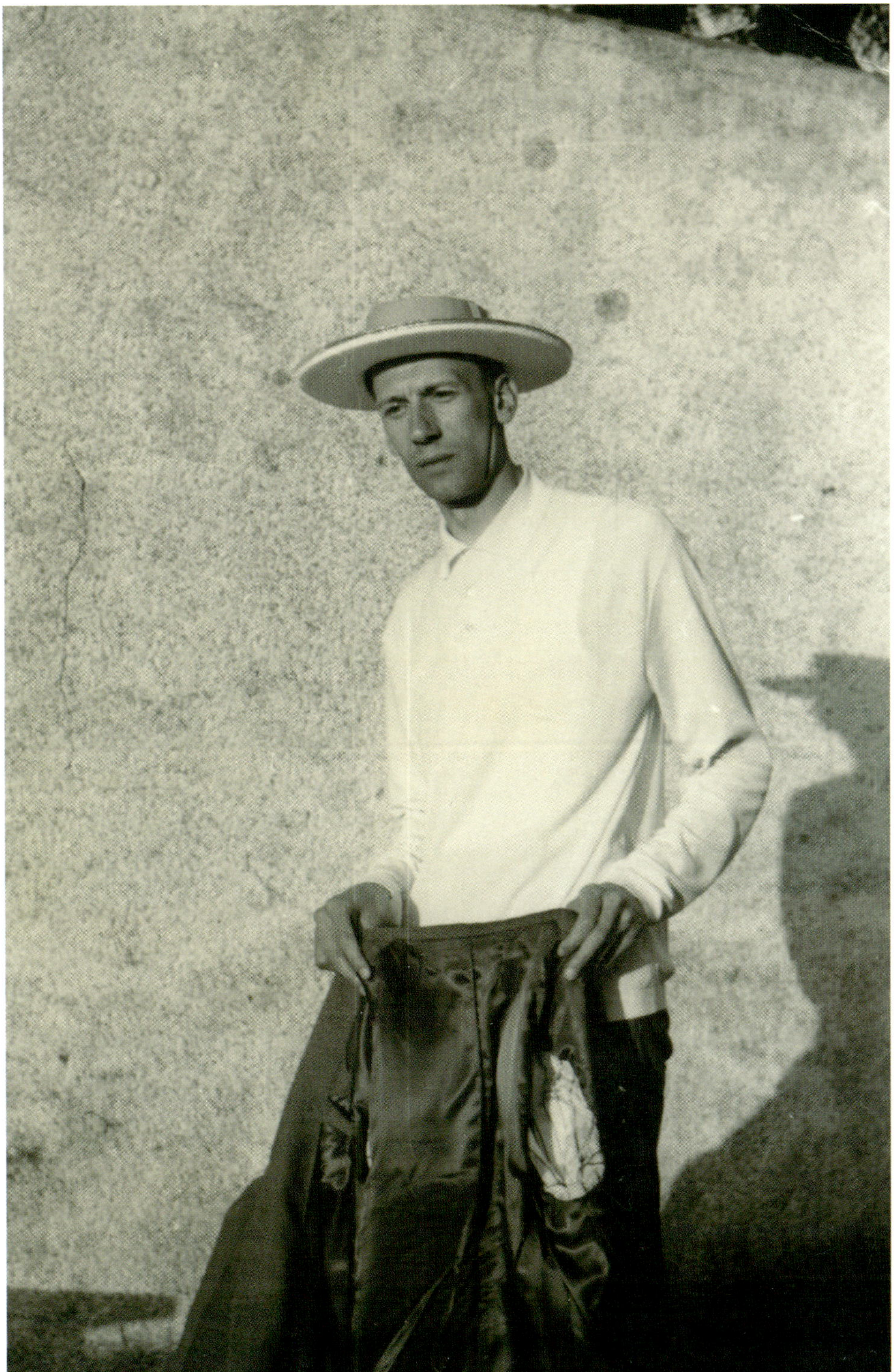

17.

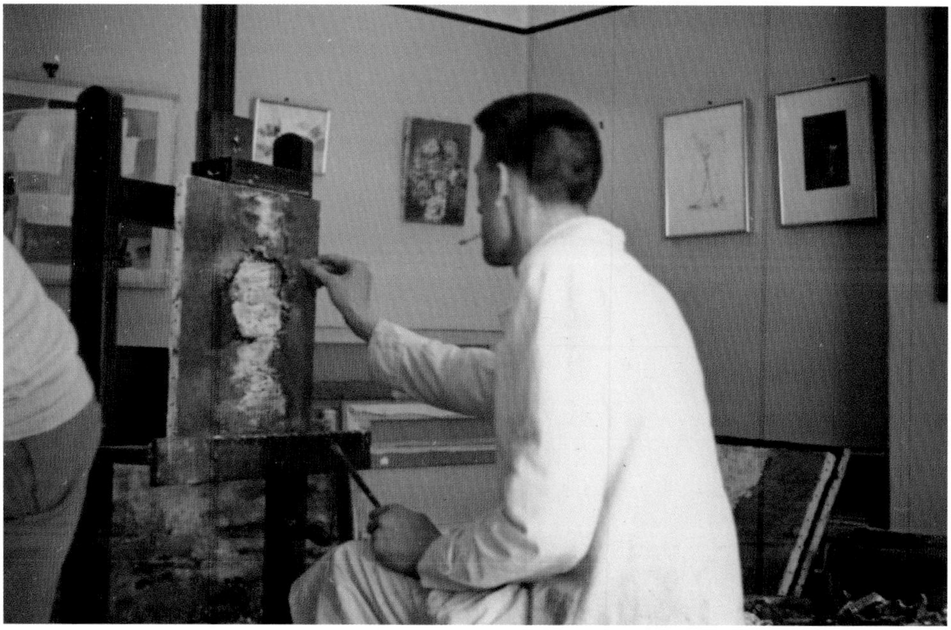

18.

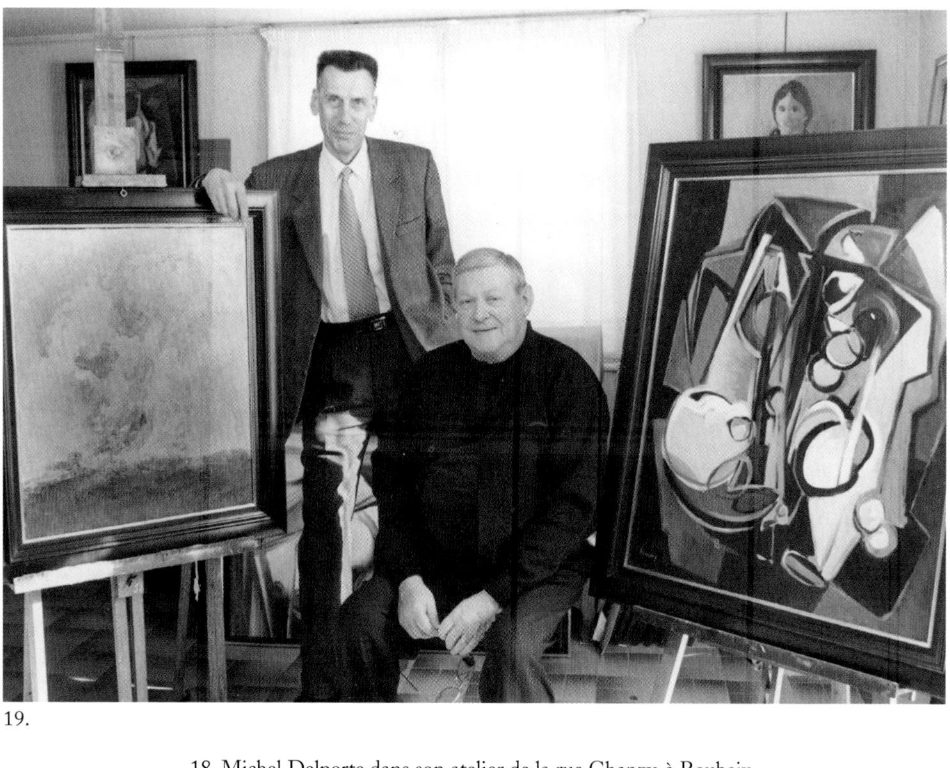

19.

18. Michel Delporte dans son atelier de la rue Chanzy, à Roubaix,
au mur, notamment des œuvres de Pierre Leclercq, cat. 322, vers 1960.
19. Michel Delporte et Paul Hémery, dans l'atelier de Paul Hémery à Bersée. À droite une œuvre
de Paul Hémery, à gauche une toile de Michel Delporte, vers 1996.

LISTE DES EXPOSITIONS

Expositions personnelles de Michel Delporte

1960
Roubaix, galerie création, *Michel Delporte*, 11 mai - 2 juin.

1961
Roubaix, galerie création, *Michel Delporte*, 2 - 20 décembre.

1963
Roubaix, galerie Renar, *Peintures*, 15 - 30 juin.

1965
Roubaix, galerie Renar, *Papiers collés récents*, 16 - 30 octobre.

1966
Roubaix, galerie Renar, *Aquarelles, gouaches et lavis*, 29 avril - 17 mai.

1967
Roubaix, galerie Renar, *Papiers collés*, 20 mai - 6 juin.

1968
Tournai, L'Atelier, *Collages*, 13 janvier - 4 février.

1969
Paris, galerie Raymonde Cazenave, *Papiers collés*, 10 décembre 1969 - janvier 1970.

1972
Roubaix, galerie Renar, *Papiers collés*, 14 avril - 2 mai.

1979
Mouvaux, galerie du Haumont, *Papiers collés*, 5 - 30 janvier.

1998
Lille, galerie P. Vasse, *Michel Delporte : papiers collés*, 9 - 31 octobre.
Roubaix, musée d'art et d'industrie de Roubaix, *Michel Delporte : donation de papiers collés*, 10 octobre - 1er novembre.

2001
Roubaix, La Piscine - musée d'art et d'industrie de Roubaix, *Hommage à Michel Delporte*, novembre.

Expositions de groupe

1945
Roubaix, Hôtel de ville, *XXème Salon des artistes roubaisiens*, Delvarre, Dodeigne, Maes, Parenthou…

1946
Roubaix, Hôtel de ville, *XXIème Salon des artistes roubaisiens*, Dodeigne, Leclercq, Leroy, Maes, Parenthou…

1952
Roubaix, Hôtel de ville, *XXVIème Salon des artistes roubaisiens*, 10 - 15 mai.
Lille, Palais des beaux-arts, *L'Art et les jeunes*, 11 octobre - 12 novembre.

1953
Courtrai, Hôtel de ville, *West Vlaamse Kunstring*.
Roubaix, galerie Parenthou, *Quatre jeunes peintres : Debock, Delporte, Hémery, Roulland*, 12 - 30 avril.
Roubaix, Hôtel de ville, *XXVIIème Salon des artistes roubaisiens*, 9 - 24 mai, Delvarre, D'Hulst, Hémery, Jacob, Leclercq, Leroy, Parenthou, Roulland, Van Hecke…

1954
Roubaix, galerie Dujardin, *Douze peintres*, 9 - 25 janvier, Brunbrouck, Coopman, Delporte, Dodin, Dupon, Hémery, Leclercq, Leroy, Parenthou, Roulland, Sirejacob, Van Hecke.
Armentières, librairie-galerie Les Vraies Richesses, *Michel Delporte et Paul Hémery*, 3 - 17 avril.

1955
Roubaix, Hôtel de ville, *XXIXème Salon des artistes roubaisiens*, 14 - 29 mai.
Tourcoing, musée des beaux-arts, *Michel Delporte et Paul Hémery*, 29 octobre - 20 novembre.
Hénin-Liétard, salle Fantasio, *Salon du Nord*, 30 octobre - 13 novembre.

1957
Hénin-Liétard, *Salon du Nord*, 28 avril - 12 mai.

1958
Hénin-Liétard, *Salon du Nord.*
Roubaix, galerie Dujardin, *Peinture, sculpture et céramique,*
26 avril - 16 mai,
Brisy, Conte, Delporte, Dodeigne, Dodin, Droulers, Hémery, Hennebelle, Leclercq, Leroy, Roulland.

1959
Hazebrouck, musée municipal, *L'Art contemporain en Sud-Flandre.*
Roubaix, galerie Création, *Sept artistes*, Delporte, Dodeigne, Droulers Hémery, Hennebelle, Leclercq, Roulland.
Hénin-Liétard, *Salon du Nord,*
19 avril - 10 mai.
Roubaix, Hôtel de ville,
XXXIIIème Salon des artistes roubaisiens.
Roubaix, galerie Dujardin, *Michel Delporte et Pierre Leclercq*, 14 - 30 novembre.
Lille, Couvent des dominicains,
Vente de charité, 20 - 23 novembre.

1962
Lille, Palais Rihour, *Rencontre 62*,
29 mai - 13 juin.
Roubaix, galerie Renar, *Groupe Création.*

1963
Roubaix, galerie Renar, *Aquarelles et dessins au profit de la Croix Rouge*, 19 - 29 janvier.

1964
Paris, galerie 7, L'Œil de bœuf, mars.
Plateau d' Assy, *Six peintres du Nord,*
16 - 25 avril, Delporte, Dodeigne, Dodin, Hémery, Hennebelle.

1965
Tourcoing, musée des beaux-arts,
Peintres contemporains, février - mars.
Lille, Palais des beaux-arts,
Salon des artistes du Nord,
29 octobre - 12 décembre.

1966
Saint-Omer, musée Sandelin, *Nord 66*,
16 octobre - 20 novembre, Leroy, Van Hecke, Hémery, Roulland, Delporte.
Lille, Palais des beaux-arts,
Salon des artistes du Nord.

1968
Hardelot, galerie du Domaine, *Hardelot 68,*
13 juillet - 15 août.

1969
Bondues-Marcq-en-Barœul, galerie Septentrion, *Exposition inaugurale,*
octobre - novembre, Delporte, Dodeigne, Dodin, Hémery, Lamouroux, Lanskoy, Leclercq, Leroy, Van Hecke.
Roubaix, Hôtel de ville, *Peinture et sculpture contemporaines*, 13 - 29 décembre, Delporte, Dodin, Dodeigne, Hémery, Hennebelle, Leroy, Parenthou, Van Hecke.

1970
Bondues-Marcq-en-Barœul, fondation Septentrion, *Delporte - Hémery*, 8 - 31 mai.

1971
Roubaix, galerie Renar, *Exposition inaugurale*, avril - mai.

1973
Bondues-Marcq-en-Barœul, galerie Septentrion, *Expression en noir et blanc*,
décembre 1973 - 6 janvier 1974.
Roubaix, galerie Dujardin, *Peintures, dessins, sculptures*, Conte, Delporte, Dodeigne, Dodin, Droulers, Hémery, Hennebelle, Leclercq, Leroy, Roulland, Van Hecke.
Roubaix, galerie Dujardin, *Petits formats*,
22 décembre 1973 - 22 janvier 1974.

1974
Lille, galerie Nord (Lille), *Figures*,
12 janvier - 9 février, Conte, Dodeigne, Leroy.
Lille, Palais des beaux-arts, *Cent ans dans les collections*, 16 octobre - 30 novembre.
Bondues-Marcq-en-Barœul, Septentrion, *Hommage à Dmitrienko*, 18 octobre - 17 novembre, Delporte, Dodeigne, Droulers, Hémery, Hennebelle, Lagage, Leroy, Ronet, Roulland, Van Hecke...

1975
Bondues-Marcq-en-Barœul, Septentrion, *Petits formats*, 7 février - 9 mars.
Ronchin, piscine municipale, *L'Œil et la main : 15 artistes du Nord*, 31 mai - 8 juin.
Lille, Union bancaire, *Valeurs hors portefeuille*,
3 - 15 octobre.

1977

Lille, bibliothèque universitaire, *Pour Amnesty International*, 29 avril - 8 juin.
Roubaix, Hôtel de ville, *51ème Salon des artistes roubaisiens*, 21 avril - 5 juin.
Bondues-Marcq-en-Barœul, Septentrion, *Soleil d'été*, 24 juin - juillet.
Roubaix, galerie Dujardin, *Petits formats*, 9 décembre 1977 - 9 janvier 1978.

1978

Mouvaux, galerie du Hautmont, *La Vie silencieuse*, 8 décembre 1978 - 3 janvier 1979.

1979

Gravelines, *4ème biennale*, 29 avril - 28 mai.
Tourcoing, musée des beaux-arts, *Hommes de Flandres*, 17 mai - 22 juin, Conte, Delporte, Dodeigne, Dodin, Leroy, Hémery, Hennebelle, Ronet, Roulland, Van Hecke.
Lille, Palais des beaux-arts, *L'Art au présent*, 6 juillet - 26 août.
Roubaix, galerie Dujardin, *Exposition inaugurale : Le Groupe de Roubaix*, novembre - décembre.

1980

Fâches-Thumesnil, *Tendances contemporaines régionales n° 5*, 2 - 24 février.
Lille, pavillon Saint-Sauveur, *Peintres contemporains*, 30 octobre - 4 novembre.
Lens, salle A. Camus, *Formes et Lumières*, 22 novembre - 6 décembre.

1982

Roubaix, B.N.P., 18 novembre - 3 décembre, Delporte, Dodin, Hémery.

1983

Lille, galerie des Flandres, *Exposition de groupe*, 9 décembre 1983 - 15 janvier 1984.

1986

Bondues-Marcq-en-Barœul, fondation Septentrion, *Le Groupe de Roubaix*, 7 décembre 1986 - 1er février 1987.

1989

Lille, Chambre de commerce, *Le Groupe de Roubaix*, Delporte, Dodeigne, Hémery, Hennebelle, Leroy, Parenthou, Van Hecke, mai.

1996

Lille, galerie P. Vasse, *Paul Hémery et Michel Delporte*, 7 - 30 novembre.

1997-1998

Roubaix, musée d'art et d'industrie de Roubaix, *Le Groupe de Roubaix, 1946-1970, le Nord-Pas-de-Calais s'ouvre à l'art contemporain*, 20 décembre 1997 - 15 février 1998.

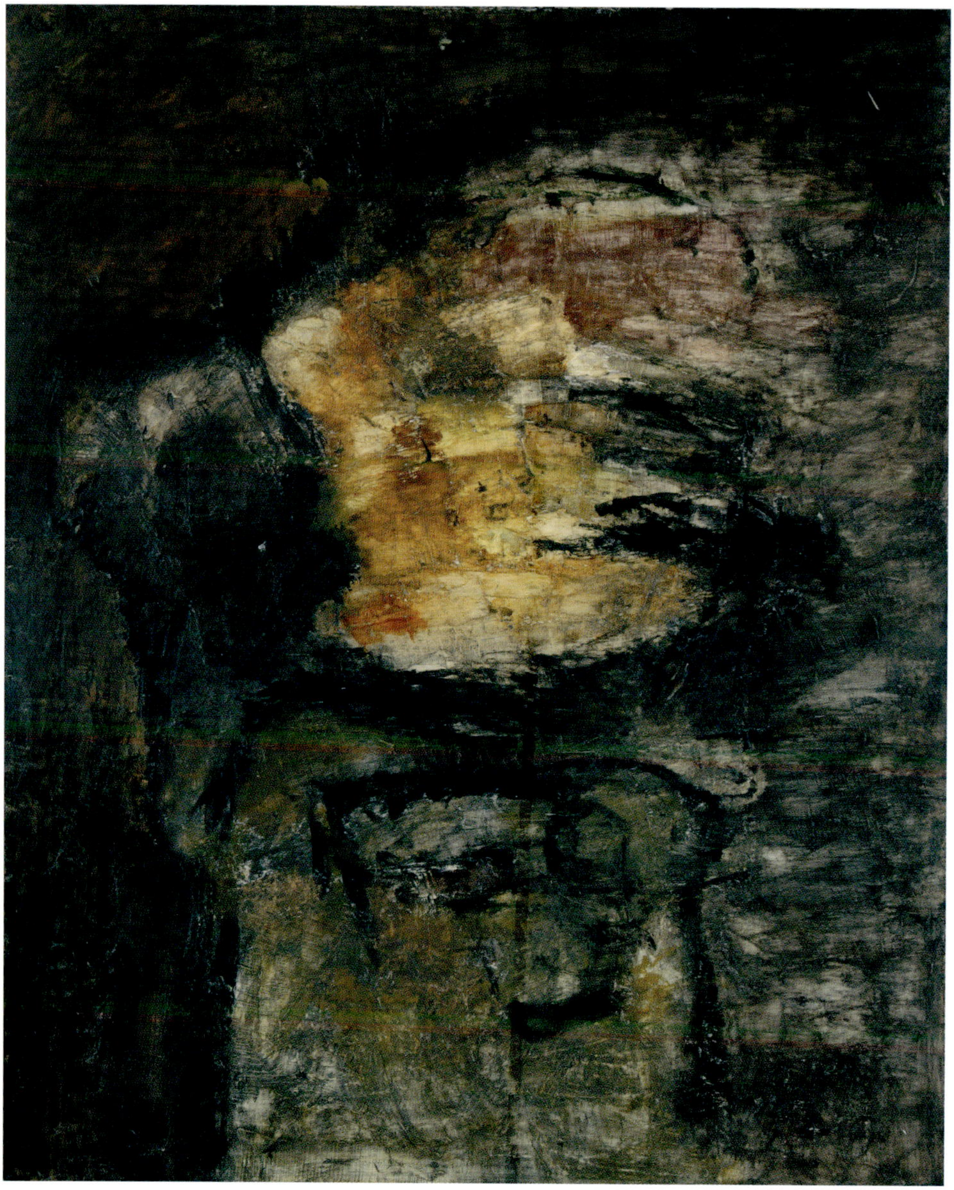

Fig. 50. MICHEL DELPORTE, *Démon*, 1961, cat. 111

Contribution à l'histoire du « Groupe de Roubaix »[1]

PAR MICHEL DELPORTE

ON A PRIS L'HABITUDE, ENTRE AMATEURS D'ART, de parler d'une « École de Roubaix » ou, plus souvent du *Groupe de Roubaix*, pour désigner la bonne dizaine de peintres et de sculpteurs, de tendance dite « moderniste », qui mêlèrent fréquemment leurs œuvres, dans les années 50 et 60, sous les cimaises des galeries locales, encouragés, soutenus par des collectionneurs, principalement : Philippe Leclercq, André Lefebvre, Jean Masurel, Albert et Anne Prouvost. Bien que ces artistes fussent alors plus ou moins conscients de participer à une exceptionnelle aventure collective, leur association resta toujours informelle, seulement due aux initiatives successives des galeristes Louis Parenthou, Josée Courier, Léon Renar. Ce ne sera qu'après la fermeture de la dernière galerie roubaisienne et la dispersion de ses artistes « permanents », que l'on commencera à parler de ceux-ci comme d'un groupe constitué. Plus tard, diverses institutions culturelles réuniront leurs œuvres dans des expositions occasionnelles, familiarisant un plus large public à cette idée qu'existait un *Groupe de Roubaix*. Quels étaient ces artistes ? Comment se rencontrèrent-ils ?

Prémices et promesses au Salon des artistes roubaisiens (1946-1953)

Dès 1946, les noms du sculpteur Eugène Dodeigne et des peintres Eugène Leroy et Pierre Leclercq figurent au catalogue du XXIème Salon de la Société des artistes roubaisiens, laquelle a le privilège d'organiser son exposition annuelle à l'Hôtel de ville, dans la grande salle Pierre de Roubaix.

Comme à Paris au siècle précédent, être admis par le jury de ce Salon très officiel, fondé en 1910, est la condition impérative pour être considéré en ville comme un véritable artiste[2]. Si Eugène Leroy, âgé de 36 ans, a déjà passé (il a exposé à Lille en 1937 et dans la capitale en 1943), Eugène Dodeigne (23 ans), élève de Gimond, sort tout juste des académies parisiennes. Pierre Leclercq n'a que dix-huit ans ; un des deux secrétaires de la Société, Henri Delvarre, plus ouvert à l'art contemporain que ses confrères, a sans doute favorisé l'entrée de ce débutant avant-gardiste[3].

En mai 1949, Arthur Van Hecke fait à son tour son entrée au Salon des artistes roubaisiens et y obtient une médaille. Quelques mois plus tôt, il n'avait pas été jugé assez mûr pour figurer parmi des peintres que rassemble Henri Delvarre[4] dans une petite galerie aménagée au rez-de-chaussée de la boutique de son fils, rue de Tunis, à l'enseigne de CRÉATION[5]. La presse rend compte de cette initiative : « Neuf peintres se sont groupés à la galerie Création sous le signe de la liberté et de la recherche personnelle »[6]. Leroy et Leclercq côtoient Bartischan, Caucheteux, Delvarre, Jacob, van de Wièle, Leblanc et Mlle Thibeau. Dodeigne, lui, est parti se ressourcer à Vézelay. Il reviendra en 1950 construire à Bondues une première maison-atelier, mais il ne participera plus au Salon roubaisien dont le jury a refusé ses peintures[7] !

En avril 1952, la galerie Dujardin que vient de reprendre Josée Courier, après la mort de sa belle-mère, accueille la première exposition personnelle d'Arthur Van Hecke, présentée par Henri Delvarre : « Promesses. C'est de cette appellation qu'il faudrait intituler l'exposition du jeune peintre Van Hecke… »

En mai 1952, parmi les nouveaux adhérents à la Société des artistes roubaisiens, on révèle les noms de Debock, Delporte, Hémery et Roulland qui viennent renforcer le courant moderniste. Lors du vernissage de ce XXVIe Salon, le discours de Georges Teneul, président de la Société, laisse percer quelque inquiétude devant cette arrivée de jeunes audacieux :

« Entre l'art dit moderne et un classicisme parfois trop asservi au modèle, ne peut-on espérer l'avènement d'un art compréhensible à tous ? Il faut bien dire que sous le couvert de grands noms, l'art moderne permet à des farceurs de présenter des œuvres qui n'offrent aucune sincérité »[8]. En octobre de la même année se tient à Lille une exposition : « L'Art et les Jeunes », réservée aux moins de 30 ans où, derrière Van Hecke, la jeune école roubaisienne est honorablement représentée[9].

En avril 1953, dans son magasin de la Grand'Place, le décorateur Louis Parenthou, après avoir exposé Leroy et Van Hecke, donne leur chance aux quatre jeunes : Debock, Delporte, Hémery et Roulland, trop tendres pour présenter des expositions personnelles, mais qui regroupés font bonne impression. « Un bouquet de promesses » titre le critique de *La Croix du Nord*. On les retrouve quelques semaines plus tard au XXVIIe Salon où le voisinage des « classiques » et des « modernes » déconcerte de plus en plus le public[10]. Peu après ce Salon, une assemblée générale de la Société doit renouveler son conseil d'administration. Delvarre parvient à convaincre une courte majorité d'y faire entrer les jeunes Van Hecke, Leclercq et Delporte, lesquels constatent bientôt l'intransigeance esthétique et le chauvinisme du président Teneul et ne tardent pas à démissionner, malgré la sympathie que leur manifestent certains anciens comme Maurice Maes, René Jacob ou Gérard Dupon[11].

Le temps faste des galeries roubaisiennes (1954-1967)

La galerie Dujardin, une des plus anciennes galeries françaises, va accueillir les dissidents. En janvier, Josée Courier, qui a pris la direction de la galerie à la mort de sa belle-mère, rassemble une douzaine d'exposants d'âges et de styles variés : Eugène Leroy, Josette Coopman, Pierre Leclercq, Jean Brunckbrouk, Louis Parenthou, Gérard Dupon, Michel Delporte, Arthur Van Hecke, Jacques Dodin, Paul Hémery, Jean Roulland et Constant Sirejacob[12]. C'est le vrai début de l'aventure collective.

Aussitôt après, en février, la galerie Dujardin présente au public roubaisien un panorama des grands maîtres contemporains, grâce aux prêts des collectionneurs bienveillants, sollicités par Van Hecke[13] ; exposition exceptionnelle qui attire une foule de visiteurs (on voit affluer plus de 700 visiteurs dans la seule journée du dimanche 14, connaisseurs ou simples curieux qui prêtent l'oreille ou s'aventurent à discuter avec Van Hecke et ses amis, lesquels commentent et défendent avec passion les œuvres discutées). Le succès considérable de cette exposition qui familiarisa le grand public à l'art contemporain incitera la galerie Dujardin à présenter en alternance de grandes signatures telles que Germaine Richier, Riopelle et Piaubert et celles des espoirs régionaux, maintenant associés dans la défense et l'illustration de l'art moderne.

En novembre 1957, nouvel accrochage de « Huit artistes sans étiquettes » : Delvarre, Van Hecke, Dodin, Hémery, Leclercq, Conte, D'Hulst et Roulland[14].

Ils sont prévus douze en avril 1958 et se retrouvent onze, Van Hecke faisant faux bond au dernier moment : Hémery, Delporte, Roulland, Leroy, Leclercq, Conte, Dodin, Droulers, Hennebelle, Dodeigne et le céramiste Brisy[15].

Bien entendu, pendant cette époque, les uns et les autres mènent leur propre carrière, avec plus ou moins de fortune, dans des expositions personnelles ou collectives, dans la région, à Paris ou à l'étranger.

En novembre de cette même année 1958 apparaît Léon Renar qui ouvre une toute nouvelle galerie rue du Maréchal Foch, à l'enseigne de CRÉATION. Pour l'inauguration, il présente des peintures de Aliquot, Bessière, Coopman, Delvarre, Droulers, Haine, Hémery, Lamouroux, Portenart et Van Hecke, des sculptures de Walravens et des céramiques de Brisy[16]. Bien située, bien aménagée, la nouvelle galerie attire les visiteurs : 1500 en moins d'une semaine. Bientôt vont s'y retrouver les principaux artistes qu'avait révélés la vieille galerie Dujardin, laquelle menace ruine et ne tardera pas à être démolie.

Dès avril, 1959, Renar présente un groupe de sept artistes dits « abstraits » : Hennebelle, Dodeigne, Hémery, Droulers, Delporte, Leclercq et Roulland[17].

Entre les expositions personnelles de ses « permanents », il multipliera les accrochages collectifs qui montrent l'originalité de chacun d'eux, en même temps que ce quelque chose d'indéfinissable qui les rapproche.

En septembre, la galerie Création présente en avant-première des œuvres nouvelles de ceux qui exposeront au cours de la prochaine saison : Bessière, Delporte, Delvarre, Dodin, Droulers, Francoz, Hémery, Hennebelle, Lamouroux, Leclercq, Maes, Roulland, Van Hecke, Vigroux.

Et se succèdent de brillantes expositions personnelles, très suivies par un large public qui emboîte le pas des collectionneurs réputés. La galerie devient un lieu de rencontre entre artistes et amateurs qui prennent l'habitude de se retrouver, presque chaque soir, après le travail à l'atelier ou au bureau.

Le succès incite Renar à s'installer, en 1962, dans un bel immeuble du boulevard de Cambrai, où il disposera de plus vastes et plus luxueux salons d'exposition. Pour le cocktail d'inauguration, le 19 octobre, sont accrochés : Dodeigne, Leroy, Van Hecke, Lagage, Roulland, Hémery, Delporte, Dodin, Droulers et Hennebelle[18]. La galerie Renar succède à la galerie Création, mais on y retrouve les mêmes artistes dans les expositions personnelles, entrecoupées d'accrochages du groupe. Ainsi, en janvier 1963, une exposition d'aquarelles et de dessins est organisée au profit de la Croix Rouge avec Delporte, Dodeigne, Droulers, Hémery, Hennebelle, Leroy, Roulland, Van Hecke et Anne Prouvost. Mais tout a une fin. Après quelques brillantes saisons, la Galerie Renar ne rouvrira pas en 1968. Désormais, « ses » peintres exposeront ici ou là, quelquefois ensemble, mais l'aventure du groupe de Roubaix à Roubaix est terminée.

Après et ailleurs (1968-1989)

Va commencer une autre aventure artistique : celle de Septentrion. Albert et Anne Prouvost entreprennent de transformer la Ferme des Marguerites, à cheval sur Bondues et Marcq-en-Barœul, en centre culturel. En préfiguration de leur Fondation, c'est en octobre 1969 l'ouverture d'une salle d'exposition dans un bâtiment agricole, ainsi reconverti en galerie. Léon Renar est le premier directeur de ce nouveau centre artistique de Bondues-Marcq. Pour l'inauguration, il accroche des œuvres de Delporte, Hémery, Lamouroux, Lanskoy, Leclercq, Leroy et Van Hecke[19].

S'il n'y a plus de galerie d'art à Roubaix, à ce moment, la municipalité, qui célèbre le Ve Centenaire de l'octroi de la Charte des Drapiers, décide, dans le cadre des festivités commémoratives, d'accueillir à l'Hôtel de ville et d'honorer ceux qui ont récemment animé et illustré la vie artistique locale. L'exposition de peinture et de sculpture contemporaines rassemble, en décembre 1969, Van Hecke, Dodin, Delporte, Leroy, Hémery, Dodeigne et Hennebelle[20].

À Bondues, la galerie Septentrion multiplie les expositions, les rétrospectives, mêle les œuvres d'artistes parisiens ou étrangers à celles des régionaux. Paris prend conscience de l'existence de cette école nordiste[21].

Cependant, Léon Renar non guéri de sa passion pour le commerce des tableaux, ouvre une nouvelle galerie dans un local plus modeste de la rue du Vieil Abreuvoir. Pour l'inauguration, en avril, il accroche Copin, Degand, Delporte, Dodeigne, Hémery, Leclercq, Leroy, Roulland, Van Grevelinghe et Van Hecke. Mais il passe vite la main aux Courier, nostalgiques de leur galerie Dujardin, qu'ils rouvrent dans la même salle d'exposition du 39, rue du Vieil-Abreuvoir, en octobre 1973, avec Conte, Delporte, Dodeigne, Gadenne, Hémery, Hennebelle, Leclercq, Leroy, Nahi, Roulland, Tomme et Van Hecke[22]. Quelques années plus tard le bâtiment sera détruit à son tour et la galerie Dujardin tentera de renaître encore une fois, dans les locaux de l'ancienne bibliothèque municipale, sur la Grand'Place, en novembre 1979, avec une exposition qui retrace l'évolution du « Groupe des Dix » qui se comptent par onze sur le carton d'invitation (!) : Conte, Delporte, Dodin, Droulers, Hennebelle, Leclercq, Leroy, Van Hecke, Dodeigne, Hémery et Roulland[23]. C'est à peu près la même liste d'artistes que présentait quelques mois auparavant le musée de Tourcoing, sous le titre : « Hommes de Flandres » : Leroy, Van Hecke, Dodeigne, Roulland, Hémery, Delporte, Dodin, Hennebelle, Ronet, Conte[24].

Puis la Fondation Septentrion, en décembre 1987, présente la plus importante exposition du *Groupe de Roubaix* (1946-1986) confrontant leurs œuvres anciennes à de plus récentes[25].

N'oublions pas, enfin, l'initiative d'un groupe d'étudiants de l'IPRA, animé par Jacques Parenthou, petit-fils de Louis, qui organisa à Lille, en mai 1989, dans le Hall de la Chambre de Commerce, une exposition du Groupe de Roubaix[26].

1. Ce texte est extrait du catalogue de l'exposition *Le Groupe de Roubaix 1946-1970. Le Nord-Pas de Calais s'ouvre à l'art contemporain*, qui s'est tenue à l'hôtel de ville de Roubaix du 20 décembre 1997 au 15 février 1998.
2. Ainsi, Arthur Van Hecke racontait plaisamment que ses parents ne prirent au sérieux sa vocation qu'après que leur fils eut obtenu un premier prix, en mai 1949, au XXIVème Salon (émission de Jacques Paugam : *Hommes du Nord et de Picardie, le Groupe de Roubaix*, FR3 Région Nord, 17 février 1987).
3. « Être (ou paraître) de l'avant-garde n'était pas encore en vogue : le tout jeune peintre provincial qui s'en réclamait alors ne s'y rangeait pas mais s'aventurait vraiment » (Michel Delporte, *Itinéraire de Pierre Leclercq*, 1971).
4. « Quel est ce personnage auquel Arthur Van Hecke voue une reconnaissance et une admiration toute filiale ? Cet homme qui exerçait la fonction de conservateur du cimetière de Roubaix, attire à lui tous les jeunes en quête de connaissances et d'expérience artistique. Sous un caractère emporté et quelque peu irascible, ce fonctionnaire féru d'art et peintre à ses heures, cachait une connaissance approfondie des tendances de l'Art Moderne ». Blandine Roger, *La vie et l'œuvre peint d'Arthur Van Hecke, peintre contemporain du Nord de la France, de 1945 à 1963* (mémoire de Maîtrise d'histoire de l'art et d'archéologie, Paris IV, 1983).
5. C'est cette même enseigne, CRÉATION, décrochée mais conservée par Delvarre, qui sera remontée sur la façade de la galerie qu'ouvrira rue du Maréchal Foch, vingt ans plus tard, Léon Renar.
6. *La Voix du Nord*, Roubaix, 12 janvier 1949.
7. Cf. la lettre de Dodeigne à Pierre Leclercq (mai 1948) : « ... j'ai un peu dessiné. À Roubaix, peut-être le sais-tu : le jury a refusé mes peintures ; pour cause : refus de la couleur. Je ne te fais pas de commentaire. Tes toiles sont bien exposées... travaille Pierre, travaille en toi, en profondeur, en statique, en synthèse, en éternité. »

8. *Catalogue du XXVIIe Salon*, 1953.
9. Organisée par l'U.D.A.N. (Union pour la Défense de l'Art dans le Nord), dont le secrétaire était Henri Delvarre, cette exposition regroupa près de 250 numéros dans l'atrium du Palais des beaux-arts. Lors du vernissage, le professeur René Jacob, président du jury, dans son discours, montre l'intérêt que manifestent certains aînés à l'égard des nouvelles tendances : « Nous ne voulons pas croire que l'enseignement serve à habiller les gens des dépouilles de leurs maîtres, et à les amoindrir sous un carcan de science inerte » (cité dans *L'Art de vivre pour l'Art*, par Michel Delporte, préface du catalogue de la *Rétrospective de René Jacob*, Fondation Prouvost, octobre 1989).
10. « Parce que le public suit, d'un peu loin, les progrès de l'art, certaines œuvres le déconcertent ? Nous n'en voulons pour preuve que celles de M. Eugène Leroy qui font un peu scandale. Et pourtant sans doute sont-elles les meilleures du salon. Mais pour les apprécier, il faudrait consentir à les contempler longuement en évitant de se dire "qu'est-ce que ça représente ?" » (André Lecocq, *La Voix du Nord*).
11. Lettre de Michel Delporte à Blandine Roger, 14 mars 1982.
12. Cf articles de Jean Caron dans *La Voix du Nord* (10 janvier 1954), de J.-Bl. Tavernier dans *La Croix du Nord* (14 janvier 1954), dans *Nord-Matin* (14 janvier 1954), dans *Nord-Éclair* (15 janvier 1954) photo du groupe.
13. Cf. Blandine Roger, op. cit. pp. 46-48, et aussi : *La Voix du Nord*, 23 janvier, 3, 9, 10 et 12. février 1954 ainsi que *Nord-Éclair* : 28 janvier, 2, 5, 9 et 19 février 1954.
14. Cf. article de Jean Caron dans *La Voix du Nord.*
15. Cf. articles de Roger Quesnoy dans *La Voix du Nord* (7 mai 1958), de H. Pennequin, dans *Nord-Éclair* (7 mai 1958), de A. Tavernier dans *La Croix du Nord* (30 avril 1958).
16. Cf. articles de Roger Quesnoy dans *La Voix du Nord*, 16, 21 et 22 novembre 1958.
17. Cf. article de Roger Quesnoy dans *La Voix du Nord*, 18 avril 1959.
18. Cf. articles de Paul-Louis Defretière dans *La Voix du Nord* (27 octobre 1962), de Pierre Verbraeken dans *Nord-Éclair* (21 octobre 1962).
19. Cf. articles de *Nord-Éclair*, 11 octobre 1969, *La Voix du Nord* même date.
20. Cf. article de Philippe Caramanian, *Nord-Éclair*, 17 décembre 1969.
21. Le numéro d'avril 1970 de la très sélecte revue *Vogue* publie un reportage, mi-mondain, mi-culturel, à propos de la vie artistique dans le Nord, et parle particulièrement de la nouvelle galerie campagnarde et de ses artistes.
22. Cf. articles de *Nord-Éclair*, 14 octobre 1973 et de *La Voix du Nord* même date.
23. Cf. articles de X. Amoudru dans *La Voix du Nord* et de *Nord-Éclair* du jeudi 15 novembre 1979.
24. Cf. catalogue de l'exposition (17 mai – 22 juillet) par Françoise Poiret. Article de M. Decroix dans *Nord-Éclair*, 23 mai 1979.
25. Cf. catalogue de l'exposition réalisé par Brigitte Bosch. Articles de *Nord-Éclair* du 10 décembre 1986, de Michel Simon dans *La Voix du Nord*, 16 décembre 1986 et 21 décembre 1986.
26. Cf. la plaquette du projet et article dans *La Voix du Nord*, Lille, 13 mai 1989.

BIBLIOGRAPHIE

Par ordre chronologique

MONOGRAPHIE

BOINOT Marie, *Le Groupe de Roubaix à travers les archives de Michel Delporte*, D.E.A présenté sous la direction de François Robichon, Université de Lille III, 2003, 2 vol.

CATALOGUES D'EXPOSITIONS

POIRET Françoise, *Hommes de Flandres*, catalogue d'exposition, musée des beaux-arts de Tourcoing, 17 mai – 22 juillet 1979.

COLLECTIF, *Présences régionales dans l'art contemporain : 1927-1986,* catalogue d'exposition, Béthune, La Rotonde, 18 octobre – 18 novembre 1986.

BOSCH Brigitte, *Le Groupe de Roubaix*, 1946-1986, catalogue d'exposition, Fondation Septentrion, Marcq-en-Barœul, 7 décembre 1986 – 30 janvier 1987.

PROUVOST Anne, Introduction au catalogue de la vente aux enchères publiques de la collection du Peignage Amédée, Marcq-en-Barœul, Fondation Septentrion, étude Brunet, 16 mars 1997.

GAUDICHON Bruno, DELPORTE Michel, VANDIERENDONCK René (préface), *Le Groupe de Roubaix 1946-1970. Le Nord-Pas de Calais s'ouvre à l'art contemporain*, catalogue d'exposition, Roubaix, Hôtel de ville, 20 décembre 1997 – 15 février 1998.

JAUBERT Bruno, CORDONNIER Aude (Avant-propos), *Arthur Van Hecke œuvres 1946-1998,* Dunkerque, éd. du musée des Beaux-Arts de Dunkerque, 1998.

COLLECTIF, *Peintres français en Flandres*, catalogue d'exposition, Beauvoorde, Église, 4 juillet – 18 août 1998.

COLLECTIF, *La peinture après l'abstraction, 1955-1975,* catalogue d'exposition, Paris, M.A.M.V.P., 20 mai – 19 septembre 1999.

BOINOT Marie, GAUDICHON Bruno, *Jacky Dodin 1929-1990,* Gand, éd. Snoeck-Ducaju & Zoon & La Piscine, 2001.

OUVRAGES GÉNERAUX ET CATALOGUES DE COLLECTION

GAUDICHON Bruno et PHILIPPON Jean-Paul, *Roubaix, Catalogue des collections de La Piscine, Musée d'Art et d'Industrie*, Gand Roubaix, éd. Snoeck-Ducaju & Zoon, Gand, 2001.

GAUDICHON Bruno, DECROIX Maurice, BOINOT Marie, DELCOURT Amandine, *Les Paul Hémery de La Piscine*, catalogue de collection, Roubaix, La Piscine, musée d'art et d'industrie André Diligent, éd. La Piscine, Roubaix, 2005.

GAUDICHON Bruno, VOUTERS Bruno, DELCOURT Amandine, *Les Van Hecke de La Piscine*, catalogue de collection, préface de René VANDIERENDONCK, Roubaix, La Piscine, musée d'art et d'industrie André Diligent, éd. invenit & La Piscine, Roubaix, 2009.

ARTICLES DE PRESSE

ANONYME, « Douze peintres exposent à la galerie Dujardin [Van Hecke, Dodin, Delporte, Dupon, Hémery, Leclercq, Leroy, Parenthou, Roulland] », dans *Nord-Éclair*, 15/1/1954.

LECOCQ A. , « Des jeunes font bien augurer de l'avenir artistique local [Debock, Delporte, Hémery, Roulland] », dans *La Voix du Nord*, 12/4/1953.

M., « Quatre jeunes peintres à la galerie Parenthou [Debock, Delporte, Hémery, Roulland, Delvarre, Maës, D'Hulst] », dans *Nord-Éclair*, 12/4/1953.

TAVERNIER J.-Bl., « Quatre jeunes peintres, Debock, Delporte, Hémery, Roulland, un bouquet de promesse, galerie Parenthou », dans *La Croix du Nord*, 15/4/1953.

G.G., « Les peintres Debock, Delporte, Hémery, Roulland à la galerie Parenthou », dans *Nord Matin*, 21/4/1953.

TAVERNIER J.-Bl., « Le XXVIIe Salon des artistes roubaisiens [Van Hecke, Roulland, Delporte, Delvarre, D'Hulst] », dans *La Croix du Nord*, 1/5/1953.

LECOCQ André, « Le 27ème Salon de la Société des artistes roubaisiens donne une haute idée de l'art local [Roulland, Leclercq, Delvarre, Hémery, D'Hulst, Jacob, Delporte, Gadenne, Roulland] », dans *La Voix du Nord*, 14/5/1953.

CARON Jean, « Douze peintres exposent leurs œuvres à la galerie Dujardin [Leroy, Leclercq, Parenthou, Dupon, Delporte, Van Hecke, Dodin, Hémery, Roulland] », dans *La Voix du Nord*, 10/1/1954.

ANONYME, « Les douze exposent galerie Dujardin [Leroy, Leclercq, Parenthou, Dupon, Delporte, Van Hecke, Dodin, Hémery, Roulland] », dans *Nord Matin*, 14/1/1954.

TAVERNIER J.-Bl., « 12 artistes peintres de chez nous à la galerie Dujardin [Leroy, Leclercq, Parenthou, Dupon, Delporte, Van Hecke, Dodin, Hémery, Roulland] », dans *La Croix du Nord*, 14/1/1954.

J.-M.S., « Intéressante exposition de peintures et de sculptures à la galerie Création » [Van Hecke, Maës, Delvarre, Parenthou, Droulers, Hémery, Hennebelle, Dodin, Leclercq, Delporte, Roulland] », dans *La Voix du Nord*, 10/2/1954.

ANONYME, « Michel Delporte et Paul Hémery exposent leurs œuvres à la galerie municipale », dans *Nord-Éclair*, 30/10/1955.

ANONYME, « MM. Paul Hémery et Michel Delporte exposent leurs œuvres à la galerie municipale », dans *La Voix du Nord*, 1/11/1955.

ANONYME, « Une exposition qu'il faut voir, les œuvres de MM. Hémery et Delporte », dans *Nord Matin*, 4/11/1955.

TAVERNIER J.-Bl., « Michel Delporte et Paul Hémery : peintures et dessins du temps à la galerie municipale de Tourcoing », dans *La Croix du Nord*, 4/11/1955.

ANONYME, « À la galerie municipale exposent actuellement deux artistes aux conceptions opposées : Michel Delporte le philosophe et Paul Hémery le réaliste », dans *Nord-Éclair*, 6/11/1955.

ANONYME, « L'art moderne au musée de Tourcoing : le peintre, l'assiette vide et le pauvre… [Delporte] », dans *Liberté*, 10/11/1955.

M.-J. BN, « L'exposition des œuvres de Michel Delporte à la galerie municipale », dans *Nord-Éclair*, 10/11/1955.

PENNEQUIN H, « Henri Matisse, vedette du Salon du Nord ouvert à Hénin-Liétard [Delporte, Delvarre, D'Hulst, Hémery, Maës, Van Hecke] », dans *Nord-Éclair*, 4/1/1958.

R.C., « Quand les élèves des Arts et Métiers se révèlent artistes peintres… [Delporte] », dans *La Voix du Nord*, 22/1/1958.

QUESNOY Roger, « L'exposition à la galerie Dujardin offre un remarquable aperçu des enrichissantes recherches de la jeune peinture contemporaine [Leroy, Hémery, Dodeigne, Delporte, Droulers, Leclercq, Hennebelle, Conte, Roulland, Dodin, Brisy] », dans *La Voix du Nord*, 5/7/1958.

ANONYME, « Présence de l'homme dans la peinture abstraite [Delporte, Droulers, Dodeigne, Leclercq, Roulland, Hémery, Hennebelle] », dans *Nord-Éclair*, 16/4/1959.

QUESNOY Roger, « Sept artistes abstraits exposent leurs œuvres jeunes et originales, à la galerie Création [Delporte, Droulers, Dodeigne, Leclercq, Roulland, Hémery, Hennebelle] », dans *La Voix du Nord*, 18/4/1959.

TAVERNIER A., « Paladins de l'art moderne et d'avant-garde. Des peintres, un sculpteur et un céramiste à la galerie Dujardin [Leroy, Hémery, Dodeigne, Delporte, Droulers, Leclercq, Hennebelle, Conte, Roulland, Dodin] », dans *La Croix du Nord*, 30/4/1958.

PENNEQUIN H., « Un salon à ne pas manquer : onze artistes régionaux en quête d'abstraction à la galerie Dujardin [Leroy, Hémery, Delporte, Droulers, Leclercq, Conte] », dans *Nord-Éclair*, 7/5/1958.

ANONYME, « L'art contemporain en Sud-Flandre [Dodeigne, Dodin, Delporte, Conte, Leclercq, Droulers, Leroy, Van Hecke, Hémery] », dans *Notre Flandre*, 7/1/1959.

ANONYME, « À la galerie « Création », sept peintres abstraits régionaux [Delporte, Droulers, Dodeigne, Hémery, Hennebelle, Leclercq, Roulland] », dans *Nord-Éclair*, 1/4/1959.

ANONYME, « Avant-première, peinture et sculpture à la galerie Création [Delporte, Delvarre, Droulers, Hémery, Hennebelle, Maës, Roulland, Van Hecke] », dans *Nord-Éclair*, 27/9/1959.

TAVERNIER André, « Pierre Leclercq, Michel Delporte. Deux artistes « abstraits-concrets », galerie Dujardin », dans *La Croix du Nord*, 1/11/1959.

P.L.D., « À la galerie Dujardin, Michel Delporte et Pierre Leclercq ont choisi "l'erreur" », dans *La Voix du Nord*, 1/11/1959.

DEFRETIÈRE Paul-Louis, « Michel Delporte à la galerie Création. Mais quel est donc cette abstraction ? », dans *La Voix du Nord*, 5/1/1960.

TAVERNIER André, « Michel Delporte : de l'abstraction consciente à … ? », dans *La Croix du Nord*, 1/5/1960.

VERBRAEKEN Pierre, « À la galerie Création : Michel Delporte ou l'abstraction sans concession », dans *Nord-Éclair*, 20/5/1960.

TAVERNIER André, « Michel Delporte : une intéressante évolution », dans *La Croix du Nord*, 12/12/1961.

DEFRETIÈRE Paul-Louis, « À la galerie Création, les peintures et papiers collés de Michel Delporte », dans *La Voix du Nord*, 13/12/1961.

VERBRAEKEN Pierre, « À la galerie Création, un nouveau Michel Delporte révèle son poétique univers pictural », dans *Nord-Éclair*, 14/12/1961.

TAVERNIER André, « Le Groupe Création ouvre la saison à la galerie Renar [Van Hecke, Dodeigne, Leroy, Lagage, Roulland, Hémery, Delporte, Dodin, Droulers, Hennebelle] », dans *La Croix du Nord*, 1/10/1962.

ANONYME, « Intéressante exposition de groupe pour l'ouverture de la nouvelle galerie Renar, à Roubaix. [Delporte, Dodeigne, Dodin, Droulers, Hémery, Hennebelle, Leroy, Roulland, Van Hecke] », dans *La Voix du Nord*, 21/10/1962.

VERBRAEKEN Pierre, « À la galerie Renar, dix artistes au tempéraments proches à la recherche de « problèmes » communs [Delporte, Droulers, Lagage, Hémery, Hennebelle, Van Hecke, Dodeigne, Roulland, Leroy, Dodin] », dans *Nord-Éclair*, 25/10/1962.

DEFRETIÈRE Paul-Louis, « À la galerie Renar, œuvres récentes de 10 peintres et sculpteurs de la région [Delporte, Droulers, Lagage, Hémery, Hennebelle, Van Hecke, Dodeigne, Roulland, Leroy, Dodin] », dans *La Voix du Nord*, 27/10/1962.

ANONYME, « Six peintres du Nord exposent au Plateau d'Assy [Delporte, Dodeigne, Dodin, Hémery, Hennebelle », dans *Le Dauphiné Libéré*, 13/4/1963.

ANONYME, « Michel Delporte à la galerie Renar », dans *La Voix du Nord*, 1/6/1963.

TAVERNIER André, « Michel Delporte (galerie Renar, Roubaix) », dans *La Croix du Nord*, 1/6/1963.

VERBRAEKEN Pierre, « À la galerie Renar. Entre la création et le rêve : le monde personnel de Michel Delporte », dans *Nord-Éclair*, 22/6/1963.

P.H., « Des papiers collés de Michel Delporte à la galerie Renar à Roubaix », dans *La Voix du Nord*, 1/10/1965.

ÉTIENNE, « À la galerie Renar à Roubaix : Michel Delporte, couleur et transparence », dans *Nord-Éclair*, 1/10/1965.

ÉTIENNE, « Michel Delporte, couleur et transparence », dans *Nord-Éclair*, 28/10/1965.

ANONYME, « Les artistes du Nord exposent au musée Sandelin à partir de dimanche [Delporte, Hémery] », dans *La Voix du Nord*, 1/10/1966.

DECROIX Maurice, « À la galerie Renar. Les papiers collés de Michel Delporte. Une imagination féconde », dans *Nord-Éclair*, 4/6/1967.

VOITURIER Michel, « Des puzzles pour le rêve, les collages de Michel Delporte à l'Atelier », dans *Le Courier de l'Escaut*, 20/1/1968.

ANONYME, « À l'Atelier, l'exposition de Michel Delporte », dans *L'Avenir de Tournai*, 24/1/1968.

ANONYME, « Un centre artistique dans un écrin champêtre : "Septentrion" à Bondues-Marcq [Van Hecke, Dodeigne, Delporte, Hémery, Leroy, Lanskoy, Leclercq] », dans *Nord-Éclair*, 1/10/1969.

ANONYME, « Un nouveau centre d'art s'ouvre à Bondues-Marcq avec la salle d'exposition "Septentrion" [Van Hecke, Dodeigne, Delporte, Hémery, Leroy, Lanskoy, Leclercq] », dans *La Voix du* Nord, 11/10/1969.

ANONYME, « Les plus remarqués au baptême de Septentrion, la joie des peintres et l'admiration des visiteurs » [Van Hecke, Dodeigne, Delporte, Hémery, Leroy, Lanskoy, Leclercq] », dans *Nord-Éclair*, 11/10/1969.

ANONYME, « Artistes du Nord à Bondues [Van Hecke, Dodeigne, Delporte, Hémery, Leroy, Lanskoy, Leclercq] », dans *Revue Nord*, 1/11/1969.

VILLARET Serge, « Papiers collés, Michel Delporte à Paris », dans *Revue Nord*, 1/12/1969.

BENOÎT Henri, « Peinture et sculpture contemporaine à l'Hôtel de Ville de Roubaix, ou sept artistes à la recherche de leurs vérités [Delporte, Dodeigne, Dodin, Hémery, Hennebelle, Leroy, Van Hecke] », dans *La Croix du Nord*, 18/12/1969.

CARAMANIAN Philippe, « Ils exposent à Roubaix : au-delà des apparences, sept copains d'abord [Delporte, Dodeigne, Dodin, Hémery, Hennebelle, Leroy, Van Hecke] », dans *Nord-Éclair*, 17/12/1969.

ANONYME, « Dans le Nord, on vit aimablement [Delporte, Van Hecke, Hémery, Leroy] », dans *Vogue*, 1/4/1970.

B.P., « Delporte et Hémery à Septentrion : Deux copains d'abord », dans *Nord-Éclair*, 13/5/1970.

ANONYME, « "Mai 70" à Septentrion : deux peintres, trois portraits [Hémery, Delporte] », dans *Nord-Éclair*, 16/5/1970.

PH. L., « La galerie Renar présente, pour son inauguration, à Roubaix, une très belle exposition de groupe [Roulland, Delporte, Dodeigne, Hémery, Leclercq, Leroy, Van Hecke] », dans *La Voix du Nord*, 4/1/1971.

ANONYME, « A Roubaix, une nouvelle galerie, rue du vieil abreuvoir [Renar, Hémery, Van Hecke, Delporte, Dodeigne, Leclercq, Leroy, Roulland, Dodin] », dans *Marie-Claire*, 1/6/1971.

LEFRANÇOIS M., « À la galerie Renar, Michel Delporte expose ses "papiers collés" », dans *La Voix du Nord*, 15/4/1972.

ANONYME, « Michel Delporte expose à la galerie Renar », dans *Nord-Éclair*, 15/4/1972.

VUAILLE Alain, « Michel Delporte : Papiers collés... », dans *Nord-Éclair*, 20/4/1972.

ANONYME, « La galerie Dujardin rouvre ses portes à ses "anciens", rue du Vieil-Abreuvoir [Van Hecke, Leroy, Hémery, Dodeigne, Delporte, Dodin, Droulers, Hennebelle, Leclercq, Roulland] », dans *Nord-Éclair*, 14/10/1973.

ANONYME, « Mme Courier (galerie Dujardin). Renaissance et amitié [Van Hecke, Hennebelle, Droulers, Delporte, Leclercq, Gadenne, Dodin, Dodeigne, Hémery, Roulland] », dans *La Voix du Nord*, 14/10/1973.

ANONYME, « Septentrion en noir et blanc [Hennebelle, Delporte, Anne Prouvost, Dodeigne, Hémery, Leroy, Ronet, Roulland] », dans *Nord-Éclair*, 12/12/1973.

ANONYME, « Au centre artistique de Bondues-Marcq, expression « en noir et blanc [Hennebelle, Delporte, Dodeigne, Leroy, Ronet] », dans *La Voix du Nord*, 12/12/1973.

DECROIX Maurice, « Septentrion, peintres et sculpteurs de Nord [Hémery, Leroy, Van Hecke, Ronet, Droulers, Hennebelle, Lagage, Delporte, Roulland, Dodeigne, Dodin] », dans *Nord-Éclair*, 1/10/1974.

LECOCQ André, « Peintures vivantes et survivantes. Un choix de peintres régionaux à Septentrion [Roulland, Ronet, Lagage, Delporte, Dodeigne, Hémery, Van Hecke, Leroy] », dans *La Voix du Nord*, 1/10/1974.

ANONYME, « Hémery et Delporte », dans *Revue Nord*, 23/5/1975.

LECOCQ André, « À l'union bancaire : valeur hors portefeuille [Leroy, Delporte, Dodeigne, Manessier, Hémery, Roulland] », dans *La Voix du Nord*, 1/10/1975.

B.F., « Au centre artistique "Septentrion" de Bondues-Marcq, Michel Delporte et Paul Hémery présentent leurs œuvres », dans *La Voix du Nord*, 23/10/1975.

ANONYME, « Peinture et musique à Septentrion. Rétrospective Delporte et Hémery. Récital H. Heidsieck et C. Zerah », dans *Nord-Éclair*, 23/5/1975.

DECROIX Maurice, « Neuf peintres à Mouvaux. [Dodin, Hennebelle, Delporte, Hémery] », dans *Nord-Éclair*, 12/1/1978.

CH.C., « Excellent tir groupé à la galerie du Hautmont [Dodin, Delporte, Hennebelle, Hémery] », dans *La Voix du Nord*, 12/1/1978.

DECROIX Maurice, « Michel Delporte [galerie du Hautmont] », dans *Nord-Éclair*, 1/1/1979.

CH.C., « Michel Delporte : ça « colle »... [galerie du Hautmont] », dans *La Voix du Nord*, 14/1/1979.

DECROIX Maurice, « Un événement au musée de Tourcoing : “Hommes de Flandres”, les copeintres d'abord [Conte, Hémery, Dodeigne, Dodin, Delporte, Leroy, Van Hecke, Ronet, Hennebelle, Roulland] », dans *Nord-Éclair*, 23/5/1979.

AMOUDRU Xavier, « « Homme de Flandres » au musée de Tourcoing [Van Hecke, Leroy, Dodeigne, Roulland, Hémery, Hennebelle, Dodin, Delporte] », dans *La Voix du Nord*, 31/5/1979.

ANONYME, « Avec une rétrospective du Groupe des Dix, la galerie Dujardin emménage Grand'place à Roubaix [Conte, Delporte, Dodin, Droulers, Hennebelle, Leclercq, Leroy, Van Hecke, Dodeigne, Hémery, Roulland] », dans *Nord-Éclair*, 15/11/1979.

DECROIX Maurice, « Delporte, Dodin, Hémery, trois de l'école de Roubaix. », dans *Nord-Éclair*, 19/11/1982.

ANONYME, « “Le Groupe de Roubaix” consacré par la Fondation Septentrion. [Leroy, Hémery, Van Hecke, Hennebelle, Delporte, Leclercq, Dodin, Dodeigne, Roulland, Conte] », dans *Nord-Éclair*, 10/12/1986.

ANONYME, « À la Fondation Septentrion, le Groupe de Roubaix [Leroy, Van Hecke, Dodeigne, Roulland, Hémery, Delporte, Leclercq, Dodin, Conte, Hennebelle] », dans *La Voix du Nord*, 16/12/1986.

SIMON Michel, « À la Fondation Septentrion, le Groupe de Roubaix : du temps où l'enfer du Nord était le paradis des arts [Leroy, Hémery, Dodeigne, Van Hecke, Conte, Hennebelle, Delporte, Leclercq, Dodin, Roulland] », dans *La Voix du N*ord, 21/12/1986.

VOUTERS Bruno, « Roubaix et sa fameuse fibre artistique [Van Hecke, Leclercq, Delporte, Leroy, Dodin, Hémery, Roulland, Dodeigne, Droulers, Hennebelle, Ronet] », dans *La Voix du Nord*, 22/1/1988.

ANONYME, « « Le Groupe de Roubaix mérite d'être collectionné [Van Hecke, Dodeigne, Hennebelle, Leroy, Hémery, Delporte, Parenthou] », dans *La Voix du Nord*, 5/1/1989.

ANONYME, « [Dodeigne, Leroy, Hémery, Van Hecke, Delporte, Hennebelle, Parenthou] », dans *La Voix du Nord*, 13/5/1989.

DECROIX Maurice, « Papier d'émoi et d'harmonie… [Hémery, Delporte] », dans *Nord-Éclair*, 11/7/1996.

BIRONNEAU J.-F., « Monotypes et papiers collés de rêve [Delporte, Hémery] », dans *La Voix du Nord*, 20/11/1996.

DECROIX Maurice, « La collection “Amédée Prouvost” vendue aux enchères [Leroy, Dodeigne, Hémery, Van Hecke, Delporte, Hennebelle, Droulers] », dans *Nord-Éclair*, 27/2/1997.

ANONYME, « À propos des œuvres du Peignage Amédée. La ville et l'art [Delporte, Hémery, Hennebelle, Leroy, Van Hecke] », dans *La Voix du Nord*, 19/3/1997.

DECROIX Maurice, « Le “Groupe de Roubaix” reste, en partie, à Roubaix [Leroy, Hémery, Delporte, Van Hecke, Hennebelle, Dodeigne] », dans *Nord-Éclair*, 19/3/1997.

ANONYME, « Réflexion sur le « Groupe de Roubaix » et hommage à Eugène Leroy [Delporte, Conte, Dodin, Leclercq, Roulland] », dans *Nord-Éclair* , 20/3/1997.

COTTRANT Joël, « Anne Prouvost à Septentrion, l'inventaire pictural de toute une vie », dans *Nord-Éclair*, 4/10/1997.

DHONTE Samuel, « Le pinceau et le marteau à la fondation Prouvost [Droulers, Delporte, Van Hecke, Dodin, Hémery, Leroy, Dodeigne] », dans *Nord-Éclair*, 16/12/1997.

ANONYME, « À Roubaix une exposition exceptionnelle, « Le Groupe de Roubaix » 1946-1970 », dans *Nord-Éclair*, 19/12/1997.

ANONYME, « L'exposition événement au musée de Roubaix [Leroy, Dodeigne, Van Hecke, Hémery, Hennebelle, Roulland, Delporte] », dans *Nord-Éclair*, 20/12/1997.

ANONYME, « Art groupé [Leroy, Dodeigne, Hémery, Hennebelle, Roulland, Van Hecke, Delporte] », dans *La Voix du Nord*, 20/12/1997.

ANONYME, « Le Groupe de Roubaix et ses sources », dans *R.I.P.*, 1/1/1998.

ANONYME, « Le Groupe de Roubaix, 1946-1970 [Delporte, Hémery, Hennebelle, Leroy, Van Hecke, Dodeigne] », dans *La Gazette de l'hôtel Drouot*, 2/1/1998.

DE GEEST Joost, « Roubaix toont verwaarloosd schilderspatrimonium. [Dodeigne, Hémery, Dupon, Maës, Van Hecke, Leroy, Hennebelle, Ronet, Delporte, Droulers, Dodin] », dans *De Standaard*, 5/1/1998.

DECROIX Maurice, « Le Roubaix du Groupe [Dodeigne, Van Hecke, Hémery, Hennebelle, Lagage, Leclercq, Delporte, Dodin, Parenthou, Dupon] », dans *Nord-Éclair*, 7/1/1998.

DECROIX Maurice, « Le mystère du "Groupe de Roubaix" [Leroy, Dodeigne, Delporte, Dodin, Roulland, Van Hecke, Hémery, Leclercq, Hennebelle] », dans *Nord-Éclair*, 23/1/1998.

B.C., « Il était une fois, le Groupe de Roubaix [Van Hecke, Hémery, Leroy, Dodin, Delporte, Conte, Dodeigne, Hennebelle, Roulland] », dans *La Croix du Nord*, 23/1/1998.

LECOCQ François, « Parcours pluriel d'un collectif d'artistes [Leroy, Dodeigne, Leclercq, Van Hecke, Delporte, Debock, Hémery, Roulland, Hennebelle, Ronet, Parenthou, Renar] », dans *La Voix du Nord*, 28/1/1998.

ANONYME, « Un musée qui n'en finit pas de se faire beau [Delporte, Roulland, Hémery] », dans *Nord-Éclair*, 9/5/1998.

ANONYME, « Il entre au Musée de son vivant [Delporte] », dans *Nord-Éclair*, 7/7/1998.

ANONYME, « Un don du peintre Michel Delporte », dans *Nord-Éclair*, 28/8/1998.

ANONYME, « La donation Michel Delporte au Musée à partir d'aujourd'hui », dans *Nord-Éclair*, 10/10/1998.

ANONYME, « L'expression par découpage [Delporte] », dans *Nord-Éclair*, 17/10/1998.

DECROIX Maurice, « À la galerie Vasse à Lille, les papiers collés de Delporte », dans *Nord-Éclair*, 22/10/1998.

LES ÉCRITS DE MICHEL DELPORTE

ÉCRITS SUR L'ART

Poème introduction de Michel Delporte, « Paroles à propos de Monsieur Le Corbusier, urbaniste », in *Art et Jeunesse*, n° 3, Roubaix, dact., s.d. [1945-46 ?].

Paul Hémery. Texte écrit pour le catalogue de l'exposition *Paul Hémery*, Roubaix, galerie Création, du 30 janvier au 17 février 1960.

Le mystère de l'art. Texte de la conférence donnée par Michel Delporte et Paul Hémery dans le cadre de l'entreprise S.I.L.I.C. de la Madeleine, le 27 octobre 1967.

Pierre Leclercq. Texte écrit pour l'invitation et le catalogue de l'exposition *Pierre Leclercq*, Paris, galerie Bernheim, du 10 au 23 septembre 1969.

Itinéraire de Pierre Leclercq, préface du catalogue de l'exposition Pierre Leclercq, Marcq-en-Barœul, Fondation Septentrion, 1971.

Paul Hémery, Texte écrit pour l'exposition *Paul Hémery*, Hardelot, galerie de la Concorde, du 5 au 27 juillet 1975.

Paul Hémery. Texte écrit pour l'émission de Marcelle Lelouey, *Une passion selon Paul Hémery*, film de Philippe Masson, FR3, 1978.

Paul Hémery. Texte écrit pour l'exposition *Paul Hémery*, Mouvaux, galerie du Hautmont, du 10 mai au 10 juin 1979.

Paul Hémery. Texte écrit pour l'exposition *Paul Hémery*, Paris, galerie Bénézit, du 5 au 27 octobre 1979.

Paul Hémery. Texte écrit pour l'exposition *Paul Hémery*, Mouvaux, galerie du Hautmont, du 19 mars au 20 avril 1983.

Jacques Dodin. Texte écrit pour l'exposition *Jacques Dodin*, Lille, galerie des Flandres, du 25 mai au 30 juin 1984.

Paul Hémery. Texte écrit pour l'exposition *Paul Hémery*, Villeneuve d'Ascq, atelier d'architecture et d'urbanisme, chez l'architecte Marc Paindavoine, du 21 au 30 septembre 1984.

Paul Hémery, janvier 1986. Texte concernant la peinture de Paul Hémery.

Les galeries d'art à Roubaix. Texte écrit pour l'exposition *Groupe de Roubaix*, Fondation Septentrion, Bondues-Marcq, du 7 décembre 1986 au 30 janvier 1987.

L'Art de vivre pour l'Art, préface du catalogue de la rétrospective René Jacob, Marcq-Bondues, Fondation Septentrion, octobre 1989.

D'un atelier à l'autre, dact., 1994.

LA CRITIQUE LITTÉRAIRE : THÉOPHILE GAUTIER

« Théophile Gautier spectateur et critique d'opéra à travers le feuilleton du Moniteur Universel », in *Bulletin de la Société Théophile Gautier*, 8, 1986, p. 85-96.

« Un poète à l'opéra, ce petit monde où l'on marche sur les nuages », in *Relire Théophile Gautier. Le plaisir du texte*, éd. Freeman G. Henry, Amsterdam / Atlanta, Rodopi, 1998, p. 141-163.

« Sur le chemin de fer », in *Bulletin de la Société Théophile Gautier*, 15, 1993, p. 497-520.

« Croquis et pochades de la camarde, sur le vif, de mémoire, de chic, ou d'après les maîtres », in *Bulletin de la Société Théophile Gautier*, 18, 1996, p. 427-38.

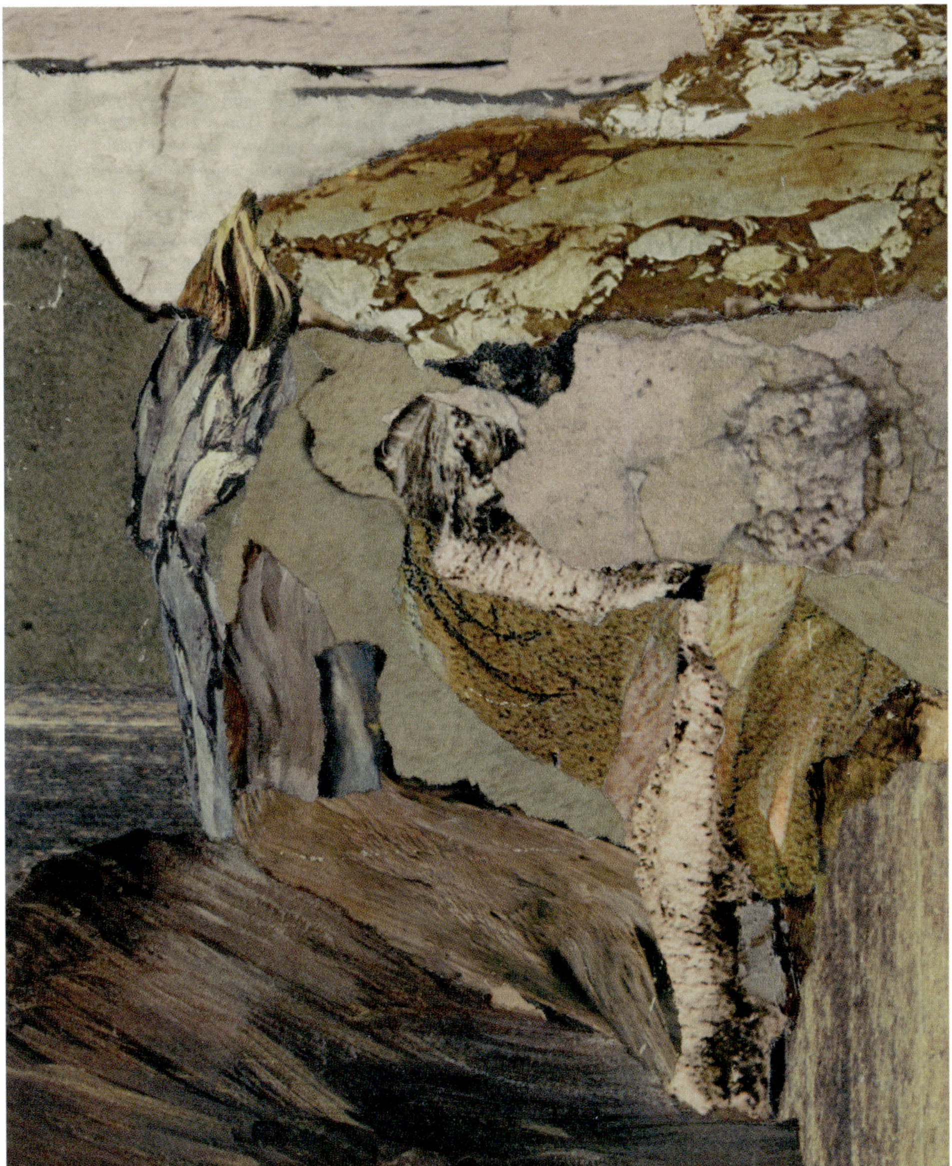

Fig. 51. MICHEL DELPORTE, *Poète confondu par la beauté du paysage*, 1998, cat. 230

Cet ouvrage,
tiré à 800 exemplaires,
a été achevé d'imprimer
le 25 mars 2010
sur les presses de
l'imprimerie Snel
à Liège.

CRÉDITS PHOTOGRAPHIQUES :

Tous clichés © **Alain Leprince**, La Piscine – musée d'art et d'industrie André Diligent, Roubaix, sauf :
Page 12, fig. 3 : Villeneuve d'Ascq, LaM © Philip Bernard
Page 20, fig. 9 : Paris, Centre Pompidou, musée national d'art moderne © Dist. RMN
Page 23, fig. 11 : Paris, musée Picasso © RMN, cliché : Jean-Gilles Berizzi
Page 24, fig. 13 : Grenoble, musée des beaux-arts © Musée de Grenoble
Page 26, fig. 15 : Lyon, musée des beaux-arts © RMN, cliché : René-Gabriel Ojéda
Page 27, fig. 17 : Nantes, musée des beaux-arts © RMN, cliché : Gérard Blot
Page 28, fig. 19 : Paris, Centre Pompidou, musée national d'art moderne © Dist. RMN
Page 29, fig. 21 : Paris, musée Picasso © RMN, cliché : René-Gabriel Ojéda
Page 34, fig. 23 : © Roubaix, La Piscine, archives Michel Delporte
Page 44, fig. 26 : © Roubaix, La Piscine, archives Michel Delporte
Page 57, fig. 32 : Nantes, musée des beaux-arts © RMN, cliché : Gérard Blot

Conception et réalisation graphique : www.invenit.fr

ISBN : 9782918698005
Dépôt légal, 2ème trimestre 2010